2015年2月11日，第一届食品安全国家标准审评委员会第十一次主任会议在北京召开。国家卫生计生委主任、食品安全国家标准审评委员会主任委员李斌出席会议并作重要讲话，国家卫生计生委副主任、食品安全国家标准审评委员会常务副主任委员金小桃主持会议

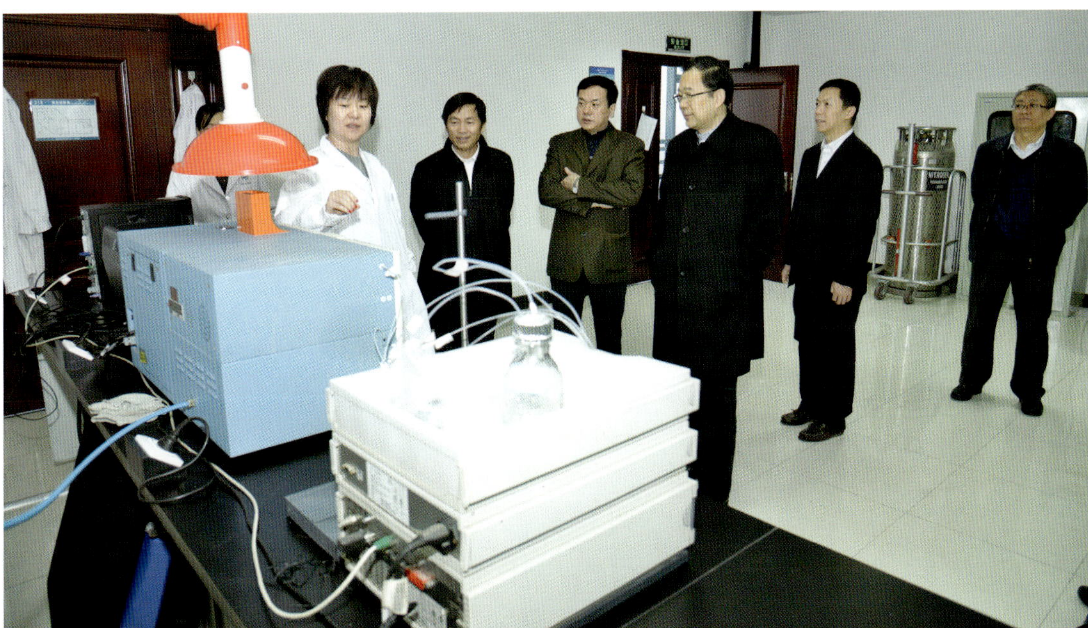

2015年1月30日，时任国家卫生计生委副主任、党组副书记孙志刚到食品评估中心调研指导工作

2015年3月23~27日，第47届国际食品添加剂法典委员会会议在西安召开。国家卫生计生委副主任金小桃出席并主持会议

2015年3月19日，时任中央纪委驻国家卫生计生委纪检组长、党组成员陈瑞萍到食品评估中心调研行政许可技术审查工作，实地视察指导党风廉政建设和反腐败工作，驻委组局副局长、正局级监察专员李林康陪同

2015年6月5日，时任国家卫生计生委直属机关党委常务副书记王雪凝到食品评估中心调研党建工作

2015年9月10日，食品评估中心与韩国食品药品安全部签署谅解备忘录

2015年1月30日，食品评估中心与法国食品、环境和职业健康与安全署在北京签署合作备忘录

2015年6月15日，香港食物及卫生局代表团到食品评估中心访问

2015年7月14日，海洋和水产食品安全风险评估国际研讨会在青岛召开

2015年4月22~23日，2015年国际食品安全大会在北京召开，食品评估中心李宁研究员荣获全国优秀科技工作者称号

2015年6月4~22日，食品评估中心和美国马里兰大学在美国华盛顿共同举办食品安全实验室技术和管理培训班

2015年9月10日，食品评估中心与韩国食品药品安全部签署谅解备忘录

2015年4月23日，欧盟联合研究中心专家访问食品评估中心

2015年10月27日，食品评估中心专家在美国参加第二期食品安全风险评估体系构建与能力建设培训班

2015年10月30日，国际顾问专家委员会2015年全体会议在珠海召开。国际顾问专家听取了食品评估中心工作报告，积极为中心发展建言献策，并与国内同行开展深入的学术交流

2015年8月26日，台湾食品安全专家访问食品评估中心

2015年2月11~12日，食品评估中心在厦门举办2015年国家食品安全风险监测工作培训及研讨会

2015年9月24日，食品评估中心在北京举办2015年中美食源性疾病监测技术交流会

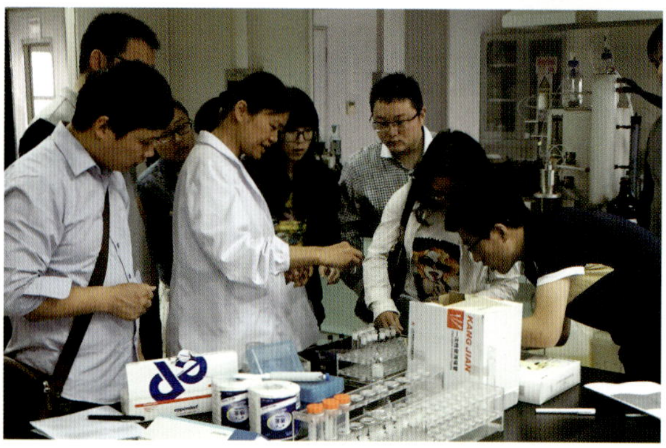

2015年国家食品安全风险监测多环芳烃检测技术培训现场

2015年国家食品安全风险监测多元素分析及形态分析技术培训现场

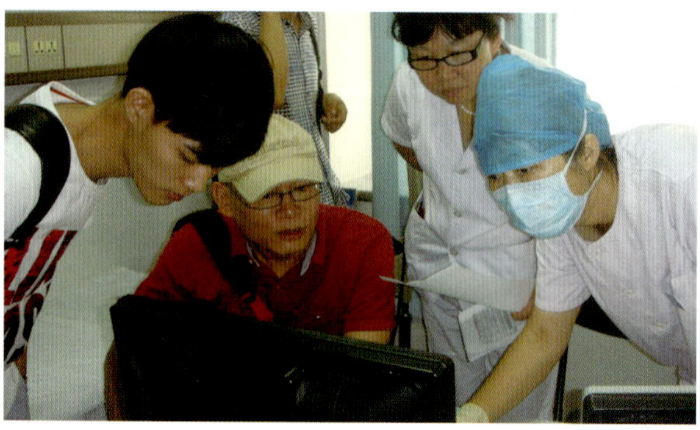

2015年7月27日，食品评估中心专家在宣武医院开展食源性疾病监测现场调研

2015年国家食品安全风险监测3-氯丙醇酯检测技术培训现场

2015年4月13日，食品评估中心在长沙举办2015年全国食源性疾病监测及溯源分析技术第一期培训班

2015年5月11日，食品评估中心在德阳举办2015年国家食品加工从业人员专项监测培训班

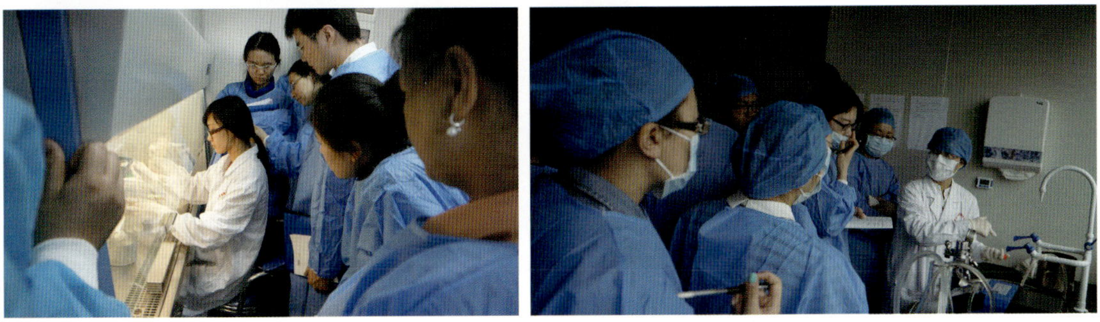

2015年全国微生物检验技术第一期培训现场

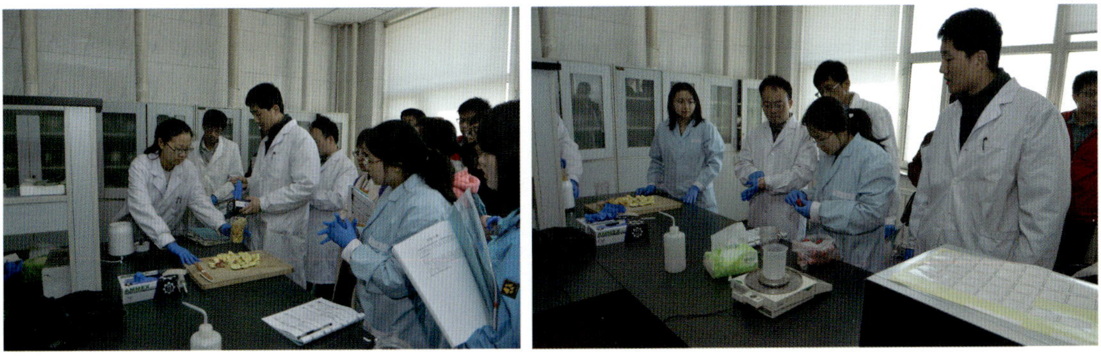

2015年国家食品安全风险监测农药残留检测技术培训现场

2015年3月30日，国家食品安全风险评估专家委员会第九次全体会议在北京召开

2015年4月16日，食品评估中心在浙江组织召开中国居民碘营养状况风险评估项目研讨会

2015年4月29日，食品评估中心在广东举办中国居民膳食稀土暴露双份饭调查培训班

2015年我国居民边销茶消费量调查现场

2015年10月20日，全国食品安全风险评估工作骨干培训会在南京召开

2015年4月24日，食品评估中心组织专家赴常州开展食品接触材料调研

2015年食品评估中心组织专家赴山东省、广东省对稀土矿区居民开展双份饭调查

2015年3月31日，食品安全国家标准整合中期工作会议在北京召开

2015年10月12日，第一届食品安全国家标准审评委员会营养与特殊膳食食品分委员会第十次会议在北京召开

2015年6月2日，食品评估中心在北京召开食品安全国家标准生物毒素检验方法整合专家研讨会

2015年7月6日，食品评估中心派专家参加第38届国际食品法典委员会

2015年3月23~27日，食品评估中心承办的第47届国际食品添加剂法典委员会会议在西安召开

2015年10月27日，食品评估中心举办食品安全标准实施效果评价工作方法培训班

2015年12月7日，食品评估中心在北京组织召开2015年第六次食品添加剂评审会议

2015年5月28日，食品评估中心组织专家赴山西省大宁县开展“食品安全与公众健康进社区”活动

2015年4月22~23日，2015年国际食品安全大会在北京召开，食品评估中心风险交流部获得国际食品科学技术联盟颁发的“科学传播奖”

2015年4月7日，食品评估中心举办2015年“世界卫生日”主题开放日活动

2015年9月24日，食品评估中心在北京召开《食品安全性毒理学评价程序和方法》标准宣贯会

2015年6月29日，全国食品安全宣传周国家卫生计生委主题日活动在食品评估中心举办

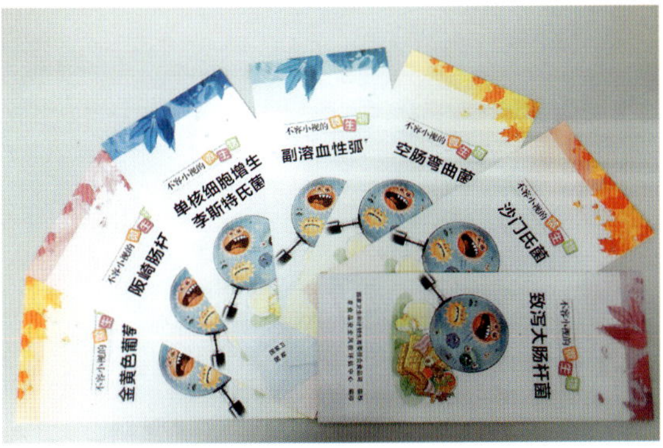

编制科普宣传册

食品评估中心专家为餐厨人员讲解食品安全知识

2015年全国食源性诺如病毒实验室技能培训现场

开展国家食品安全风险监测生物毒素检测技术实验室现场操作培训

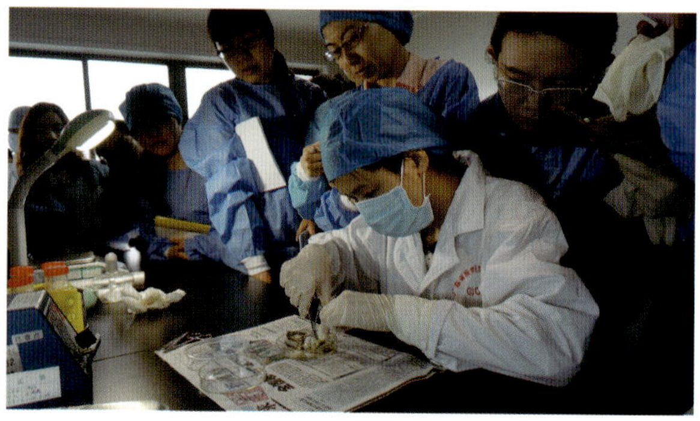

开展微生物检验

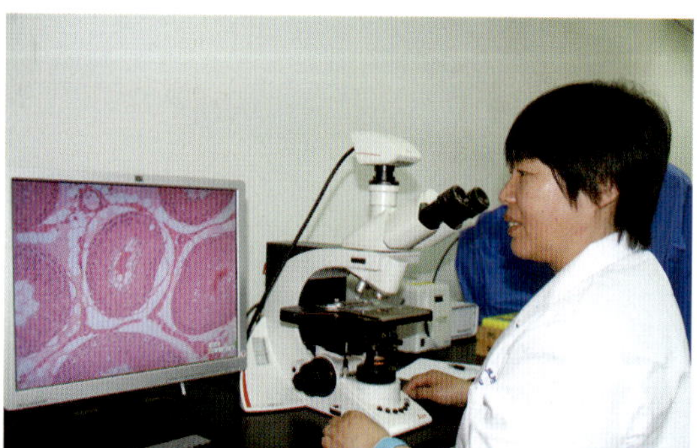

进行病理阅片

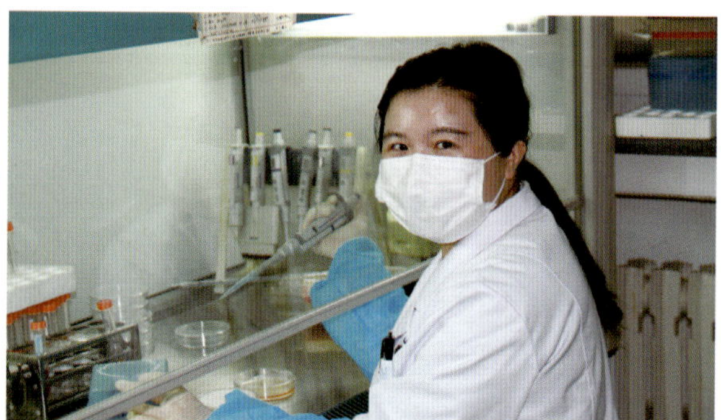

进行细胞实验

进行总膳食现场样品制备工作

STATENS SERUM INSTITUT

ISO:17025

CERTIFICATE OF PARTICIPATION

awarded to

MICROBIOLOGY LABORATORY

NATIONAL CENTER FOR FOOD SAFETY RISK ASSESSMENT

CHINA

to attest completion of

EXTERNAL QUALITY ASSESSMENT SCHEME

FOR SHIGATOXIN/VEROCYTOTOXIN-PRODUCING *ESCHERICHIA COLI* (STEC/VTEC)

2014-2015

Covering the following:

- Pulsed Field Gel Electrophoresis - Gel Quality
- Pulsed Field Gel Electrophoresis - Gel analysis (BioNumerics)
- Serotyping O group
- Serotyping H type
- Detection of aggR and aaiC
- Verocytotoxin/Shiga toxin
- Extended Spectrum Beta Lactamases
- Enterohaemolysin
- Beta-glucuronidase
- Sorbitol

Organised by:

WHO Collaborating Centre for Reference and Research on *Escherichia* and *Klebsiella*

The Danish national reference laboratory for *E. coli*

Flemming Scheutz & Orla Condell

获得2015年欧盟产志贺毒素大肠杆菌（VTEC）分型外部质量保证考核认证

进行检测样品预处理

中华人民共和国国家版权局

计算机软件著作权登记证书

软件名称：国家食品毒理学数据库系统 [简称：毒理学数据库] V1.0

著作权人：国家食品安全风险评估中心

开发完成日期：2015年03月30日

首次发表日期：2015年03月30日

权利取得方式：原始取得

权利范围：全部权利

登记号：2015SR106428

根据《计算机软件保护条例》和《计算机软件著作权登记办法》的规定，经中国版权保护中心审核，对以上事项予以登记。

No. 00735473

2015年06月15日

国家食品毒理学数据库系统著作权登记证书

2015年12月25日，国家卫生计生委党组第七检查考核组组长、党组成员、副主任金小桃，副组长、人事司司长王雪凝等检查考核组全体成员对食品评估中心党风廉政建设责任制暨惩防体系建设情况进行检查考核

2015年1月14日，中央纪委驻国家卫生计生委纪检组监察局对食品评估中心党风廉政建设责任制暨惩防体系建设情况进行检查

2015年7月17日，食品评估中心召开“三严三实”专题教育第一次专题学习研讨会暨党委中心组学习扩大会

2015年12月7日，召开食品评估中心2015年第四次党委中心组学习扩大会

2015年3月10日，食品评估中心召开2015年党的工作会，对2015年主要工作进行部署

2015年5月22日，食品评估中心第一党支部和第五党支部联合开展了“走进食品安全监管一线，将食品安全工作落到实处”主题党日活动

2015年3月6日，食品评估中心开展迎三八“花样年华”插花艺术讲座

2015年4月29日，食品评估中心召开职工代表大会，选举产生新一任工会主席和妇工委主任

2015年5月4日，食品评估中心青年同志赴李大钊革命烈士纪念馆开展主题团日活动

2015年5月23日，食品评估中心参加国家卫生计生委举办的第二届“携手共进再创辉煌”健步走活动

2015年11月8日，食品评估中心参加国家卫生计生委第一届职工运动会

2015年11月19日，食品评估中心召开管理能力提升全员培训会

2015年4月27日，共青团中央联合17个部委印发了《关于命名2013~2014年度全国青年文明号的决定》，食品评估中心标准部喜获殊荣

CHINA NATIONAL CENTER FOR FOOD SAFETY RISK ASSESSMENT YEARBOOK

CFSA

国家食品安全风险评估中心

年鉴

（2016卷）

国家食品安全风险评估中心年鉴编写委员会　编

化学工业出版社

·北京·

图书在版编目（CIP）数据

国家食品安全风险评估中心年鉴. 2016卷/国家食品安全风险评估中心年鉴编写委员会编. —北京：化学工业出版社，2017.5

ISBN 978-7-122-29309-1

Ⅰ.①国… Ⅱ.①国… Ⅲ.①食品安全-风险管理-组织机构-中国-2016-年鉴 Ⅳ.①TS201.6-54

中国版本图书馆CIP数据核字（2017）第055627号

责任编辑：邱飞婵　张　赛　　装帧设计：史利平

责任校对：宋　玮

出版发行：化学工业出版社（北京市东城区青年湖南街13号　邮政编码100011）

印　　装：三河市延风印装有限公司

787mm×1092mm　1/16　印张18¼　彩插10　字数242千字　2017年7月北京第1版第1次印刷

购书咨询：010-64518888（传真：010-64519686）　售后服务：010-64518899

网　　址：http://www.cip.com.cn

凡购买本书，如有缺损质量问题，本社销售中心负责调换。

定　　价：50.00元

编 委 会

目　录

第一部分　重要讲话

第二部分　业务工作

第三部分　活动和会议

第四部分　大事记

第五部分　机构设置

第六部分　奖励和荣誉

第七部分　附录

第一部分　重要讲话

在第一届食品安全国家标准审评委员会第十一次主任会议上的讲话

国家卫生计生委主任　李　斌

2015 年 2 月 11 日

一、充分肯定 2014 年食品安全标准工作取得的积极成效

2014 年，国家卫生计生委在有关部门的大力支持下，贯彻落实国务院食品安全重点工作要求，依法履职、完善体系、夯实基础、提升能力，加强食品安全标准体系建设，全面启动标准整合，各项工作取得明显成效。有这样几个特点：一是组织领导有力。成立食品安全国家标准整合工作领导小组和专家组，组织专门力量，加强统筹协调，全力以赴确保整合工作进度和质量。广泛听取各部门、各行业和全社会对标准工作的意见和建议，及时公布工作信息，鼓励社会参与，接受社会监督。二是工作扎实有序。食品安全国家标准的制定、修订和整合数量大、时间紧。去年，委员会和各专业分委会审议标准草案超过 360 项，接近前 4 年的总和。明确了 2014～2015 年 415 项安全标准整合任务，已完成 50%以上。按照国务院深化行政审批制度改革要求，完善食品安全性评审制度，规范受理食品、食品添加剂及其相关产品申请 340 项，审查批准 63 项，及时纳入标准统一管理。加快重点、缺失标准的制定和修订，新公布 68 项食品安全国家标准，涵盖 1 万多项参数和指标，标准体系框架基本形成。三是夯实科学基础。加强食品安全风险监测，积累科学数据，深入开展风险评估，客观评价对健康的影响，风险监测点增至 2489 个，覆盖

80%的县（市、区），食源性疾病监测哨点医院增至2000家，开展17项食品安全风险评估项目，启动食物消费量调查工作，提高了标准的科学性和合理性。四是注重宣传倡导。会同相关部门印发通知，开展国家标准宣贯实施和跟踪评价工作，重点做好食品安全监管部门、食品企业的宣传培训，组织编写了面向全社会的安全标准释义材料，科学解读食品安全标准知识和常见误区，积极开展食品安全风险交流，提高了群众的科学认知水平。这些成绩的取得，得益于党中央、国务院的坚强领导，离不开有关部门的大力支持，也凝结着各位委员的智慧和汗水。在此，我代表国家卫生计生委，对各位委员的辛勤劳动和无私奉献表示衷心的感谢！对各部门长期的支持和参与表示衷心的感谢！

二、进一步增强食品安全标准工作的责任感和紧迫感

民以食为天，食以安为先。食品安全一头连着人民群众的身体健康，一头连着党和政府的公信力，是重要的民生工程、民心工程。党中央、国务院始终高度重视食品安全工作。习近平总书记深刻指出，食品安全关系中华民族未来，能不能在食品安全上给老百姓一个满意的交代，是对我们执政能力的重大考验。食品安全问题必须引起高度关注，下最大气力抓好。国务院食安委第二次全体会议召开前，李克强总理专门做出重要批示，强调指出：目前食品安全工作仍须臾不可松懈。要筑好制度高墙，健全从“农田到餐桌”的全链条最严格监管。张高丽副总理指出：保障食品安全是一场持久战，要从适应经济发展新常态、建设法治社会、维护公共安全、对人民群众负责的高度，用最严格的监管、最严厉的处罚、最严肃的问责，严守不发生系统性、区域性食品安全事故的底线。这些重要指示为我们做好食品安全工作指明了方向。我们要深刻领会中央领导同志重要指示精神，不断深化对食品安全标准工作极端重要性的认识，切实增强做好工作的责任感和紧迫感。

首先，这是规范生产经营、维护群众健康的重要基础。食品安全国家标准是保障食品安全的最低门槛，是保障公众身体健康和生命安全、规范食品生产经营的强制性要求，是政府强化监管的执法依据。大家吃到嘴里的食品，往往经过了漫长的生产加工链条，难以做到“零风险”，只有建立起严格的安全标准，实施严格的监管，才能有效控制风险。近年来食品安全标准工作取得了很大成绩，但必须清醒看到，制约食品安全的深层次矛盾没有得到根本解决，潜在的隐患不可低估：现行标准间还存在交叉、重复、矛盾和缺失等问题，整合任务十分繁重；安全风险监测结果的信息共享机制有待建立；基层疾控机构履行食品安全职责的能力有待加强；食品新业态、新技术的出现，对实验室检测技术提出了新要求等，安全标准工作任重道远。

第二，这是提升监管水平、建立消费者信心的内在要求。食品行业是一个特殊行业。从质量安全的角度，商品可以分为搜寻品、经验品和信任品三类。对于搜寻品，消费者通过感官就能获得充分信息，对质量作出准确判断；对于经验品，消费者只有通过实际使用才能获得品质状况，可以通过经验积累找到可靠的品牌；对于信任品，即使消费之后也难以判断品质。食品兼具三类商品的特殊，但本质上是信任品。不符合安全标准的食品造成的健康损害具有隐蔽性、累积性和难以追溯等特点。随着现代食品科技发展和工艺日益复杂，处于流程末端的消费者只能依靠具有专业水准的第三方进行监督检测，否则就只能用自己的健康埋单。食品安全标准的重要意义在于将普通消费者无法判断的信任品特性，转化为容易读懂的安全信号，转化为明明白白的风险警示，这就为加强食品安全监管和规范食品生产经营提供了有力保障，有利于促进食品相关产业的健康发展，有利于监管水平的提高。

第三，这是引导良性竞争、促进产业转型升级的有效信号。食品行业与百姓生活密切相关，具有产业链长、吸纳就业能力强等特点；同时，食品产业小散乱问题突出，产业转型升级的任务艰巨。这就需要发挥国家安全标准的导向性作用。目前，《食品安全法》规定的食品安全国家标准体现的是底线原则，好像一把横放的尺子，为产品设置了一个底线，底线以上达标，底线以下不达标、不准进入市场。底线原则虽然为人民健康负责，但还起不到鼓励企业提高食品质量的作用。如果我们把尺子竖着放，越往上质量越好，消费者根据产品质量在尺子上的位置和相应的价格来决定是否购买，就会给企业发出正确的信号，引导他们提高质量，让生产满足不同层次消费者的需求。同时通过市场机制，促进企业和消费者形成互利互惠、相互促进的关系。有的国家已经采取了这样的标准设置原则，希望审评委员会也要加强这方面的研究。总之，希望通过我们的努力，打造出严格的有中国特色的国家食品安全标准体系，彰显鲜明的国家态度。

三、切实完成好2015年食品安全标准工作

2015年是我国经济社会发展极其重要的一年，全面深化改革、全面推进依法治国、适应经济新常态、加快农业现代化都对食品安全工作提出了新要求。我委要认真学习贯彻党的十八届三中、四中全会和习近平总书记系列重要讲话精神，全面落实国务院食安委全体会议的部署，紧紧围绕保障食品安全和提高人民健康这一主题，充分发挥食品安全标准的技术法规保障作用，年内完成“十二五”规划确定的标准清理整合任务，加快形成符合我国国情和国际通行做法的食品安全国家标准体系。关于今年食品安全标准的各项工作会议还要做出研究部署，这里我强调几个问题。

一是增强法治意识，全力抓好标准整合工作。维护“舌尖安全”，法治无疑是最重要的武器。要认真贯彻落实十八届四中全会精神，提高运用法治思维和法治方式做好食品安全标准工作的能力，完成好法律赋予我们的光荣使命。同时，食品安全标准具有很强的专业性和政策性，是强制执行的技术法规，制定与审评食品安全国家标准必须坚持依法、科学、合理的原则。今年

要完成食用农产品质量安全标准、食品卫生标准、食品质量标准以及行业标准中强制执行内容的整合工作，时间紧、任务重、要求高。委员会、各部门要密切配合，攻坚克难，确保工作进度和质量。要制定好全年计划，明确分工和进度安排，严格时间表，一项一项抓好落实。需要强调的是，时间再紧、任务再急，也要严格按照标准审查的程序进行，做到规范有序、优质高效、公开透明、便于监督。

二是掌握科学准绳，为标准奠定更加坚实的基础。标准制定是一项科学、严肃的工作，来不得半点马虎和虚假，风险监测和评估是制定食品安全标准重要基础。风险监测可以发现隐患、积累数据，风险评估可以对隐患进行评估，评估结果、监测数据、居民消费量数据又是制定食品安全标准的科学依据，三者相互依靠、良性互动。今年要继续执行好年度食品安全风险监测计划，基本实现全国县级区域全覆盖目标，全面启动全国食物消费量调查和总膳食研究，完善基础数据库，促进风险监测数据、评估结果的转化应用。

三是补齐人才短板，切实加强队伍能力建设。人才是食品安全标准各项工作的基础，也是薄弱环节。要研究制定食品安全人才队伍发展规划，加强专业队伍建设，加大教育培训力度，形成人才梯队。要吸引高水平专业技术人才和领军人才，引领标准研制和管理工作。要建立相对稳定的标准研制队伍，与科研机构、大专院校、行业协会等形成标准研制协作组，共同开展标准研制、验证、起草工作。要争取相对稳定的科研、经费投入，为标准工作提供有力支持。

四是坚持公开透明，加强标准的风险交流和宣传贯彻。标准的制定、修订、整合和审查的全过程，都要坚持科学决策、民主决策、公开透明、广泛参与，面向全社会充分沟通、听取意见、宣传标准、形成社会共治。今年 4 月 7 日世界卫生日的主题是“食品安全”，6 月份有全国食品安全宣传周，要利用好这些时机，广泛普及食品安全标准知识，特别要加强对行业、企业和监管部门的解读、培训和宣传。标准的制定不是单纯的技术问题，还要充分考虑国情、居民的饮食结构、身体特质、心理文化因素和各方面的意见。当社会上对标准存在疑问时，不要回避质疑，而要更开放坦诚地面对公众，开展风险交流，用老百姓听得懂的语言，做好解疑释惑工作，对比较敏感的标准，要制订风险沟通预案，把工作做到前面，回应再快一些。

四、发挥专家作用促进审评委员会工作再上一层楼

第一届标准审评委员会成立至今已经走过了五个年头。五年来，10 个分委员会 300 多名委员依法履职，科学严谨，团结协作，扎实工作，为健全食品安全标准体系，保障人民群众食品安全发挥了不可替代的作用。按照委员会章程，今年我委将广泛听取各方面意见，依法按程序做好新一届标准审评委员会的换届工作，确保标准审查工作的连续性。这里，我想对委员会的工作和各位专家再提几点希望：

一是继续提高标准审查的质量和效率。食品安全标准工作难度大、程度复杂、任务艰巨。起草单位和各位委员要本着对人民健康高度负责的态度，严谨细致做好标准起草和审查工作，确保标准科学合理、安全可靠。每位委员要准确掌握标准工作的程序和方法，严格工作程序和机制，负责任地对标准提出审查意见，在工作中不断增强政治责任感，提高敏感性，提升尽职履责能力，切实把问题解决在审查阶段。

二是严明审查纪律进一步严格自律。委员会审查食品安全标准是《食品安全法》赋予的神圣职责，确保标准审查的严肃性、公正性是基本要求。委员的头衔不仅是一份荣誉，更是对大家学术造诣、业务水平和敬业精神的认可，更体现了人民群众的信任，意味着一份沉甸甸的责任。希望大家本着严谨、科学、端正的工作作风参与标准审查，注意内外有别，既要遵守政务公开、信息公开有关规定，又要严格遵守审评工作相关纪律规定，内部讨论时知无不言、言无不尽，对外没有经过委员会授权，不得以专家委员身份公开发表意见，也不得

以委员身份参加有碍标准审评公正性的商业活动，筑牢拒腐防蚀的思想道德防线，自觉树立和维护审评委员会权威、公正、专业、廉洁的良好形象。

三是敢于担当发挥正确导向作用。当前，舆论环境、媒体传播理念和方式等都发生了深刻变革，食品安全问题牵动13亿国人的神经，是媒体和公众关注的热点领域。食品安全标准的一次偶发事件、一个恶意炒作，都可能造成群众的误解，甚至造成难以估量的损失，我们必须时刻掌握舆情动态，积极回应社会关切，不断提高新媒体条件下的舆论引导能力，这方面各位专家可以发挥重要作用。希望大家增强担当意识，“道之所在，虽千万人吾往矣”，始终坚持真理，反对谬误，深入浅出地向公众做好解释说明工作，赢得公众的理解、支持和信任。也希望各位专家努力学习、掌握新媒体条件下舆论生成、演变的特点和规律，发挥正确的舆论导向作用，成为食品安全领域的“大V”，拥有更多的“粉丝”，不断增强影响力。

同志们，我们一定要按照党中央、国务院的决策部署，认真做好食品安全标准工作，努力适应我国食品安全监管和食品产业健康发展的需要，让“舌尖上的中国”更加安全、更有滋味。

在第47届国际食品添加剂法典委员会会议上的讲话

国家卫生计生委副主任　金小桃

2015年3月23日

欢迎大家来到历史文化名城西安参加第47届国际食品添加剂法典委员会会议。我谨代表中国国家卫生计生委对会议的顺利召开表示热烈的祝贺，向出席会议的世界卫生组织、联合国粮农组织、国际食品法典委员会秘书处代表、各国代表团及全体与会代表表示诚挚的欢迎，向国际食品添加剂法典委员会秘书处的辛勤劳动表示衷心的感谢！

中国政府高度重视食品安全工作，李克强总理在今年的政府工作报告中将食品安全作为持续推进民生改善和社会建设的重要内容，要求采取更坚决措施，全过程保障食品安全。中国全国人大正在审议修订的《食品安全法》，将更加突显食品安全标准在食品安全管理中的重要作用。国家卫生计生委依据法律赋予的职责，不断加强食品安全标准工作，取得明显成效。完善了食品安全标准管理制度，确保食品安全标准的科学性和可行性。目前已公布国家标准492项，基本覆盖了从农田到餐桌食品生产加工各个主要环节的食品安全控制要求。与此同时，加快了对原有标准的清理整合工作，今年我们将完成整合任务，初步构建起中国的食品安全国家标准体系。我们还不断筑牢食品安全标准的科学基础，加强食品安全风险监测、风险评估工作，加强国际合作，积极参与国际食品法典标准制定，做好国际食品添加剂法典委员会主持国工作。

国际食品法典委员会致力于保护全球消费者健康、维护国际食品贸易公平，对各国食品安全管理产生重要影响。国际食品添加剂法典委员会对做好食品添加剂法典标准，提高食品添加剂管理水平发挥积极作用。当前，各国管理者愈发认识到食品安全是全球共同面临的挑战，今年4月7日世界卫生日主题是“食品安全”，体现了国际社会致力于做好食品安全工作的决心和强烈意愿。我们愿意与各国一道，积极参与国际食品法典委员会各项工作，推进国际食品贸易和技术合作发展，为维护全球食品安全做出努力。我相信，在大家的共同努力下，本次会议将圆满成功，实现预期成效。

最后，衷心祝愿全体代表在华期间身体健康、工作顺利。

在国家食品安全风险评估专家委员会第九次全体会议上的讲话

时任国家卫生计生委食品司司长　苏志

2015 年 3 月 30 日

一、2014 年工作取得显著成效

一年来，在国务院食品安全办和各有关部门的大力支持下，在国家卫生计生委党组的领导下，国家食品安全风险评估专家委员会和食品评估中心认真履职，做了大量卓有成效的工作。一是食品安全风险评估制度、规范体系进一步得到完善。刚才陈君石院士在工作总结中讲到，2014 年我们制定并印发了《国家食品安全风险评估 2014～2015 年工作计划》，组织修订《食品安全风险评估管理规定（试行）》，组织起草了《健康指导值制定指南》、《食品安全应急风险评估指南》等。二是科学开展优先评估和应急评估工作。去年组织开展 20 余项评估工作都紧密结合当前食品安全标准制定修订、食品安全监管等工作的需要，为食品安全风险管理工作提供了有效的科学支撑。例如，酒中氨基甲酸乙酯、食物中稀土元素的评估是针对标准制定修订工作的迫切需要；对国家质检总局在进口棕榈油中检出的 3-氯丙醇酯进行初步风险评估，提出棕榈油中 3-氯丙醇酯存在健康隐患，为质检总局确定风险程度以及采取相应的处置措施提供了技术支持。三是评估专家委员会建设得到加强，委员作用进一步得到发挥。在各项优先风险评估工作组中，专家委员会委员占很大比例，很多委员是作为项目工作组的组长承担工作，委员会秘书处经过几年来的探索逐渐找到更大发挥委员会作用的方式方法。四是有效加强了与食品安全风险监测工作的衔接。2010 年以来连续对食品安全风险监测结果进行风险评估，丰富了监测数据的分析手段，提高了数据挖掘能力。2014 年还针对食品安全监测中发现的二噁英、婴幼儿辅助食品中镉含量异常等问题开展阶段性评估，同时针对评估工作需要提出风险监测计划建议，形成监测与评估工作之间的良性互动。可以说今年的食品安全监测评估工作又上了一个台阶。

食品评估中心作为评估委员会的秘书处，为委员会工作的顺利开展做了大量的认真细致的具体工作，2014 年共组织召开了 18 次专项工作组会议和 10 次专题讨论会，针对一系列热点问题为有关部门提供科学建议，并且针对含铝食品添加剂、白酒产品中塑化剂等问题开展了有效的风险交流。出色地履行了秘书处的职责。

二、进一步增强食品安全风险评估工作的责任感和紧迫感

今年两会政府工作报告指出，我国食品药品安全形势总体稳定，但是群众对医疗、养老、住房、交通、教育、收入分配、食品安全、社会治安等还有不少不满意的地方。因此我们在看到成绩的同时，也要意识到当前的食品安全形势仍然严峻，作为食品安全决策基础的风险评估工作任务艰巨。一是食品安全关系人民群众的身体健康，也关系党和政府的公信力，党中央和国务院高度重视。习近平总书记深刻指出，食品安全关系中华民族未来，能不能在食品安全上给老百姓一个满意的交代，是对我们执政能力的重大考验。食品安全问题必须引起高度关注，下最大气力抓好。二是公众和媒体关注，食品安全事件燃点低。近年来食品安全问题持续成为媒体炒作热点，需要我们及时用科学的评估结论加以引导。三是食品安全标准整合和制定修订任务艰巨。2015 年要完成 200 余项标准整合、160 余项制定修订工作，做好这些工作需要风险评估的科学支撑。四是各部门在食品安全监管中对开展风险评

估的需求越来越多，去年我们针对水泥中六价铬、塑料薄膜作为笼布蒸馒头等问题向相关部门提供了评估意见，也对我们的风险评估能力和平时的技术贮备提出更高要求。五是新风险、新问题不断出现，特别是对未知风险的识别和评估是我们面临的艰巨挑战。六是经济危机导致全球贸易保护严重，急待提高我国应对技术性壁垒的能力，而风险评估是全球公认的制定食品安全政策的科学依据。

2009 年公布施行的《食品安全法》确定了我国制定并实施统一的食品安全评估制度。风险评估的结果将为制定、修订食品安全标准，评价食品安全管理措施效果，开展公众风险交流提供科学决策依据。在全球范围内，食品安全风险评估也是各国政府制定食品安全法规、标准和政策的主要技术依据，是制定国际贸易食品安全控制措施、保证食品贸易公平的重要手段，可以说，没有强有力的风险评估作基础，就难以制定出科学、严谨、可行的食品安全政策和标准。

2015 年是“十二五”规划的收关之年，国务院和国家卫生计生委对今年的食品安全工作都做出了重要部署。国务院印发的《2015 年食品安全重点工作安排》布置了几项重要工作任务，一是完成国家食品安全监管体系“十二五”规划确定的食品安全国家标准清理整合任务，加强重点、急需标准的制定修订工作，加快形成符合我国国情和国际通行做法的食品安全国家标准体系。二是提高风险评估能力，组织实施年度优先风险评估和应急评估项目，夯实食品安全风险评估工作基础，全面开展食物消费量调查和总膳食研究。三是继续加强风险监测网络和能力建设，建立部门间风险监测数据共享与分析机制，提高数据利用度。四是完善食品安全风险评估规章制度，包括制订食品安全风险评估办法及未来五年工作规划。五是加强风险交流、舆情监测和风险隐患预判。《2015 年卫生计生工作要点》中也提出要完善食品安全风险监测和评估管理制度，推进食品安全信息化建设，科学谋划和编制好“十三五”规划等要求。这些工作既涉及评估，也涉及标准、监测、交流等方方面面。无论是标准工作，还是监测数据的分析、风险隐患预判、风险交流等工作都离不开风险评估的支撑，评估是最基础的科学性工作。因此，我们要深刻认识食品安全风险评估工作的极端重要性，切实增强做好风险评估工作的责任感和紧迫感，依据《食品安全法》赋予的使命，认真做好食品安全风险评估工作。

三、夯实基础，突出重点，认真做好食品安全风险评估工作

为贯彻落实国务院《2015 年食品安全重点工作安排》和《2015 年卫生计生工作要点》等党中央、国务院、委党组的工作安排和领导批示精神，国家食品安全风险评估专家委员会和食品评估中心今年要重点做好以下几方面的风险评估工作。

（一）继续组织好优先评估和应急评估工作

优先风险评估工作是专家委员会根据各方面提出的风险评估建议，结合食品安全标准制定修订、食品安全监管需要，考虑到可行性、迫切性等因素确定的计划性工作。优先评估项目的结果不仅是今后很长一段时期相关食品安全工作的重要参考，同时也是我国食品安全风险评估水平的直接体现。而应急风险评估工作时效性、目的性强，对我们平时的数据、技术等能力贮备要求高。因此，优先评估和应急评估项目是我们工作核心价值的体现，我们要高度重视并做好，要加强技术贮备，提高工作能力，认真组织，科学规范，依法实施。

（二）夯实食品安全风险评估工作基础

国务院《2015 年食品安全重点工作安排》特别强调了夯实食品安全风险评估工作基础，提高风险评估能力。一方面，要加强风险评估基础性工作，认真组织开展食物消费量调查、食品安全风险监测等数据收集工作，进一步

加强毒理学、流行病学和实验室检测等学科建设，研究开发风险评估、风险分析预警、新发风险识别等技术方法，为风险评估提供科学数据和技术贮备。另一方面，要加强风险评估网络体系建设，充分组织利用地方技术机构、大专院校的优势资源，加强全国评估人才队伍的建设和能力培养，积极组织有能力的机构和专家参与到国家风险评估项目等工作中。

（三）继续做好风险交流工作，提高舆情监测、风险研判和识别预警能力

风险交流仍是当前食品安全工作中的薄弱环节，亟待加强。要充分发挥专家委员会和国家食品安全风险评估中心在风险评估科学信息和资源上的优势，有效利用多种媒体资源，开展多种形式的风险交流活动。要加强舆情监测，通过技术开发提高风险研判和识别预警能力，及时组织专家针对热点问题主动开展交流。专家委员会专家要积极发声，利用自身专业所长，发出科学的声音，正确引导舆论。

（四）做好《食品安全风险评估 2016～2020 年工作规划》编制工作

《规划》的编制已列入国家卫生计生委 2015 年重点工作，专家委员会和食品评估中心要积极参与规划编制工作，做好“十三五”期间食品安全风险评估工作的顶层设计。《食品安全法》实施已经 5 年多，风险评估工作也逐步由起步走向成熟，但是仍然还面临着很多需要思考的问题，例如，如何建设食品安全风险评估体系，如何充分发挥评估在食品安全标准制订修订工作的作用，如何更好发挥委员会作用等。这次会议也安排了专门的讨论时间，希望委员们结合近几年的工作实践，认真思考，畅所欲言，积极提出好的想法和建议。

（五）充分发挥风险评估作为食品安全标准制定修订依据的作用

评估委员会与标准委员会之间要建立机制，加强联系。评估委员会委员

要积极参与到标准立项和审议工作中，保证作为标准制定修订依据的风险评估结果的科学性。优先风险评估项目计划也要优先考虑标准制订修订的需求，主动征询标准委员会的项目建议。优先评估工作制定实施方案时，要充分了解标准制定修订方面的需求，吸收标准委员会专家参与风险评估工作。

（六）加强秘书处能力建设，做好委员会换届工作

今年是评估专家委员会的换届之年，秘书处要认真组织筹备好换届工作，合理规划新一届专家委员会的结构设置，适当扩充专家委员队伍，修改完善专家委员会工作制度、程序和章程。要注重秘书处自身能力建设，充实人员，积极参与国内外交流合作，做好专家服务和组织工作，保障委员权利，督促委员履行义务，促进委员积极参与委员会各项活动，提高食品安全风险评估工作的质量。

各位委员、专家，今年两会刚刚结束，李克强总理在记者招待会上谈到食品安全时强调，“食品安全，那可以说是天大的事，直接关系到人们的生活质量和身体健康”。我们要本着为人民健康护航，为国家政府分忧的精神，树立高度的责任感和使命感，提高履职意识，认真贯彻落实党中央、国务院和委党组的工作安排，提高执行力，努力开创食品安全风险评估工作的新局面。

在海洋和水产食品安全风险评估国际研讨会上的讲话

时任国家食品安全风险评估中心主任　刘金峰

2015年7月14日

很高兴能够在美丽的青岛召开海洋和水产食品安全风险评估国际研讨会。首先我代表国家食品安全风险评估中心，对联合承办此次研讨会的青岛市疾控中心和舟山市疾控中心表示由衷的感谢，对出席研讨会的国内外专家表示热烈欢迎！本次研讨会我们特别邀请了4位分别来自美国俄克拉荷马大学和法国食品、环境和职业健康与安全署的专家来分享国际先进经验。希望与会专家通过此次研讨会充分交流探讨海洋和水产食品风险评估工作的最新研究进展和国际先进经验，进一步加强中国海洋和水产食品风险评估工作。

海洋生物具有独特的营养价值，含有多种生物活性物质。随着海洋食品的兴起，中国的海洋食品也随之从幕后走上前台，以蓬勃、健康的发展态势成为中国食品行业的重要组成部分。当前，海洋食品的发展从初级加工逐步走向精细加工，但是海洋与海洋食品是相互作用的，海水质量是海洋食品安全的源头，如果只为利益发展海洋食品，导致海洋污染，最终也会危及到我们的餐桌安全，特别是近年来海洋食品在从捕捞到餐桌已出现了一系列的食品安全问题，如海洋食品重金属超标、生物毒素富集、非法添加等，引起社会广泛关注。

国家食品安全风险评估中心自成立以来，也不断加强海洋食品安全相关工作。一方面，与青岛市人民政府、青岛市卫生计生委分别签署了《战略合作框架协议》、《国家食品安全风险评估中心海洋食品技术合作中心合作协议》，成立了国家食品安全风险评估中心海洋食品技术合作中心。新成立的海洋食品技术合作中心以青岛市疾病预防控制中心为依托，联合中国海洋大学、中国科学院海洋研究所、国家海洋局北海分局、国家海洋局第一海洋研究所、中国水产科学研究院黄海水产研究所、山东省海洋生物研究所、青岛市海洋渔业局等单位，共同承担国家海洋食品安全风险监测评估任务，合作开展与海洋食品相关的安全标准的制定修订和基础研究；共同攻关海洋食品安全的关键技术，培养海洋食品安全专业技术人才队伍；共同建设海洋食品安全风险监测与风险评估数据库，为海洋食品安全风险管理提供科学、全面的智库支持。另一方面，不断加强海洋食品的风险监测、评估、标准工作。一是在海洋和水产品中开展了铅、镉、汞、砷等重金属及贝类毒素、河豚毒素等生物毒素污染物的风险监测。二是系统开展了生食贝类副溶血性弧菌风险评估、水产品中硼和甲醛的本底调查等优先风险评估项目，并已将双壳贝类食品中诺如病毒暴露列为国家优先评估项目。三是发布了水产调味品的食品安全国家标准。“鲜、冻动物性水产品”，“动物性水产制品”，“干海参”等食品安全国家标准已基本制定完成，预计于今年年底发布。

下一步，食品评估中心将继续加强与青岛、舟山等沿海城市在海洋食品安全领域的合作，一是突出海洋食品相关技术合作特色，占领科技研发制高点，为全国海洋食品发展提供技术引领和服务支撑；二是组成人才结构合理的技术合作团队，在课题攻关、人才培养、信息交流等方面建立高效的合作机制；三是积极推动资源共享，共同发展海洋食品安全风险监测、风险评估、标准制定等工作，全面提升海洋食品安全水平和食源性疾病防控能力，降低因海洋食品造成的健康损害和社会负担。

加强海洋和水产食品安全技术支撑工作，符合国家海洋经济战略和海洋生态文明建设的总体要求，更离不开在坐各位的支持。希望各位来宾、专家和学者借此机会，充分交流经验，探讨中国与世界面临的海洋食品安全问题和对策。我相信各位专家学者一定能够在此次大会中碰撞出智慧的火花，为海洋食品安全发展把脉问路，建言献策。

在国家食品安全风险评估中心2015年党建和业务工作总结大会上的讲话

时任国家食品安全风险评估中心党委书记/副主任　卢江

2015年12月30日

2015年，在国家卫生计生委的领导下，国家食品安全风险评估中心（以下简称食品评估中心）围绕中心、服务大局，聚焦核心业务，紧紧围绕“风险监测—评估—标准制定修订”技术支撑主线，努力提升服务政府风险管理、服务公众科普宣教、服务行业创新发展的履职能力，加快建设具有国际影响力和科学公信力的食品安全科学智库和技术资源中心，圆满完成了全年各项任务。

一、2015年工作情况

（一）加强国家食品安全风险监测网络建设和质量控制，发挥监测技术“龙头”作用

编制2014年风险监测报告，组织实施2015年监测计划。升级优化监测网络信息系统，提高监测的敏感性、时效性和工作效率。截至2015年12月31日，全年共组织32个省级监测分中心检测21.3万份样品，获得监测数据137.4万条，其中化学污染物及有害因素数据100.5万条，样本11.4万份；食品微生物监测数据36.9万条，样本9.9万份。共收到全国食源性疾病暴发事件报告2413起，患病21567人、死亡139人；食源性疾病病例335466例，

采集病例生物标本数 127755 份。同时，完成了 56704 人份的食源性疾病负担社区人群调查，首次获得具有国家代表性的疾病负担数据。根据监测结果，及时对高危食品、高危因素等进行归因分析，通过对监测数据分析，共上报隐患报告 20 余份，主要涉及监测发现禁用药物，检出生物毒素、有害元素和致病性微生物等，为风险评估、标准制修订和政府监管提供了科学依据。天津“8·12”特别重大火灾爆炸事故发生后，及时组织开展食品安全应急监测，得到天津市委、市政府肯定。

（二）加强食品安全风险评估能力建设，发挥风险评估对政府决策和标准制定的支撑作用

制定修订《食品安全应急风险评估指南》等 4 项技术规范。按计划推进 19 项优先评估项目，完成酒中氨基甲酸乙酯、即食食品中单增李斯特菌、乳制品中硫氰酸盐、零售鸡肉中弯曲菌污染等 4 项并上报国家卫生计生委。膳食中稀土元素风险评估首次实现完全基于我国研究调查数据的四步骤评估过程，引入双份饭调查方法；硫氰酸盐项目首次建立化学物本底含量推导的统计学方法；腐竹中甲醛项目关注生产全过程的影响；饮料中重金属评估探索针对特定食品进行多种重金属的综合评估。及时完成婴幼儿食品中壬基酚、花生油黄曲霉毒素 B1 等 10 余项应急风险评估任务。完成发酵乳杆菌、鱼油等 17 份新食品原料安全性评价报告。加强风险评估数据质量控制和评价工作，启动毒理学技术数据质量评价，提高风险评估的科学性。

（三）加强食品安全国家标准管理，顺利完成食品安全国家标准整合工作任务

食品评估中心按照委领导指示精神，倒排时间表，制定路线图，确定责任人，落实各项措施，确保整合任务保质保量完成。全年组织召开食品安全国家标准审评委员会各专业分委员会会议 20 次，审查 318 项食品安全国家标

准送审稿；召开主任会议审议 304 项标准送审稿，并全部通过。在国家卫生计生委领导下开展了委员会换届筹备工作。在标准立项、起草、公开征求意见、跟踪评价、文本查询各环节运用信息化手段提升食品安全国家标准管理效能。通过课题研究为标准工作积累基础资料，提高风险管理工作的水平。通过建立专门食品安全标准跟踪评价及意见反馈平台，收集社会各界对标准的意见和建议。组织专家完成 147 项食品添加剂新品种的技术审查工作。跟踪国际标准最新动向，2015 年共组织 30 人次参加 11 次国际食品法典会议，更加深入承担国际标准的制定工作，我国牵头制定《非发酵豆制品区域标准》获得第 38 届国际食品法典委员会（CAC）大会通过，成为了正式的法典标准。在西安顺利召开第 47 届国际食品添加剂法典委员会（CCFA）。承担国家卫生计生委世界贸易组织（WTO）相关事务项目管理办公室工作，组织对 226 项食品安全相关卫生与植物卫生（SPS）措施以及 280 项卫生相关技术贸易壁垒（TBT）通报措施进行了研究。同时完成欧盟、加拿大、新西兰、泰国、智利等 12 个 WTO 成员的贸易政策审议工作。推动韩国泡菜等热点食品贸易问题的解决。

（四）围绕广大群众关心的问题，加大食品安全风险交流和科普工作力度

完善食品安全舆情监测工作模式，发布舆情日报 249 期、周报 50 期。结合世界卫生日“食品安全”主题和食品安全宣传周，开展食源性疾病和应用营养专题风险交流活动，与有关机构合作开展食品安全知识网络竞赛、食品安全超市行、食品安全进社区等活动，发放科普材料，覆盖 20 个省份、5 万多人次。针对食品安全标准等舆情事件，组织专家 30 余人次接受中央电视台等主流媒体采访，召开媒体沟通会，运用中英文网站、微博、微信等新媒体，对公众关注问题解疑释惑。承担食品安全国家标准日常咨询答复，协调重点标准制定中的难点问题，充分听取行业协会和食品生产企业的意见，主动开展热点食品安全

标准的宣传贯彻。提升《中国食品卫生杂志》品质，促进业内科研交流。编制《一分钟读懂营养标签》等通俗易懂的科普读物，出版《食品安全风险交流理论探索》，举办专家媒体公开课，不断提高专家的媒介沟通和科普宣教能力。

（五）依托部级食品安全风险评估重点实验室，提升风险监测评估和标准工作基础能力

承担了国家重大科技专项、省部级科研项目等课题 70 余项，发表学术论文近 100 篇，其中 SCI 收录 25 篇，主编或参编专著 14 部，获得国家发明专利 1 项。不断夯实风险评估基础数据库建设，开展 15 省（市、区）食物消费量调查，构建我国饮料等 4 类食物消费量数据库和植物油等 3 类食品接触材料评估参数；开展第五次国民总膳食研究和母乳监测，完成总膳食研究中持久性污染物、真菌毒素、生物碱、农药和兽药残留、反式脂肪酸等检测，构建中国总膳食研究数据库；启动构建国家重要食源性疾病微生物全基因组序列数据库；完成 3 种稀土元素的系统毒理学安全性评价工作，制定了稀土元素健康指导值，构建了包括近 1000 种食品中主要化学物质的毒理学基础数据库。

（六）积极发挥工作网络作用

开展检测方法、监测网报系统运用、食源性疾病溯源分析技术、微生物和化学物风险评估技术、标准宣贯、风险交流专业技能、质量控制、食品安全事故应急演练以及数据利用与大数据分析培训，培训全国专业技术人员 3000 余人次，为全国 1060 名学员颁发国家级继续教育学分。赴广东、云南、四川、上海、河南、山东、内蒙古等省份开展工作督导和调研。

（七）加强合作协同研发成果显著

通过开展科研项目、人才培养、技术交流等形式，加强与国家食品安全风险监测地方中心的合作，完善与分中心、技术合作中心的联系机制，固化

和拓展资源互补、信息共享、协同研发的工作网络。

参加产志贺毒素大肠杆菌、沙门菌、志贺菌、食品中二噁英类化合物等国际比对考核，成绩优异。

（八）切实抓好人才队伍工作

在委人事司的指导和支持下，委党组批准了中心“三定”规定，确定内部机构和岗位设置，设立食品安全标准研究中心、食品安全检定和应用技术研究中心，为中心今后发展打下良好基础。认真实施国务院批复的高层次人才发展“523”项目，引进7名高层次人才，8个专业技术团队全部组建完成并开展工作。依托“523”项目，组织实施12项青年科研基金项目，22个食品分类研究项目，为青年人才脱颖而出创造条件。完成了96名专业技术人员的岗位聘任工作，6名二级岗位专家已聘任到位。全年共选派97人次出国培训深造，培养了人才的国际眼光和经验，收到预期效果。与委人才交流中心签订派遣协议，加强编外人员使用管理。根据中心管理及业务工作中存在的薄弱环节和实际需求，有针对性地开展教育培训工作。

（九）加强内部管理和制度建设

强化“三重一大”制度，建立周一中心领导班子例会制度。凡是涉及中心重大决策、重大项目、重要人事任免和岗位聘任等重大事项和大额资金使用均通过中心班子例会讨论决定，实行主要负责人末位发言制，民主集中制取得了实效。规范大型设备采购工作，开展了对预算内1300多万元设备的评估论证，有效避免了仪器设备采购的不平衡性和盲目性，确保资金的合理使用和实验室的协调快速发展。根据巡视和审计提出的整改问题，迅速对各部门与企业合作情况进行调查摸底，明确了与企业交往问题整改的要求。梳理规章制度清单，建立完善各项规章制度，相继制定、修订了领导干部公出请假制度、网站管理办法、督办工作规定等，强化了用制度管人、管事、管物。

（十）推进中心信息化建设

组织开展风险监测（化学污染物和微生物）系统、食源性疾病监测报告和分子分型等10余个业务系统研发和升级改造，重点加强统计分析和数据可视化展现功能，完成分子分型网络的扩建和验收，建成国家、省级两级数据库和国家、省和市三级终端的网络构架，支撑省级监测中心的业务开展。获得7个软件著作权。

（十一）推动新址建设有新进展

经委主任会议审议通过后，中心新址建设建议书提交国家发展改革委申请立项，并取得积极进展。

（十二）加强党建和党风廉政建设

落实党委主体责任和纪委监督责任，围绕中心工作强党建，始终坚持抓关键，突出重点抓主业，坚持两手抓、两促进，充分发挥党支部战斗堡垒作用和党员干部先锋模范作用。狠抓责任落实强廉政，及时调整充实中心党风廉政建设和反腐败工作领导小组，组织学习《中国共产党廉洁自律准则》、《中国共产党纪律处分条例》，不断提高干部职工对党风廉政建设和反腐败工作的认识。扎实开展“三严三实”强作风，将“三严三实”专题教育列为年度党建工作重点，按照要求，结合实际，形成问题清单、整改清单和责任清单，推动新老问题一并解决。

二、2016年工作思路

（一）认真学习贯彻党的十八届三中、四中、五中全会精神，扎实落实委党组决策部署，科学编制中心“十三五”发展规划。

（二）突出重点，突破难点，确保各项重点业务工作任务顺利完成。一是持续抓好食品安全标准的技术管理。协助制定食品安全标准“十三五”规划并组织实施；落实 2016 年食品安全标准制定修订计划；做好标准宣贯和跟踪评价；做好“三新产品”技术审查；拓展食品安全标准国际合作等。二是认真落实 2016 年食品安全风险监测工作任务。三是开展优先评估和应急评估工作。四是加强食品安全风险交流和科普宣传。五是组织实施好国家重大科技专项、省部级科研项目，研究“黑名单”物质和隐患的鉴定排查技术，做好食品毒理学等基础研究工作。推动部级食品安全风险评估重点实验室验收。六是做好食物消费量调查和总膳食研究，继续实施“食品毒理学计划”，完善风险评估基础数据库。加强食源性致病微生物全基因组测序数据库建设。

（三）抓好自身建设，为中心改革发展提供有力组织和人才支撑。一是认真落实“三定”规定。开展内设部门负责人岗位聘任，全面取消“双肩挑”。二是建立专业人才梯队，制定、实施首席、副首席专家制度。三是落实“523 计划”人才项目的实施目标和任务。四是为专业人员出国深造培训创造更多机会。五是发挥专家智库作用，加强与分中心、技术合作中心、省级监测中心、监测参比实验室的技术指导和项目合作，开展监测、评估、标准、交流和信息化建设等技术培训，深化国际交流与合作。

（四）继续落实党委主体责任和纪委监督责任，继续推进党风廉政建设责任制，发挥“一岗双责”作用，确保党建工作和党风廉政建设取得新成效。

第二部分　业务工作

食品安全风险监测工作

食品评估中心作为食品安全风险监测工作的技术龙头，协助上级主管部门研究制定国家食品安全风险监测计划、质量控制方案和实施指南，对监测数据进行收集、汇总、审核与研判分析，编制全国食品安全风险监测报告，对了解全国或地区的食品安全状况，掌握食源性疾病和食品污染的发生发展规律起到了重要作用，为食品安全风险评估、食品安全标准制定修订、食品安全科学监管提供重要的技术支撑。

一、组织开展 2015 年国家食品污染物及有害因素监测工作

根据 2015 年国家食品污染物及有害因素监测计划，组织编写食品污染物及有害因素监测工作手册，开展相关培训和分析质量考核工作，承担对各地监测工作的技术指导与咨询工作；在对监测数据进行严格审核、复核的基础上，针对监测发现的食品安全隐患，经会商和研判后及时报告；定期汇总分析监测信息，应对食品安全舆情，编制年度全国食品安全风险监测报告，科学评价我国食品安全整体状况，为食品安全风险评估、食品安全标准制定修订和食品安全监管提供重要的基础数据，在防范食品安全系统性风险方面发挥积极、有效的作用。

食品污染物及有害因素监测工作在 31 个省（区、市）和新疆生产建设兵团全面展开，全国共设置监测点 2656 个，占全国县区数的 92.5%。参与监测工作的技术机构共有 1089 家。对 21.2 万份样品进行监测，获得 140.1 万个监测数据。化学监测的样品涵盖种植养殖环节、食品加工环节、流通环节和餐饮环节等，其中采自流通环节和餐饮环节的样品占样品总量的 96.7%。微生

物监测的样品主要采自流通环节和餐饮环节，其中流通环节的样品占样品总量的75.4%，采自餐饮环节的样品占样品总量的17.5%。

（一）监测工作质量控制

根据2015年监测计划编制化学和微生物监测工作手册和质量控制要求，统一采样、检验方法和技术要求。针对2015年监测计划、以往工作中存在的技术问题和新项目的检测方法，组织11次国家级技术培训，培训学员500余人，培训内容主要包括监测数据上报和相关检验技术，各省级监测地区对本地监测技术机构进行系统培训和质控考核，保障了2015年工作的顺利开展。

监测数据经过地市级、省级和国家级三级审核，对存在疑问或异常值的数据进行核实，问题样品进行复检确认。

（二）监测数据上报系统维护、数据审核与管理

为进一步完善食品安全风险监测数据库使用功能，保证统计分析的需要，邀请来自省级疾病预防控制机构的专家和相关技术人员，召开监测系统和数据上报研讨会，与会专家就使用需求、修改事项以及完善意见进行深入探讨，为国家食品安全风险监测数据的上报、审核和统计分析顺利开展提供技术保障。

食品化学污染物和有害因素监测对特殊膳食用食品、谷物及其制品、蔬菜及其制品、水果及其制品、肉与肉制品、蛋及蛋制品、乳及乳制品、水产及其制品、藻类及其制品、茶叶、植物油及其制品、坚果及籽类、调味品、酒类、饮料类、淀粉及淀粉类制品、可可制品、巧克力和巧克力制品及糖果、动物油脂及其制品、街头流动餐、焙烤食品等21类369种食品进行监测，涉及元素、农药、有机污染物、生物毒素、加工贮藏过程产生污染物、食品添加剂、兽药及禁用药物、非食用物质等224项化学指标。共监测11.4万份监

测样品，获得 103.0 万个监测数据，其中，元素 32.5 万个、农药 46.6 万个、生物毒素 5.2 万个、禁用药物 4.3 万个、有机污染物 4.2 万个、食品添加剂 4.1 万个、兽药 3.0 万个、非食用物质 2.0 万个、加工贮藏过程产生污染物 1.0 万个、其他 0.1 万个。

食品微生物及其致病因子监测对特殊膳食用食品、蔬菜及其制品、水果及其制品、肉与肉制品、蛋及蛋制品、乳及乳制品、水产及其制品、饮料、豆制品、茶叶、冷冻饮品、调味品、焙烤及油炸类食品、餐饮食品、其他食品、饮用水、蜂产品、加工坚果与籽类、消毒餐饮具等 19 类 600 种食品进行检测，涉及 16 种食源性致病菌、8 种卫生指示菌、9 种寄生虫、1 种病毒以及葡萄球菌肠毒素共计 35 项指标，监测 9.8 万份监测样品，共获得监测数据 37.1 万个，其中，食源性致病菌 26.5 万个、卫生指示菌 8.1 万个、寄生虫 2.0 万个、病毒 0.3 万个、葡萄球菌肠毒素 0.1 万个。

（三）监测报告撰写

1. 撰写 19 份食品安全隐患分析报告

在数据审核过程中，对食品安全隐患苗头进行分析，及时撰写问题报告，提出预警建议。2015 年共将形成的 19 份食品安全隐患专题分析报告上报国家卫生计生委。农业、食药和质检等部门根据国家卫生计生委提供的线索采取措施控制事态发展。

2. 撰写 2015 年度国家食品安全风险监测技术报告

为了更清晰、全面地分析利用不同污染物的监测数据，经讨论，采用以专题报告的形式对监测结果进行总结和分析，每一个专题报告自成体系，确保报告内容科学和规范。

化学污染物和有害因素监测方面，分为元素类、有机污染物、生物毒素、农药残留、食品添加剂、兽药残留及禁用药物、加工贮藏过程产生污染物和流动街头餐饮 8 类专题，共撰写 8 份专题技术报告。

微生物及其致病因子监测方面，共完成18份风险监测技术报告，以一类监测食品为一个专题，使报告突出体现某一类食品中微生物污染状况。具体包括特殊膳食用食品、乳与乳制品、生肉、水产及其制品、调味品、焙烤及油炸类食品、餐饮食品、饮用水、鲜蛋、酱腌菜、蜜饯凉果和水果甜品、蜂产品、消毒餐（饮）具、寄生虫14份常规食品的监测报告，以及熟肉制品加工过程专项监测、网店自制食品、早餐、鲜蛋在不同存放条件下的微生物污染水平变化4份专项监测报告。

在26份专题技术报告的基础上，撰写完成2015年国家食品安全风险监测技术报告摘要。组织召开专家论证会，综合各方面的意见、建议，对26份专题技术报告和2015年国家食品安全风险监测技术报告摘要进行多次修改，正式上报国家卫生计生委。

3. 撰写风险监测政务信息

根据监测结果分析报告所反映出的食品安全问题及隐患，撰写政务信息，如学生餐和外卖配送餐卫生问题，使得政府相关部门及领导掌握相关食品的安全隐患问题，并及时有效地采取必要措施。

（四）专项监测

1. 熟肉制品加工过程专项监测

熟肉制品加工过程专项监测旨在科学客观地了解熟肉制品生产过程中的监控措施和微生物控制效果。同时，利用现场流行病学、实验室检验、分子溯源、关键控制点分析等先进技术手段，发现企业在食品原料、生产环境等方面的卫生管理问题，提高我国熟肉制品生产企业的检验、溯源和风险管控能力。监测结果显示，熟肉干制品中亚硫酸盐还原梭状芽孢杆菌污染较为严重、环境中空气沉降菌普遍存在问题、个别企业生产用水卫生状况较差、单核细胞增生李斯特菌在环境中普遍存在、生区环境中的原料和环境监测结果均比熟区环境差等问题。提出严格实施生区和熟区的物理隔离，避免交叉污染的建议。

2. 组织开展街头流动餐中相关化学物质的专项监测

通过监测，提示街头流动餐的肉制品中亚硝酸钠、苯甲酸、山梨酸、着色剂中超限量或超范围问题较小，但仍然存在检出工业染料的现象，主要检出工业染料苏丹红Ⅱ、酸性橙Ⅱ和红 2G，其中检出红 2G 的样品最多，与 2014 年情况基本一致。米面制品中含铝添加剂超标率与 2014 年监测结果也是一致的。

（五）应急监测概述

1. 针对美国“蓝铃”冰淇淋事件开展的监测

2015 年 5 月上旬，根据美国疾病预防控制中心通报的，在美国至少 3 人因食用单核细胞增生李斯特菌污染的“蓝铃”冰淇淋导致死亡的信息，食品评估中心立即在北京、上海、杭州、广州、成都和兰州开展了市售含乳冷冻饮品的应急监测。在监测的 76 个品牌的 146 份样品中有 1 份检出，提示我国也需重视。

2. 针对“8·12”天津滨海新区爆炸事件开展的监测

“8·12”天津滨海新区爆炸事件发生后，食品评估中心在分析污染可能波及范围的基础上，开展了为期 10 天的食品中氰化物污染应急监测。根据方案要求，2015 年 8 月 20 日至 8 月 31 日，由食品评估中心及天津市、河北省和北京市疾病预防控制中心 4 家单位共监测蔬菜等 980 份，其中，天津、河北和北京地域的样品分别为 426 份、295 份和 259 份。按照区域分，爆炸临近区（离爆炸点 25 千米以内）样品 137 份，可能污染区（离爆炸点 25～150 千米）样品 800 份，对照区河北省张家口市和北京市延庆县（离爆炸点 300 千米以上）样品 43 份。经监测，全部样品的检测结果均低于方法检出限，说明爆炸对蔬菜没有造成不良影响。

二、组织开展2015年食源性疾病监测工作

根据国家卫生计生委等6部委《关于印发2015年国家食品安全风险监测计划的通知》要求，食品评估中心组织并完成了2015年国家食源性疾病监测工作。2015年31个省（区、市）和新疆生产建设兵团的3286家疾病预防控制机构和3883家哨点医院参与监测工作，覆盖全国100%县级行政区域。监测内容包括病例监测、暴发监测、人群调查、分子分型监测、耐药性监测、专项监测。2015年监测结果显示，食源性疾病是我国重要的公共卫生问题，给社会、家庭和个人都造成沉重的健康和经济负担。根据监测结果，为国家卫生计生委、国家食品药品监督管理总局、提供针对性预警建议8份。

（一）食源性疾病暴发监测

2015年共监测食源性疾病暴发事件2401起，发病人数21374人，死亡139人。与2014年相比，参与监测的疾病预防控制机构增加22家，监测的事件数增加921起。

1. 食源性疾病暴发的主要原因食品

餐饮食品导致的事件数、发病人数和死亡人数最多，分别占总数的86.51%、80.82%和96.40%。其中，误食毒蘑菇引发的事件数和死亡人数最多，分别占餐饮食品事件数和死亡人数的38.23%和58.96%，多种或混合食品引发的发病人数最多，占餐饮食品发病人数的27.90%。

2. 食源性疾病暴发的主要场所

餐饮服务场所导致的发病人数最多，其中宾馆饭店的事件数和发病人数最多，主要由微生物性因素导致。发生在家庭的事件数和死亡人数最多，主要由毒蘑菇和有毒动植物及其毒素导致。

3. 食源性疾病暴发的主要致病因子

微生物因素导致的发病人数最多，主要包括副溶血性弧菌、沙门氏菌、

金黄色葡萄球菌及其毒素、蜡样芽胞杆菌和大肠埃希菌等。毒蘑菇导致的事件数和死亡人数最多。有毒动植物及其毒素中，菜豆引起的中毒事件最多。化学性因素中，亚硝酸盐引起的中毒事件最多。

4. 引起食源性疾病暴发死亡的主要原因

导致死亡的事件数为 87 起，占总数的 3.62%。其中，毒蘑菇引起的事件数、发病人数和死亡人数分别占 58.62%、49.76%和 56.83%，有毒动植物及其毒素引起的死亡人数占 16.55%，主要由家庭对乌头使用不当引起，河鲀毒素、麻痹性贝类毒素和蟾蜍毒素导致 3 人死亡。微生物性因素引起的死亡事件中椰毒假单胞菌酵米面亚种及其毒素和肉毒梭菌及其毒素导致 8 人死亡。

5. 学校食堂食源性疾病暴发事件

学校食堂发生的食源性疾病暴发事件数为 110 起，发病人数 2789 人。其中微生物性因素引起的事件数和发病人数最多，分别占 39.09%和 54.11%，果蔬类食品是主要原因食品。与 2014 年比较，学校食堂发生的事件数和发病人数分别增加 18.28%和 4.97%。

6. 连续监测结果

各类致病因素引起的暴发事件数均有所增加，毒蘑菇引起的事件数最多且呈快速上升趋势，其次为微生物性因素和有毒动植物，化学性因素最少且基本稳定。说明我国打击以化学性物质为主的非法添加、滥用农兽药和超范围超限量使用食品添加剂等措施取得良好成效，但具有地域和饮食特点的毒蘑菇导致的高死亡率应引起高度关注。我国每年监测的暴发事件数呈上升趋势，说明各地对食源性疾病监测的重视程度进一步提高，瞒报、漏报率降低，及时处置和报告率提高。

（二）食源性疾病病例监测

2015 年共监测符合病例定义的患者 335466 例，采集 127755 份病例生物标本进行致病菌和诺如病毒分离。256357 例监测病例自诉了可疑暴露食品信息，占总监测病例数的 76.42%，共计收集 266441 份暴露食品信息。

1. 特定病原体检测

食源性疾病病例生物标本中病原体的总检出率为 9.94%，其中，沙门氏菌、志贺菌、副溶血性弧菌、致泻大肠埃希菌和诺如病毒的平均检出率分别为 2.78%、0.49%、1.68%、2.79%和 7.24%。沙门氏菌和致泻大肠埃希菌的检出率高于 2014 年的 2.6%、1.5%，副溶血性弧菌和诺如病毒的检出率低于 2014 年的 1.9%和 10.1%，志贺菌检出率变化不大。沙门氏菌以鼠伤寒沙门氏菌和肠炎沙门氏菌为主；志贺菌以福氏志贺菌和宋内志贺菌为主；O3:K6 为副溶血性弧菌优势血清型；致泻大肠埃希菌以黏附性大肠埃希菌和致病性大肠埃希菌为主。致病菌在夏秋季节检出率较高，诺如病毒在冬春季节检出率较高。

2. 可疑暴露食品分析

食源性疾病病例报告的进食场所中，家庭最多（75.19%），其次为饭（酒）店（5.72%）和食品店（5.53%）。报告可疑暴露食品中，肉与肉制品最多（11.74%），其次为水果类及其制品（11.69%）、粮食类及其制品（11.65%）、水产动物及其制品（8.41%）、乳与乳制品（6.87%）和蔬菜类及其制品（5.99%）。

3. 连续监测结果

连续监测结果显示，沙门氏菌、志贺菌、副溶血性弧菌、致泻大肠埃希菌检出率变化不大，结合食品中致病菌监测和风险评估结果，沙门氏菌感染的污染源主要来自鸡肉、猪肉等生肉制品，主要原因为生熟不分导致的与即食食品交叉污染所致；副溶血性弧菌感染与水产品的高污染率相关，主要由生食和交叉污染所致；致泻大肠埃希菌的污染源主要来自家畜家禽等肉制品，主要由加热不充分和交叉污染所致。同时，对病例可疑暴露食品信息进行汇总分析和聚集性病例识别，共发现 5683 起疑似食源性疾病暴发事件，与暴发监测结果比较，说明我国发现和报告的暴发事件与实际发生数存在较大差异，漏报率依然很高。

（三）食源性疾病负担调查

开展急性胃肠炎社区人群调查，掌握急性胃肠炎病人的发病率、就诊率和粪便送检率，为估计人群食源性疾病的患病情况及疾病负担提供基础数据。

2014 年 4 月 1 日～2015 年 3 月 31 日，北京、吉林、上海、江苏、河南、广东、四川、甘肃 8 省（市）开展急性胃肠炎社区人群调查，共覆盖 46181 万人，占全国人口的 34.65%。调查估计，全国每人每年平均发生 0.28 次急性胃肠炎，相当于每年大约有 3.73 亿人次发生急性胃肠炎，其中 58.22%的病例报告是由受污染食物引起，每年因急性胃肠炎造成的直接和间接经济负担共计 1959.06 亿元。

（四）专项监测

1. 单核细胞增生李斯特菌感染病例专项监测

在哨点医院开展高危人群单核细胞增生李斯特菌感染监测和溯源调查，了解我国单核细胞增生李斯特菌的实际发病状况，为风险评估和食品安全监管提供重要的科学依据。

2015 年北京、浙江、上海、福建、江西、山东、河南、湖北和四川等 9 省（市）共监测到单核细胞增生李斯特菌感染患者 35 例，其中，围生期患者 17 例，非围生期患者 18 例，病死率为 45.83%。对 11 例患者的溯源调查结果显示，均有高危食品进食史。

连续监测结果提示，我国即食食品中单核细胞增生李斯特菌污染对孕妇、婴幼儿、免疫缺陷病人及老年人等特殊人群具有较高的健康风险。美国估计单核细胞增生李斯特菌感染发病率为 7.4/100 万，每年新发 2500 例，每年约导致 250 人死亡；欧盟年发病率估计为 0.1/100 万～11.3/100 万，每年新发 1500 例。考虑到我国人口规模和污染水平，每年的感染人数要远高于发达国家，需要引起足够重视。

2. 阪崎肠杆菌感染病例专项监测

在哨点医院开展婴幼儿阪崎肠杆菌感染监测和溯源调查，为风险评估、标准制定和修订提供数据。

2015年北京、黑龙江、浙江、上海、福建、江西、山东、河南、湖北和四川等10省（市）共监测到阪崎肠杆菌感染患者1例，溯源调查结果显示，儿童面条中检出阪崎肠杆菌，但PFGE谱型与患儿不一致。

连续监测结果显示，婴幼儿食品中阪崎肠杆菌污染对婴幼儿具有较高的健康风险。婴幼儿阪崎肠杆菌感染病例与奶粉、米粉等婴儿食品及冲调环境高度相关。

3. 食品加工从业人员带菌状况调查

对厨师等食品加工从业人员的食源性致病菌带菌状况进行调查，为监管部门制定公共卫生措施并评价其有效性提供基础数据。

2015年吉林、黑龙江、江苏、江西、山东、河南、湖北、湖南、广西、四川和甘肃等11省（市）共调查食品加工从业人员11566人，沙门氏菌、致泻大肠埃希菌、志贺菌、金黄色葡萄球菌和诺如病毒的平均检出率分别为1.11%、4.65%、0.62%、8.78%和16.66%。

监测结果显示，食品加工从业人员带菌率较高，尤其是集体食堂和餐饮服务单位的后厨加工者，高带菌率增加了公众罹患食源性疾病的风险。

（五）耐药监测

对食品和病人中沙门氏菌进行耐药谱测定，以了解我国主要食源性致病菌的耐药趋势和耐药谱分布，为开展耐药性风险评估提供基础数据。

2015年21省共对2926株沙门氏菌分离株进行了耐药监测，其中食品来源654株，病人来源2234株,其他（食品从业人员）38株，常见血清型为肠炎沙门氏菌和鼠伤寒沙门氏菌。

2015年共监测14种抗生素，耐受至少1种抗生素的菌株占80.66%，其中，对氨苄西林的耐药率最高，为 60.72%；对亚胺培南的耐药率最低，为 0.62%。对一代头孢类抗生素（头孢唑林）的耐药率高于二代（头孢西丁）和三代头孢类（头孢噻肟和头孢他啶）。耐受三类及以上抗生素的多重耐药率为 55.54%，耐受 7 种及以上抗生素的菌株占多重耐药菌株的 35.18%。

与发达国家监测结果比较发现，我国沙门氏菌分离株的耐药水平远高于发达国家，美国 2012 年耐药监测结果显示，患者中沙门氏菌分离株对 15 种抗生素的总耐药率仅为 15.4%，多重耐药率为 8.7%；欧洲 2013 年耐药监测结果显示，患者中沙门氏菌分离株对 10 种抗生素的总耐药率为 55.8%，多重耐药率为 31.8%。

（六）致病菌分子分型监测

2015 年 TraNet 数据库共收集菌株信息 6941 条，分子分型图谱 4107 个。多省运用溯源技术，完成食源性疾病暴发事件原因食品的溯源调查，并开展单核细胞增生李斯特菌和阪崎肠杆菌感染病例的原因食品和污染来源的追踪。

（七）风险提示

2015 年监测结果显示，我国致病性微生物、毒蘑菇和有毒动植物及其毒素引起的食源性疾病呈上升趋势；食源性疾病暴发的主要场所为宾馆饭店、集体食堂和农村宴席等集体供餐场所，导致的发病人数最多，高危食品以现制现售的餐饮食品为主，主要为果蔬类及其制品、蘑菇、肉与肉制品、水产品及其制品等。

食源性单核细胞增生李斯特菌对孕妇和婴幼儿的健康危害不容忽视。食品加工从业人员作为食品的直接接触者，高带菌率增加了对食品及食用餐具污染的风险。同时，我国临床和食品中沙门氏菌分离株耐药状况严重，耐药率和多重耐药率远高于发达国家的耐药水平。食源性疾病负担调查结果显示，食源性疾病是我国重要的公共卫生问题，给社会、家庭和个人都造成沉重的健康和经济负担。

三、组织制定 2016 年国家食品安全风险监测计划

按照《食品安全法》及其实施条例的规定和国务院食品安全相关部门"三定方案"中对于监测工作的职责分工，以食品安全风险评估、标准制定和修订、发现系统性食品安全风险为导向，起草了《2016 年国家食品安全风险监测计划》（以下简称《计划》）草案。《计划》草案经卫生、工信、商务、工商、质检、食品药品和粮食等多部门专家及省级疾病预防控制机构的专家进行多次研讨，在综合各部门意见、建议的基础上对《计划》草稿进行修改审定，上报国家卫生计生委。

为保证《计划》的顺利实施以及 2016 年国家食品安全风险监测工作如期开展，食品评估中心组织撰写《2016 年国家食品安全风险监测工作手册》，内容包括质量控制管理程序、采样程序、检测方法程序以及数据上报与审核程序等，并委托有资质的单位承担新项目新方法的建立和验证工作，为各级监测机构开展 2016 年的监测工作提供有力的技术支持。

食品安全风险评估工作

2015 年，食品评估中心结合中心规划内容和实际需要开展风险评估相关工作，主要包括按计划推进各项优先风险评估项目，及时完成风险评估应急任务，开展新食品原料安全性评估，以及积极推进我国食品安全风险评估体系建设等方面。

一、风险评估优先项目

2015 年，食品评估中心按照国家食品安全风险评估专家委员会优先风险评估工作计划，主要完成 3 项优先风险评估项目，并按计划有序推进其他 10 项优先风险评估项目。

（一）完成中国居民膳食稀土元素暴露风险评估

该项目于 2013 年启动，食品评估中心组织由 23 名专家组成的专家组和 22 名专业骨干组成的工作组开展风险评估工作，主要完成现场调查、数据分析和报告撰写等工作。该项目自启动以来共召开 8 次专项工作会议，开展 6 项专项调查，检索 160 余篇毒理学文献，采集近 25000 条含量数据，首次采用双份饭调查方法开展膳食中化学物暴露评估。食品评估中心按照既定程序和框架起草中国居民膳食稀土元素暴露风险评估技术报告审议稿，经国家食品安全风险评估专家委员会第 10 次全体会议审议通过。

本项目首次采用我国自主研究资料开展危害识别和特征描述，基本摸清我国主要食品中稀土元素含量水平和分布趋势，弄清茶叶中稀土元素的主要来源和影响因素，完成不同人群（尤其是稀土矿区居民等潜在高暴露人群）

的稀土元素暴露评估。

膳食稀土元素暴露风险评估项目的完成，解决了长期以来关于稀土元素作为污染物在食品安全国家标准中存在必要性的争论，以及食品产业和贸易压力。同时，该项目推动了稀土毒理学的研究，按国际规范首次提出了稀土元素的人体最高临时安全摄入量。稀土元素评估及其结果应用又一次体现了风险评估在风险管理决策中的技术支撑作用以及食品评估中心在我国食品安全管理中的技术支持地位。

（二）完成膳食中二噁英及其类似物暴露风险评估

该项目于 2012 年启动，主要由以食品安全风险评估重点实验室为核心的工作组（24 人）完成，开展样品检测、数据分析和报告撰写等工作。食品评估中心按照既定程序和框架起草膳食中二噁英及其类似物暴露风险评估技术报告审议稿，经国家食品安全风险评估专家委员会第 10 次全体会议审议通过。

该项目采用总膳食研究方法，分析我国普通居民二噁英及其类似物膳食暴露水平（即外暴露）和机体负荷水平（即内暴露），比较其时间变化趋势（2007 年和 2011 年），并评估其潜在健康风险。该项目评估的二噁英及其类似物达到 29 个，与其他国家和国际组织一致；样本覆盖了我国 20 余省份、近 17000 个个体，母乳监测的内暴露样本为全球最多（约 1700 人）；对二噁英及其类似物的外暴露与内暴露进行关联分析和疾病负担分析。总体来说，本项风险评估达到了国际先进水平。

（三）基本完成我国主要水产品中硼本底含量调查

该项目于 2014 年启动，食品评估中心制定统一检测方法，开展质量控制，采集水产品，并进行数据分析和报告撰写等工作。目前已完成我国主要水产品中硼本底含量调查技术报告审议稿，将提交国家食品安全风险评估专家委员会函审。

该项目在我国浙江、福建、上海、山东和辽宁5省（直辖市）采集捕捞环节的956份水产品样品，检测硼含量。利用统计学方法推算水产品中硼的含量范围，作为水产品中硼本底含量最大值区间。下一步，食品评估中心将根据本项目结论向相关部门提出水产品中硼含量的管理建议，有助于解决监管部门长期面临的水产品中检出硼但无法判定其来源的问题，充分发挥风险评估在打击非法添加行为中的技术支持作用。

（四）其他优先评估项目进展

除了上述3项已完成技术报告的优先风险评估项目之外，其他已启动的10项优先评估项目在2015年均按计划顺利推进。例如，中国居民碘营养状况再评估项目已完成大部分数据的收集和整理工作，包括碘与甲状腺疾病最新文献资料和部分地区甲状腺疾病发病率、不同水碘地区主要食物碘含量水平、全国盐碘和水碘监测数据、不同人群尿碘监测数据、典型人群（孕妇）血液甲状腺功能相关激素含量、中国居民食物消费量数据等；初步完成沿海地区居民碘营养状况评价。预计于2016年9月完成碘营养状况再评估以及技术报告的编写和审议工作。

我国生食贝类中副溶血性弧菌定量风险评估项目完成4个沿海省份生食贝类中副溶血性弧菌污染从捕捞到零售环节的定量监测数据，清理获得有效检测结果600条，初步完成数据分析，并建立评估模型开展初步评估。双壳贝类水产品中诺如病毒风险评估项目开展了我国市售双壳贝类水产品中诺如病毒污染状况的初步调研，在我国10余省份按月份采集双壳贝类水产品1200份，获得双壳贝类中诺如病毒的污染状况及地域差异资料，了解诺如病毒污染随季节变化的趋势。饮料中铅等重金属评估项目完成了全国市售饮料561份样品和餐饮饮料4205份样品中铅、镉、汞和砷含量数据的整理和分析，完成主要重金属的累积暴露风险评估工作，起草风险评估技术报告草案。其他部分优先评估项目进展情况见表1。

表 1　部分优先评估项目进展情况

	项目名称	2015 年主要进展	下一步工作要点
1	婴幼儿配方粉中阪崎肠杆菌、蜡样芽胞杆菌暴露风险评估	成立了项目专家组，召开了项目方案研讨会，研究确定了项目评估目的、工作思路、数据收集等方案。初步分析 2011～2015 年国家食品安全风险监测数据	结合初步风险评估对加工过程微生物状况开展评价，提出生产过程中的关键控制点及相关防控措施
2	我国主要生食贝类中副溶血性弧菌污染的全过程定量风险评估	全面补充和完成我国 4 个沿海省份（辽宁、山东、浙江和广西）生食贝类中副溶血性弧菌污染从捕捞到零售的定量监测数据，清理获得有效检测结果 600 条，建立评估模型，初步完成数据分析和风险评估	起草技术报告，提出政策建议
3	双壳类水产品中诺如病毒风险评估	初步调研市售双壳贝类水产品中诺如病毒污染状况，在我国十余省份按月采集 1200 份双壳贝类水产品，获得双壳贝类中诺如病毒的污染状况及地域差异，了解诺如病毒污染季节变化趋势	分析现有数据的基础上采集重点数据，完善评估方案并开展评估数据采集工作
4	食品添加剂焦糖色风险评估	调查获得主要食品中焦糖色使用情况，建立焦糖色中 4-甲基咪唑检测方法并获得近 350 份数据。完成焦糖色和 4-甲基咪唑危害识别和主要食物中焦糖色暴露评估	进一步收集、分析焦糖色使用量数据，确定 4-甲基咪唑风险评估适用值，完善暴露评估，起草技术报告
5	食品添加剂吗啉脂肪酸盐果蜡风险评估	开展水果及果汁中吗啉和吗啉衍生物 *N*-亚硝基吗啉的专项监测，获得 740 份数据；开展苹果、柑橘类水果中吗啉的迁移试验研究	整理分析数据并开展评估工作，起草技术报告初稿，提出政策建议

续表

	项目名称	2015年主要进展	下一步工作要点
6	中国居民碘营养状况再评估	完成碘与甲状腺疾病、不同水碘地区主要食物碘含量、全国人群尿碘含量等大部分数据的收集和整理工作，分析典型人群血液甲状腺功能相关激素含量水平，初步完成沿海地区居民碘营养状况评价	开展膳食碘、尿碘和血液碘标志物评估工作，起草技术报告，提出政策建议
7	中国居民膳食铜暴露风险评估	完成12类、3.7万余份食物中铜含量数据（铜矿区1200份）分析，检索铜健康影响文献资料，并筛选血清铜等铜暴露标志物；获得血清铜数据并进行初步整理分析	建立铜内暴露评价指标，完成膳食铜和血清铜暴露评估，起草技术报告，提出政策建议
8	饮料中重金属风险评估	完成7类、3779份市售预包装饮料和餐饮环节自制饮料中铅、镉、汞和砷的含量分析和风险评估，初步发现饮料高端消费人群铅暴露量存在一定健康风险	探索应用美国EPA方法对饮料中多种重金属进行累积暴露风险评估，起草技术报告，提出政策建议
9	婴幼儿食品中壬基酚风险评估和溯源分析	讨论确定项目实施方案，完成检测方法验证，确定样品采集种类和关键环节；收集整理壬基酚毒理学文献，完成文献质量评价和健康指导值推导	开展样品采集和检测、数据分析以及壬基酚溯源分析，完成暴露评估和技术报告起草
10	中国居民膳食脱氧雪腐镰刀菌烯醇风险评估	完成DON的危害识别和危害特征描述，收集风险监测和专项监测数据并进行初步分析，启动双份饭调查和人群流行病学现场调查工作	完成人群调查样品的采集检测和暴露评估，起草技术报告初稿

二、风险评估应急任务

2015 年，食品评估中心针对突发事件或关注热点完成了 5 项应急风险评估任务，为政府制定风险管理措施、妥善应对食品安全事件或热点、回应社会关切、消除公众恐慌提供了技术支持和科学建议。

（一）婴幼儿食品中壬基酚

2015 年 2 月，针对国家食品药品监督管理总局抽检工作中发现婴幼儿食品（配方粉和辅助食品）中检出高含量壬基酚问题，食品评估中心成立临时工作组开展危害识别和应急评估，对现有毒理学数据进行系统评价和分析，提出壬基酚临时健康指导值。考虑饮用水中壬基酚本底水平，结合婴幼儿食品推荐食用量，推算出婴幼儿食品中壬基酚的安全水平。该评估结果成为国家食品药品监督管理总局判定婴幼儿食品中壬基酚是否安全的科学依据，已被用于日常监管工作。

（二）婴幼儿配方粉中氯酸盐

2015 年 3 月，针对“婴幼儿配方粉中氯酸盐检出偏高”舆情，食品评估中心收集分析现有科学资料，尤其是联合国粮农组织/世界卫生组织食品添加剂联合专家委员会（JECFA）和欧洲食品安全局（EFSA）的风险评估报告，利用前期科学研究中积累的有限数据，开展氯酸盐初步风险评估，评估结果为相关部委的舆情研判和科学应对提供技术支持。

（三）腐乳和豆豉中蜡样芽孢杆菌

2015 年 3 月，委员会受国家卫生计生委委托，研究国家食品药品监督管理总局提供的豆类及其制品中检出蜡样芽孢杆菌问题。食品评估中心在数据分析基础上，进一步收集和研究国内外相关文献资料，开展应急评估。在梳理我国蜡样芽孢杆菌食物中毒特点的基础上，建议企业改进生产工艺，降低生产过程中的污染。

（四）婴幼儿配方粉中黄曲霉毒素 M1

2015 年 3 月，针对国家食品药品监督管理总局发现部分抽检婴幼儿配方粉黄曲霉毒素 M1 含量超过国家限量标准问题，食品评估中心对数据进行分析，并就超标样品的健康影响开展应急风险评估，并建议监管部门加强监管，避免问题产品流向市场。

（五）海苔、紫菜中铝和镉

2015 年 6 月，受国家卫生计生委委托，食品评估中心对国家食品药品监督管理总局抽检发现的海苔、紫菜中铝和镉含量异常开展应急评估。食品评估中心结合前期完成的膳食镉和含铝食品添加剂风险评估工作，建议监管部门进一步溯源海苔、紫菜中铝和镉含量异常的原因，并采取相应的管理措施。

三、为食品安全相关问题提供科学意见

2015 年，受国家卫生计生委委托，食品评估中心针对相关部委在食品安全工作中发现的食品安全相关问题，提出了基于风险评估的科学意见或管理建议，包括某品牌高钙奶检出硫氰酸钠、枸杞中检出二氧化硫和氯氰菊酯等，详见表 2。

表 2 提供科学意见或管理建议的食品安全相关问题

	内　容	任务来源
1	枸杞中检出二氧化硫和氯氰菊酯等农药	国家卫生卫计委
2	白酒中塑化剂风险评估结果的适用性问题	洋酒协会
3	面粉等部分食品中铝抽检结果的判定依据	国家食品药品监督管理总局

续表

	内　　容	任务来源
4	极草产品中的砷含量异常	国家食品药品监督管理总局
5	广东地区植物油中黄曲霉毒素 B1 超标	国家卫生计生委
6	河豚鱼食用安全性问题	国家卫生计生委
7	乳粉中苯甲酸含量异常情况	国家质检总局
8	动物克隆技术对食品安全影响	国家卫生计生委
9	“僵尸肉”舆情	国家卫生计生委
10	罗昌平团队在婴幼儿奶粉中检出矿物油等物质	国家卫生计生委

另外，作为国家卫生计生委指定的出具新食品原料安全性评估意见技术机构，食品评估中心主要开展两方面工作，一是对出具新食品原料安全性评估意见的地方机构进行技术培训和业务指导，二是开展新食品原料安全性评估工作。2015 年，食品评估中心共出具新食品原料安全性评估意见 23 份（其中微生物类新食品原料 2 份）。

四、风险评估体系建设

（一）完善食品安全风险评估技术规范体系

结合风险评估工作实际需要，食品评估中心在 2015 年发布了《健康指导值制定指南》和《食品安全应急风险评估指南》两项技术规范，并研究起草《食品微生物风险分级指南》和《食品微生物风险评估导则》。这些技术文件进一步完善了委员会风险评估技术规范体系，已在全国食品安全风险评估工作中发挥了规范和指导作用。同时结合发展需要，起草了《国家食品安全风险评估十三五规划》草案。

（二）加强对地方专业人员的风险评估业务培训

为推进全国风险评估工作体系的建设，食品评估中心组织召开 2 次全国性食品安全风险评估培训班，对来自全国 31 个省级疾病预防控制机构和其他技术机构的 200 余人次专业人员分别开展化学物和微生物风险评估技术培训，尤其是结合国际进展，开展国际最新的 RISK21 工具应用培训。另外，食品评估中心在项目实施和具体工作过程中，对省、市、县三级技术人员共 300 余人次进行食物消费量调查、双份饭调查、消费量数据整合分析等业务培训，切实提高地方技术机构和专业人员的风险评估理论水平和实际工作能力。

（三）开展风险评估基础数据库构建工作

食品评估中心继续通过开展食物消费量调查、化学物本底含量调查、食品接触材料使用情况调查等工作，完善风险评估基础数据库的构建。建立饮料酒和饮料消费量数据库，完成 8 大类肉及制品、6 大类水产品消费量数据清理工作，完成 15 省 3 岁以下婴幼儿配方食品和辅助食品消费量调查现场工作，并首次开展终期督查；启动风险评估数据质量控制和评价工作，制定消费量调查工作质量控制方案；完成我国饮料类食品接触材料评估参数基础数据库，开展我国食用油、水产品及其制品等食品接触材料调查工作。分别完成植物性食品中铝、乳制品中硫氰酸盐、水产品中硼含量的本底调查和数据分析工作。为开展食品安全风险评估工作积累了基础数据。

食品安全标准制定修订

食品评估中心承担食品安全国家标准审评委员会秘书处、中国食品法典委员会秘书处、国际食品添加剂法典委员会秘书处和世界贸易组织（WTO）相关事务项目管理办公室工作，组织开展食品安全标准审查立项、日常技术管理、跟踪评价、咨询答复、宣传教育培训、国际交流合作等工作，为我国食品标准工作提供强有力的技术支撑。

一、食品安全国家标准整合工作

食品评估中心顺利完成2015年食品安全国家标准整合工作。按照国家卫生计生委食品司和食品安全国家标准审评委员会的相关要求，终止《豆芽》、《天然咖啡因》项目，合并《禽类屠宰加工卫生规范》和《畜类屠宰加工卫生规范》为一项标准。

2015年是食品安全国家标准整合工作收官之年，国家卫生计生委组织完成了《食品安全国家标准整合工作方案》规定的工作任务，产出食品安全国家标准412项，如期完成了国务院的要求，使《食品安全法》的规定落到了实处，为今后进一步完善食品安全国家标准体系、强化食品安全监管、规范行业发展打下了良好基础。

食品标准清理和食品安全国家标准整合工作解决了我国食品标准重复、交叉、矛盾问题。食品安全国家标准整合工作完成后，我国将建成基本完善的食品安全国家标准体系。食品安全国家标准作为唯一强制的食品标准，必将对促进食品行业健康有序发展，保障食品监管工作有效开展，保护消费者健康发挥重要作用。

二、食品安全国家标准审评委员会秘书处工作

协助拟定食品安全国家标准制定、修订计划，督促食品安全国家标准项目进展，组织食品安全国家标准草案审查、上报等。

（一）组织召开食品安全国家标准审评委员会主任会议

第一届食品安全国家标准审评委员会第十一次主任会议于 2015 年 2 月 11 日在北京召开。会议审议通过了各分委员会提交的 301 项食品安全国家标准和 3 项修改单，包括食品添加剂标准（含修改单）175 项，营养与特殊膳食标准 9 项，食品产品标准 22 项，生产经营规范标准 1 项，食品相关产品标准 4 项，检验方法与规程标准（含修改单）92 项。

（二）组织召开食品安全国家标准审评委员会分委员会会议

食品安全国家标准审评委员会秘书处 2015 年共组织 8 个分委员会召开 20 次会议，其中食品添加剂分委员会 2 次、检验方法与规程分委员会 7 次、食品产品分委员会 2 次、营养与特殊膳食食品分委员会 2 次、污染物分委员会 1 次、规范分委员会 3 次、食品相关产品分委员会 3 次。第一届食品安全国家标准审评委员会各分委员会共审查 347 项食品安全国家标准和修改单送审稿，包括食品添加剂标准 133 项、检验方法标准 143 项、食品产品 18 项、营养与特殊膳食食品 14 项、污染物标准 3 项、规范标准 23 项、食品相关产品 13 项，其中 313 项通过审查。

（三）开展 2015 年食品安全国家标准立项工作

根据《食品安全法》和《食品安全国家标准管理办法》有关规定，结合 2015 年食品安全国家标准工作重点领域，秘书处对征集到的食品安全国家标准立项建议进行筛选，并征求食品安全国家标准审评委员会各相关专业委员

会意见，协助国家卫生计生委食品司拟定了《2015年食品安全国家标准项目计划（征求意见稿）》，并向各有关部委和社会公开征求意见。公开征求意见的拟立项计划共13项，包括食品产品1项、检验方法4项、食品添加剂5项、食品相关产品1项、规范标准2项。

（四）应用信息化手段提高标准管理效率

逐步完善食品安全国家标准管理信息系统，在2015年食品安全标准整合工作收官之年，信息系统为秘书处、项目承担单位、委员等用户提供便捷、高效的查询、管理工作，实现在线采集整理数据，提高了办事效率。目前，系统内已有食品安全国家标准项目1481条。

（五）督促食品安全国家标准项目进展

为按时、保质、全面完成2015年食品安全国家标准整合工作，食品评估中心领导班子高度重视，倒排时间表，将2015年整合项目分工具体落实到秘书处成员，从服务保障、技术支撑、宣传交流三个方面做好相关工作。秘书处以发函、组织开展督导调研活动和电话沟通等形式督促项目承担单位推进整合项目。协助食品司于2015年3月31日在京召开食品安全国家标准整合中期工作会议，传达国务院食安委第二次全体会议精神，部署食品安全国家标准整合工作，讨论各分委员会工作进度安排等。对项目承担单位提交的标准文本及时进行初审，审核后上报公开征求意见。

（六）标准日常咨询答复

1. 来文咨询回复

2015年秘书处共收到国家部委、行业协会、企业等食品安全标准相关来函200余件，以电话、接待来访等方式对外咨询百余次，涉及食品标准整合工作、食品安全标准技术内容、国内外食品标准工作等。同时，秘书处还通过食品评估中心网站等渠道收集社会各界重点关注的食品安全问题，并适时地进行解答。

2. 完善咨询答复数据库

2015 年，秘书处对 2010～2014 年以书面形式出具的食品安全国家标准咨询答复进行了整理和汇总，编纂成《食品安全标准咨询答复文件汇编（2010～2014 年）》，供秘书处内部人员查阅、参考。

委托食品伙伴网开展食品安全标准问答征集及编辑整理工作，对已完成的问答初稿进行了再次审核和校对。

（七）标准解读和宣贯工作

在中心网站开设食品安全国家标准和地方标准在线检索平台、公开征求意见平台、标准跟踪评价及意见反馈平台、食品添加剂使用标准查询系统，供社会各界查询相关信息。该平台已经被国家卫生计生委和国家食品药品监督管理总局链接，访问量已达一百万次。中心网站食品安全标准二级界面实时更新有关标准工作、食品添加剂行政许可、国际食品法典、WTO 通报与评议、标准咨询与答复、食品安全地方标准备案等动态信息，取得了较好的社会反响。

2015 年 6 月 29～30 日在北京举办食品安全法及食品安全标准培训班。培训内容涉及新修订的食品安全法解读、食品安全标准清理整合工作进展、我国食品安全国家标准概况、重点食品安全国家标准概况及解读、食品安全标准在食品安全监管中的应用等方面的内容。

（八）委员换届和委员管理

1. 食品安全国家标准审评委员会换届工作

目前第一届委员会任期已满，秘书处正在按照委食品司要求组织换届工作。秘书处起草了《食品安全国家标准审评委员会换届工作方案》，并初步完成了第二届委员的遴选。秘书处按照拟定的委员续聘和增聘原则，拟增补148人，不续聘46人，分委员会间横向调整委员11人，另聘任顾问委员5人。拟增设食品中放射性物质专业分委员会。调整后第二届食品安全国家标准审评委员会各分委员会委员人数共311人（不包含农药和兽药残留委员会委员）。拟形成的第二届审评委员会委员名单中，来自食品评估中心的委员31名。

2. 委员管理工作

及时向委员通报相关标准管理文件以及国际标准动态等信息，答复委员针对正在制定、修订的各个标准项目咨询，将委员有建设性的建议转交标准起草单位予以关注。

三、食品添加剂行政许可工作

2015年，食品添加剂行政许可工作共收到新品种申报250余份，共组织召开了6次新品种评审会和1次赴硫酸钙企业的现场核查，完成了147项新品种的技术审查工作。评审会审查通过了37项新品种，73项补充资料延期再审，32项未通过技术评审。

四、“三新”管理改革技术支撑工作

按照国家卫生计生委关于在新食品原料、食品添加剂新品种和食品相关产品新品种（“三新”）转为标准管理的工作要求，提出了管理模式和工作流程建议。

提出了现有“三新”产品相关部门规章、规范性文件的修订建议，包括《食品添加剂新品种管理办法》、《食品添加剂新品种申报与受理规定》、《食品添加剂新品种技术评审细则》、《食品相关产品新品种管理规定》、《食品相关产品新品种管理规定》、《食品相关产品新品种申报与受理规定》等6项文件。结合建议的新管理模式，在原有工作的基础上，拟订了3项新的制度文件，包括《“三新产品”审查规范》（草案）、《“三新产品”研制现场核查规定》（草案）、《“三新产品”专家评审意见撰写规范》（草案），做好了承担“三新”产品技术评审的准备工作。

五、积极参与国际食品法典工作

中国食品法典委员会秘书处工作

1. 按时组织相关法典委员会秘书处工作

2015 年中国食品法典委员会组织 28 位专家参加了第 24 届油脂法典委员会、第 36 届分析与采样法典委员会、第 29 届一般原则法典委员会、第 9 届食品中污染物法典委员会等 8 个法典分委员会会议，并派代表参加了第 70 届国际食品法典委员会执委会和第 38 届国际食品法典委员会大会。秘书处在会前组织召开了中国代表团预备会，研究会议议题并提出中国代表团参会口径。

2. 积极参加法典标准制定修订工作

中国主持了非发酵豆制品法典区域标准实体工作组会议，该标准已通过国际食品法典委员会，成为国际食品法典标准。此外，中国还参加了各个委员会的相关实体工作组和电子工作组工作，适时表达中国立场。

中国仍承担国际食品工业用加工数据库工作，该数据库可通过 www.ccfa.cc/IPA 进行查询，秘书处将根据各国需求不断增补数据。

3. 协调法典领域的技术交流工作

2015 年 8 月 17 日，美国-亚洲食品法典委员会研讨会在北京召开。会议由美国农业部 Codex 办公室与食品评估中心合办，法典秘书处负责具体沟通。会议目的是增强美国与亚洲区域在国际食品法典领域的交流。会议通报了第 38 届国际食品法典委员会会议有关情况，并就国际食品法典标准制定过程、美国食品消费研究、中国食品安全国家标准体系等作了专题介绍。与会代表还分组讨论了即将在10月和11月召开的国际食品卫生法典委员会(CCFH)、营养和特殊膳食法典委员会（CCNFSDU）以及新鲜水果和蔬菜法典委员会（CCFFV）的关注议题，充分分享会议信息，增进理解和交流。

此外，秘书处还参与了涉及国际食品法典工作的各种技术交流活动。

六、世界贸易组织（WTO）相关事务

履行国家卫生计生委WTO项目办公室职能，积极筹备国家卫生计生委WTO专家组。

（一）WTO成员通报信息收集及评议工作

2015年WTO共通报成员《实施卫生与植物卫生措施协定》（SPS协定）1682项，《技术性贸易壁垒协议》（TBT协议）1997项，其中和食品安全相关SPS通报993项，食品和其他卫生相关TBT通报450余项。WTO项目办公室组织对食品安全、卫生相关的248项SPS通报和330余项TBT通报进行初步分析，通过通报评议研讨会等方式针对欧盟、韩国等WTO成员的9项SPS措施及3项TBT措施向国家卫生计生委正式提交了评议意见。

（二）我国食品安全国家标准的对外通报及评议

2015年，我国共向WTO提交食品安全相关SPS措施达338项，首次居于各WTO成员首位。同时，近200项食品安全标准通报措施收到了美国、欧盟、澳大利亚等各方的评议意见。

（三）参加WTO/SPS例会

2015年度，参加了第62次、第63次和第64次WTO/SPS例会，针对韩国自2010年以来持续关注的泡菜中大肠菌群限量问题进行了积极回应，并于

第 64 次 SPS 例会之前随着《食品安全国家标准　酱腌菜》的发布，成功解决该贸易问题。另外，欧盟自 2011 年关注中国进口酒中塑化剂检测问题也得以基本解决，就韩国关注人参鸡汤适用标准、欧盟关注中国添加剂使用规格标准问题进行了积极回应。

2015 年，首次在 WTO/SPS 例会的双边磋商场合向外方提出关注。对韩国提出的取消泡菜中大肠杆菌限量指标得到成功解决。建议韩国取消或放松坚果和花生中镉限量的关注被部分解决，一定程度上避免了我国食品贸易的潜在损失。

（四）积极筹建 WTO 通报评议专家组

WTO 项目办公室配合国际司筹备 WTO 通报评议专家组，并于 2015 年 2 月启动，5～6 月经国际司征求委各业务司局意见后，11 月初步确定专家组成立方案，决定成立由 1 名组长、2 名副组长、83 名成员组成的 WTO 通报评议专家组，12 月正式向国家卫生计生委提交“国家卫生计生委 WTO 通报评议专家组名单”。

七、国际食品添加剂法典委员会（CCFA）

成功组织召开第 47 届国际食品添加剂法典委员会（CCFA）会议，来自 51 个成员国和 1 个成员组织（欧盟）及 31 个国际组织的 260 余名代表参加了本届会议。本次会议将重点研究食品添加剂法典通用标准（GSFA）、食品添加剂编码系统（INS）、联合国粮农组织/世界卫生组织食品添加剂联合专家委员会（JECFA）优先评估的食品添加剂名单、食品添加剂质量规格标准、次级食品添加剂等相关内容。中国作为 CCFA 主持国，认真参与各项议题的讨论，并以会议为平台，积极开展与相关各方在食品添加剂管理领域的交流与合作。

八、跟踪评价

2015年，秘书处在食品评估中心网站开设了食品安全国家标准跟踪评价及意见反馈平台，广泛收集标准使用者对现行所有食品安全国家标准的意见和建议，了解标准适用性、科学性和可行性情况。

秘书处进一步完善跟踪评价工作机制和程序，组织专家编写《食品安全标准跟踪评价技术指南》。与世界卫生组织（WHO）驻华代表处合作，借鉴国际相关工作经验，研究和探索食品安全标准“成本收益-效果”分析方法来评价食品安全标准的实施效果，了解食品安全标准对于减少食品污染、降低食源性疾病发生、促进行业发展、提高人民健康水平所带来的收益和影响。

2015年7月8日在宁夏回族自治区银川市召开2015年食品安全国家标准跟踪评价工作会议。就跟踪评价工作职责、工作内容与要求，以及如何开展专项跟踪评价等内容进行了充分研究和讨论，并对下一步工作思路提出了意见和建议。同时，秘书处协助委食品司制定2015年跟踪评价工作方案。

九、食品安全地方标准备案

2015年，接收各省级卫生行政部门提交的181项食品安全地方标准备案申请。

食品安全风险交流工作

一、食品安全科普宣教工作

（一）“世界卫生日”主题开放日活动

2015 年 4 月 7 日，由国家卫生与计划生育委员会、国家食品药品监督管理总局指导，食品评估中心主办的“世界卫生日”主题开放日活动在京举行。世卫组织食品安全政策官员华梅女士、国家卫生计生委食品司苏志司长、国家食品药品监督管理总局食监三司王三虎副巡视员出席。

苏志司长、王三虎副巡视员和华梅女士分别作主题发言，活动现场还举行了“食品安全五要点”动漫视频制作启动仪式。中心专家讲解了食源性疾病相关知识，介绍了我国食源性疾病监测体系的建设情况。

本次活动共吸引媒体和消费者代表共百余人参加，专家们与公众就相互关注的问题进行了互动交流并回答了记者提问。

（二）2015 年全国食品安全宣传周国家卫生计生委主题日

2015 年 6 月 30 日，全国食品安全宣传周国家卫生计生委主题日活动在食品评估中心举行，国家卫生计生委食品司苏志司长、宣传司宋树立副司长、中国健康教育中心李长宁主任、国家卫生计生委监督中心高小蔷副主任、食品评估中心刘金峰主任等领导出席，新华社、新华网、光明日报、经济日报等数十家新闻媒体参加活动。

苏志司长介绍了国家卫生计生委在食品安全标准、监测、评估等方面的工作进展。他表示，食品安全国家标准整合是近期的一项重要工作，2015 年

2月李斌主任主持召开食品安全国家标准审评委员会第十一次主任会议，审查通过304项食品安全国家标准草案，并对2015年标准工作做出了部署安排。

在食品安全风险监测、评估和食源性疾病管理工作方面，全国食品安全风险监测覆盖面进一步扩展。共设置食品污染物和有害因素监测点2489个，覆盖了全国86%的县级行政区域。医疗机构食源性疾病报告工作得到加强，正逐步开展食源性疾病主动监测。全国共设置主动监测哨点医院3482家，已覆盖全部县级行政区域。为加强食品安全风险评估工作，已经开始组织部分省份开展中国居民食品消费量调查和总膳食研究，努力构建我国食物消费量数据库。

食品评估中心的专家专题介绍了食品安全标准整合的工作进展。现场媒体记者与到场专家围绕儿童食品、反式脂肪酸、包装饮用水新国标等话题展开互动交流。

（三）“食品安全与公众健康进社区”活动走进山西省大宁县

为落实食品评估中心党委组织开展的“三严三实”专题教育活动，进一步体现食品评估中心“干在实处、走在前列”的工作精神，应山西省临汾市大宁县政府邀请，中心专家于2015年5月28～30日赴大宁县开展了“食品安全与公众健康进社区”活动。本次活动由严卫星副主任带队，综合处、党办、纪检审计处、标准三部、风险交流部、质量控制办公室等部门人员参加了上述活动。

严卫星副主任代表中心向大宁县政府赠送了《1分钟读懂营养标签》和《食品安全100问》科普书籍，中心专家讲解了“食品安全的真相与误区”、中国居民平衡膳食宝塔、营养标签识别等知识。来自大宁县疾病预防控制中心、卫生系统相关人员和志愿服务者以及临汾市其他各区县疾病预防控制中心代表近200人参加了本次活动。

严卫星副主任一行还与各区县疾病预防控制中心人员就食品安全风险监

测、食源性疾病应急处置工作中遇到的实际问题和困难进行了座谈，听取了基层工作人员对上述工作的意见和建议；实地走访了健康示范学校、太德乡乡镇卫生院等地，了解基层卫生工作开展情况；在太德乡茹古村开展营养和健康知识现场宣传和交流活动，与当地村民进行了互动。

（四）沙门氏菌评估报告解读

为使沙门氏菌评估报告得到各界正确的解读，了解专业评估报告和食品安全监管、公众健康的保护之间的关系，同时让社会各界增进对食品评估中心的了解，春节期间举办了专题开放日活动。

中心专家介绍了禽肉及其制品中沙门氏菌的污染状况，强调了生熟不分导致的交叉污染是国际上公认的导致沙门氏菌食物中毒发生的主要原因。

专家还介绍了在确保生鸡肉的食品安全方面，政府和行业已经制定的一系列标准和技术规范。专家还给食品行业和消费者提出了可行建议，比如确保厨具（案板、刀具）生熟分开，刀砧容器分类存放；保持厨具和手的清洁，处理生肉及其制品后要洗手等。

（五）设计制作科普产品

2015 年，围绕食源性疾病预防和营养专题开展公众科普活动，印制了《不容小视的微生物》系列宣传折页，包括单核细菌增生李斯特菌、沙门氏菌等 7 种常见食源性致病菌的知识介绍。出版了《1 分钟读懂营养标签》、《您的食品安全吗？——远离食源性疾病》和《婴幼儿营养知道多少》等科普书籍和宣传册，借助膳食调查和各种宣传活动发放 20 个省 5 万人次，同时与 31 个省级疾病预防控制材料共享，扩大科普传播。此外，中心还协助国家食品药品监督管理总局食品三司制作了“食品安全五要点”的预防食源性疾病科普小视频。

（六）丰富科普形式

2015年度中心组织和参与的科普活动内容活泼、形式多样。比如参与食品安全宣传周食品安全知识网络竞赛、新食局公开课、食品安全超市行、食品安全进社区等主题活动。

中心专家开展食品安全知识进校园活动，先在江西、天津、北京、武汉等省市的大学、中学、小学进行食品安全科普讲座。

中心与国家食品药品监督管理总局三司在中国食品安全报联合举办风险交流专版（半月刊），吸引相关工作人员交换工作经验和思考，对风险交流工作起到了很好的带动作用。

二、风险交流技能培训

（一）全国卫生计生系统技术机构风险交流培训

2015年11月13日，食品评估中心举办的第三期食品安全风险交流培训班在广西壮族自治区南宁市闭幕，这标志着2015年度全国卫生计生系统食品安全风险交流系列培训顺利结束，此前中心已在黑龙江省哈尔滨市和青海省西宁市分别举办了两期培训。

2015年度的食品安全风险交流培训以提高省级食品安全一线工作人员风险交流技能为目的，主要围绕新闻写作、媒体沟通和科普宣教活动策划三个方面的内容，采取了专家授课、小组讨论、模拟演练等多种形式相结合，让学员们边学边实践。来自各省卫生计生委、疾病预防控制中心、卫生计生监督机构的食品安全工作人员共计130多人参加了培训。

（二）内部风险交流培训

食品评估中心聘请的外籍专家Yamada教授与风险交流部共同组织实施了食品安全舆情应急演练，风险评估、风险监测、风险交流、食品安全标准、毒理等培训。

风险交流部与北京大学新闻传播学院合作组织了风险交流能力培训，培训内容涵盖了新闻传播理论、新闻写作概论、媒体沟通技巧等，中心各部门派出业务骨干参加培训并进行了案例演练。

三、舆情监测工作

食品评估中心高度关注食品安全舆情变化，为了更好地为食品安全管理提供策略参考，组织实施了全天候的舆情监测工作。今年共发布舆情日报 249 期（目前为 237 期）、周报 50 期（目前 48 期）、微信 38 条。接到媒体采访需求 51 次，对其中涉及中心职责的内容接受了媒体采访，共 36 次；对不涉及中心职责的内容我们均与媒体进行了沟通解释。

对重点舆情分别召开媒体沟通会 1 次，专题舆情研判 5 次，包括“金箔入酒”、“3·15”、僵尸肉、红肉致癌、辉山乳业硫氰酸盐、植物油致癌等。

四、风险认知与学科建设

在前期工作的基础上，食品评估中心整理翻译了欧盟、美国有关食品安全风险交流的指南，并结合食品安全风险交流涉及的相关学科基础理论，编写了《食品安全风险交流理论探索》一书。

在综合性食品安全风险认知调查的基础上，中心开展了专题风险认知调查，首先进行高估的食品添加剂的风险认知调查，结果已汇总分析完成，现准备进行低估的食源性疾病的风险认知调查。

五、国内外学术交流

以多种形式积极与其他国家的食品安全风险交流同行进行工作交流，参与了国家食品药品监督管理总局举办的“2015 年食品安全风险交流国际研讨会”，国家食品药品监督管理总局与世界卫生组织驻华办、国际食品信息委员会举办的国际食品安全风险交流培训。

参与了高校进行的有关食品安全风险交流学术研讨，如中国政法大学“食品安全风险交流研讨会”，中国法学会和深圳大学法学院举办的“食品安全战略与食品安全法治研讨会”等。

食品安全风险评估重点实验室建设

一、科研管理

2015 年食品评估中心承担在研课题 43 项，包括科技部国家科技支撑计划 2 项，973、863 和国际科技合作专项星火计划课题各 1 项，卫生和质检行业公益性项目各 1 项；国家自然科学基金 20 项；北京市自然科学基金 6 项；参与其他课题 10 项。食品评估中心青年基金 2014 年度项目验收 9 项，滚动资助 2 项，组织中心青年基金 2015 年度初审、复审，共资助 10 项，资助经费为 80.5 万元。

2015 年，以国家食品安全风险评估中心卫生部食品安全风险评估重点实验室为第一作者或通讯作者单位发表 SCI 论文 30 篇，1 篇影响因子大于 5，8 篇影响因子 3～5。

二、实验室检测工作

（一）应急处置工作

1. 天津氰化物爆炸案—蔬菜水果中氰化物含量检测

在处理天津爆炸事故事件中，化学实验室及时建立并撰写食品中氰化物的离子色谱测定方法，为京津冀开展食品中氰化物污染应急监测提供统一方法。对采自北京和天津的蔬菜水果进行检测。

2. 婴儿配方奶粉中高氯酸盐的调查

化学实验室研究建立了食品中高氯酸盐、氯酸盐等离子色谱-串联质谱（IC-MS/MS）测定方法，开展了婴儿配方粉中高氯酸盐测定。

3. 北京市疾病预防控制中心送检样本中肉毒梭菌和肉毒毒素的应急检测工作

2015年9月，北京市疾病预防控制中心接到北京市朝阳区疾病预防控制中心的报告，北京首都儿科研究所附属儿童医院医院诊断1例疑似肉毒中毒婴儿病例，北京市疾病预防控制中心尚无检测肉毒梭菌和肉毒毒素的经历，向食品评估中心寻求检测帮助，微生物实验室随即组织人员制定实验方案、准备实验用试剂，做好北京市疾病预防控制中心送检样本中肉毒梭菌和肉毒毒素的应急检测工作。应急检测工作共检测包括样本患儿食用剩余婴儿配方粉、患儿灌肠粪便样本及患儿家居环境涂抹样本在内的11份样本。此次应急检测工作在最短时间内得出检测结论，为患儿临床诊治提供了技术支持。

4. 北京市顺义区疾病预防控制中心疑似蛋挞中毒事件

食品评估中心微生物实验室于2015年3月20日收到北京市顺义区疾病预防控制中心送检的疑似中毒蛋挞样品包括5个生挞皮和5个蛋挞，收到样品后立即开展了真菌分离鉴定和真菌毒素检测。检测结果发现亮白曲霉是生挞皮的主要污染真菌，含量达4×10^3 CFU/g，是已有的食品安全国家标准-奶油、稀奶油和无水奶油中霉菌和酵母菌落数的44倍，但并未在蛋挞中检测到真菌。蛋挞和生挞皮中DON和ZEN的含量分别为0.108mg/kg和0.222mg/kg（蛋挞）、22.8μg/kg 和 30.3μg/kg（生挞皮），均低于我国颁布的食品中两种毒素的限量标准。结论为生挞皮被亮白曲霉严重污染，根据文献报道亮白曲霉可以产生桔青霉素、曲酸等真菌毒素，因此有必要加强对食品中该菌及可能产生的相关毒素的污染监测。

（二）专项工作

1. 食品中可能违法添加的非食用物质名单修订工作

化学实验室组织召开2次食品中可能违法添加的非食用物质名单特别工作组会议，审议非食用物质名单及配套检测方法，完善标准操作程序，向国家卫生计生委食品司上报《非食用物质名单（修订稿）》、非食用物质检测方法标准操作程序和相关解读材料。

2. 总膳食研究和母乳履约成效评估

在国家科学技术学术著作出版基金资助下，《第四次中国总膳食研究》出版。开展了第五次中国总膳食研究中持久性有机污染物、真菌毒素、生物碱、农药和兽药残留、反式脂肪酸等检测。组织第六次中国总膳食研究的技术培训。与东南大学合作，构建中国总膳食研究电子数据库，整合食物消费量数据，完善暴露评估数据输出表单。建立牛奶基质中全氟化合物前体物测定方法，并测定 2007 年母乳样品。开展 2014 年北京市居民母乳样品中二噁英类化合物测定。以妊娠期糖尿病为指标，在深圳妇幼保健院开展 POPs 暴露健康效应研究的现场工作，采集血液和母乳等生物样品。

3. 食品安全保障和技术服务

承担重点区域食品安全保障工作。采集北京市售玉米油、花生油、调和油样品共 30 份，对其中黄曲霉毒素、赭曲霉毒素、ZEN、DON、3-A-DON、15-A-DON 进行污染调查。开展了食品评估中心受理的 2 个保健食品卫生学和稳定性检测。指导并协助营养与健康所完成 20 多个项目保健食品检测。完成中国食品药品检定研究院食品化妆品所委托的 10 份保健食品中违禁添加西药成分及各 1 份的大米中镉、大米中砷、茶叶中铅和茶叶中农药残留分析参考样品的含量测定，提交协作定值报告。

4. 标准物质研制

按照国家级标准物质申报要求，准备并完善乳粉中二噁英和共平面多氯联苯、油炸薯条中丙烯酰胺、酱油中 3-氯-1,2-丙二醇、米粉中镉、面粉中脱氧雪腐镰刀菌烯醇（协助浙江省疾病预防控制中心申报）、辣椒粉中苏丹红 I（协助北京市疾病预防控制中心申报）成分分析标准物质申报资料，组织召开鉴定会，迎接国家标准物质管理委员会专家的现场考核，参加答辩会等。经全国标准物质委员会评审，国家质检总局批准，大米粉中镉获二级标准物质证书[GBW（E）100341]，乳粉中二噁英等国家一级标准物质通过了预审。根据风险监测质控需要，研制了牛肉中二噁英和多氯联苯标准物质，完成初步定值、均匀性、稳定性等检查，组织协同性定值。

5. 全国食源性致病菌种（株）库建设

2015年，微生物实验室完成了2014年国家食品安全风险监测中食源性致病菌监测网网络上报近7000余株菌的复核工作，包括的致病菌种类为：副溶血性弧菌、创伤弧菌、沙门氏菌、志贺菌、铜绿假单胞菌、肠出血性大肠杆菌O157、金黄色葡萄球菌、蜡样芽孢杆菌、阪崎克罗诺杆菌和单核细胞增生李斯特菌。完成了部分菌株的耐药特性以及菌株同源性分析，并开展建立全国食源性致病菌种（株）库的工作。上述工作为完善国家食品安全风险监测数据库，为开展溯源分析和风险评估提供了基础数据。

6. 全基因组数据库建设

国家重要食源性致病微生物全基因组序列数据库构建工作是中心重点实验室建设的重要内容，2015年共完成我国食品和临床样本中重要食源性沙门氏菌分离株150株细菌基因组的DNA提取，基于Illumina2500测序平台，完成了147株菌株的全基因组Denovo测序、基因组数据组装、基因预测、基因注释、血清分型软件开发及数据库构建等工作，并完成一名中心研究级人员全基因组测序数据生物信息分析培训，初步掌握了我国食源性沙门氏菌血清分型情况，为进一步开展耐药基因和毒力基因等注释工作提供了数据基础，为快速应对突发性食品污染和食源性疾病事件提供技术支持。

7. 保健食品功能评价及安全性评估工作

保健食品功能评价及安全性评估工作是中心技术服务工作中的重要内容，2015年中心通过国家食品药品监督管理总局保健食品检验机构资质复评审并再次获得食品检验机构资质。2015年完成6个增强免疫力功能实验，3个细菌菌种毒力实验，1个调节肠道菌群功能（动物）实验，3个真菌菌种毒力实验。

8. 新食品原料等的毒理学安全性评价和功效评价

保质保量完成了所有受理样品的食品检验工作，包括两部分：一是2014年积压的样品，毒理学安全性试验和功能学试验合计69项；二是2015年度新受理样品，共13项毒理学安全性评价试验。此外还顺利通过食品检验机构复评审。

（三）科研和技术支撑工作

1.“双打急需的食品中违禁成分检测及判别技术研究”课题通过验收

2015年10月14日，国家质量监督检验检疫总局科技司在北京组织专家对食品评估中心牵头承担的质检公益性行业科研专项“双打急需的食品中违禁成分检测及判别技术研究”进行了验收。该项目由食品评估中心牵头负责，北京市海淀区产品质量监督检验所、北京市疾病预防控制中心、深圳出入境检验检疫局食品检验检疫技术中心、中国农业大学、浙江省疾病预防控制中心、重庆出入境检验检疫局检验检疫技术中心、深圳市疾病预防控制中心共同参与了项目研究。

专家组听取了项目负责人、食品评估中心首席专家吴永宁研究员的汇报，经过充分质询和讨论，专家组一致认为该项目完成了任务书规定的研究内容和考核指标。项目组修订完成的《食品中可能违法添加的非食用物质名单》，建立完善的配套检验方法及辅助判定依据，筛选认定了100多个市售快速检测产品，研制的苯乙醇胺A等20种多克隆抗体和单克隆抗体及敌敌畏等12个胶体金快速检测卡产品，实现了产业化生产。研究建立的动物源性食品中内外源性激素稳定同位素比值判定方法，填补了动物源食品中激素鉴别技术的空白。该项目的完成，将更好地服务于《食品中可能违法添加的非食用物质》打击工作，为食品安全监管提供可靠的技术支撑。

2.“食品中化学危害健康风险表征与膳食暴露评估技术研究”课题通过验收

2015 年 6 月 10 日，国家卫生计生委科教司在北京组织召开食品评估中心承担的“十二五”国家科技支撑计划“食品中化学危害健康风险表征与膳食暴露评估技术研究”课题验收会。与会专家认真听取了课题组的汇报，经过充分质询与讨论，专家组一致认为该课题完成了任务书规定的研究内容和考核指标。课题完成了大米中砷形态和谷物中呕吐型镰刀菌素多组分污染物数据库一套，为国家、国际标准的制定提供了重要的数据基础；建立完成了食品接触材料迁移预测数学模型及 CRAMER 结构分类数据库和相关风险评估技术；完成膳食暴露评估软件登记著作权 1 项，提出国家标准修订草案 3 项，颁布国家标准 2 个，国际标准 1 项，参与起草 CAC 标准草案 3 项等。

3. 重要梭状芽孢杆菌对婴幼儿健康影响进行风险评估

2015 年，重要梭状芽孢杆菌对婴幼儿健康影响风险评估项目在黑龙江、河南、山东、宁夏、甘肃和四川等六省设立采样及检测点，共计采集婴儿粪便样品 500 余份，婴儿食品样品 200 余份，婴儿家居环境样品 200 余份，并均进行了流行病学调查和梭状芽孢杆菌的分离鉴定及毒力基因筛查等工作，为后续相关研究提供大量基础信息和数据。

4. 非 O157 产志贺毒素大肠埃希菌污染传递特征研究

2014 年获得资助的国家自然科学基金资助项目“种植蔬菜中非 O157 产志贺毒素大肠埃希菌污染传递特征研究”项目，对阐明蔬菜种植过程中源自不同基质非 O157 STEC 环境适应性及致病性差异，发现污染来源和污染传递特征变化，以及提出可生食蔬菜种植中非 O157 STEC 污染防控措施具有重要指导意义。

5. 承担国家自然科学基金项目河豚鱼 DNA 条形码鉴定及河豚毒素在鱼种间分布差异的遗传基础研究

课题完成了我国常见河豚鱼鱼种的采集工作，并将采集到的河豚鱼，经鱼种专家通过形态学进行鉴定，确定每种河豚鱼的种属及名称。初步建立了河豚鱼鱼种DNA条形码鉴定方法，构建了我国常见河豚鱼鱼种的DNA条形码数据库。建立了河豚鱼中河豚毒素的液相色谱-串联质谱法，并对采集到的河豚鱼的皮、肉、肝脏及性腺部分进行河豚毒素检测。上述内容为我国的河豚鱼监督管理、溯源分析及病因判断发挥重要作用，是风险评估中危害特征描述必不可少的技术内容。

6. 承担北京市自然科学基金重点项目北京市售食品中诺如病毒污染、流行变异及风险评估研究

课题优化完善了贝类食品（牡蛎、贻贝）、浆果（草莓、小番茄）、叶类蔬菜（菠菜、生菜、豌豆苗）等食品以及腹泻病人粪便样品中诺如病毒的提取、富集及检测方法，并形成标准操作程序，开展了食品和腹泻病人粪便样品中诺如病毒污染水平的检测，制备了针对我国诺如病毒主要流行株的单克隆抗体和多克隆抗体，初步建立了检测诺如病毒主要流行株的ELISA方法。为我国重要食源性病原体诺如病毒的风险评估及标准制定提供技术支持。

7. 饲料原料真菌毒素及其产毒菌污染调查

继续完成科技基础性工作专项“全国农产品加工原料真菌毒素及其产毒菌污染调查”子课题“饲料原料真菌毒素及其产毒菌污染调查”中重要产毒真菌黄曲霉和串珠镰刀菌的分离鉴定以及重要真菌毒素脱氧雪腐镰刀菌烯醇、玉米赤霉烯酮、黄曲霉毒素等重要真菌毒素的污染监测工作。

8. 重要真菌毒素内暴露评估及协同效应评价研究

承担863课题“动植物源食品中内源有害物精准检测技术”子课题“动植物源食品中不同种属真菌代谢产物污染及协同效应评价技术研究”，顺利完成了4种交链孢毒素的UPLC-MS/MS检测方法建立和小麦粉及其制品、柑橘及其制品、番茄及其制品中4种交链孢毒素污染水平调查、生物利用率研究及居民膳食暴露评估。同时主要参与完成该课题的7个子课题结题报告资料汇编、打印、递交、经费预算执行报告整理等工作。

9. 重要镰刀菌产毒预测微生物学的研究

承担 523 疾病负担团队重要镰刀菌产毒预测微生物学研究，调查安徽部分地区 2015 年产小麦真菌污染情况，为评估粮食中真菌侵染及真菌毒素污染状况、进一步开展预测微生物学研究提供依据。结果发现安徽省五地 2015 年产小麦赤霉病粒率较高，真菌污染状况较严重，有必要对小麦中的真菌毒素进行检测，并结合我国人群小麦及其制品的消费情况，评估居民通过食用小麦及其制品暴露真菌毒素的风险。

10. 食品工业用黑曲霉产毒株的分子鉴定及产毒调控机制研究

2013 年获得资助的国家自然科学基金资助项目“黑曲霉伏马菌素产毒株的鉴定及其产毒调控机制研究”，在研究工作的基础上继续开展了培养基成分对黑曲霉产毒能力的影响，同时采用先进的 PM 表型分析系统研究黑曲霉产毒代谢能力差异。对于从源头控制工业用菌种的安全性和发酵食品的安全性发挥了重要作用。

11. 转基因生物安全性评价

共承担 5 项转基因重大专项分题或任务，分别从转基因生物的毒理学评价敏感体系建立、致敏性评价动物模型、亚慢性食用安全性评价以及对啮齿类动物生殖发育、免疫和代谢的影响等方面开展研究，初步完善了转基因食用安全性毒理学评价体系，在原先研究的基础上继续开展 1 个致敏性评价动物模型研究；完成了 3 种转基因作物的食用安全性综合评价；完成转 Bt 基因水稻发育免疫毒性的评价及相关毒性机制的研究，起草完成《转基因发育免疫毒性评价程序》。

12. 产鹅膏毒环肽毒菌的毒素相关编码基因研究

2016 年获得评估中心青年基金资助项目“产鹅膏毒环肽毒菌的毒素相关编码基因研究”对我国境内常见产鹅膏毒环肽毒菌的相关编码基因在种间及属间差异及与毒素含量水平的相关性进行研究，从基因角度为含鹅膏毒环肽毒素的毒菌进行鉴定，为毒素的鉴定，毒菌中毒预防、监测及评估提供一种新思路。

13. 食品及临床来源阪崎克罗诺杆菌的分子关联性及致病性研究

2015年获得评估中心青年科研基金资助项目“食品及临床来源阪崎克罗诺杆菌的分子关联性及致病性研究”，在种鉴定的基础上获得两种来源克罗诺杆菌的主要流行种，并以阪崎克罗诺菌为模式菌株，进行食品污染与临床感染病例菌株的分子关联性分析；同时构建阪崎克罗诺杆菌致病性评价模型，并用所建模型对食品污染与临床感染病例菌株进行致病性差异评估，为预防和控制阪崎克罗诺菌引起的疾病提供基础。

14. 我国生猪养殖场中重要食源性致病菌耐药性污染状况

为探究我国生猪养殖链条中重要食源性致病菌耐药性的传递行为，从我国北京、福建、四川、陕西等12个省和直辖市的生猪养殖场中采集猪生物样本、养殖工人生物样本和猪场环境样本等三大类1700余份样品，目前已从全部样品中分离到沙门氏菌、金黄色葡萄球菌、弯曲杆菌、肠球菌和大肠杆菌5000多株，并开展了部分菌株的耐药性检验，发现生猪养殖场中多重耐药食源性致病菌污染严重，为进一步更为全面地了解我国生猪养殖场中重要食源性致病菌耐药性污染状况奠定了基础。

15. 食品中主要化学物质毒理学数据库

《食品中可能存在的化学品毒理学数据库》的建设取得突破，一方面，2015年完成新入库200个物质的毒理学资料，使得数据库物质总数据量超过1000种；另一方面，国家食品毒理学数据库系统获得国家计算机软件著作权登记证书（登记号2015SR106428）。此外，该数据库已经在中心内部试用，为下一步的全面开放奠定基础。

16. 稀土元素毒理学安全性评价研究

按照国际公认的毒理学安全性评价指南（OECD）和良好试验规范（GLP），完成了三种稀土元素镧、铈和钇的系统毒理学安全性评价工作，提出了临时健康指导值，并将相应的实验结果和报告提交给国家食品安全风险评估专家委员会，与会专家根据建立的临时健康指导值对我国的系统元素的暴露情况进行了科学的风险评估，该评估结果将为稀土标准的修订提供科学依据。

17. 食品用纳米材料毒理学安全性评价研究

开展了文献资料 META 分析工作，收集、翻译和整理食品用纳米材料（纳米银、氧化锌、二氧化钛）的毒理学研究资料，初步建立了纳米材料毒理学数据库。完成了纳米银在大鼠和兔体内的毒代动力学研究，利用 ICP-MS 与分离技术联用等多种检测技术，进行器官、组织和其他生物样品中纳米材料或其基本成分的测量，获得纳米材料体内代谢及潜在蓄积作用方面的数据。

18. 食品安全性毒理学评价程序和方法标准制修订

《食品安全性毒理学评价程序和方法》(GB 15193) 是我国唯一一部食品毒理学安全性评价国家标准，于 1994 年首次发布，2011 年启动了对该系列标准的第二次修订工作。食品评估中心组织并承担了大部分标准制修订工作，全部 26 项标准在 2015 年均已制修订完毕并由国家卫生计生委正式发布。为了促进该系列标准在全国范围内的顺利实施，统一各级毒理学检验机构对标准的认识和理解，食品评估中心于 2015 年 9 月 24～25 日在北京广西大厦召开了新版《食品安全性毒理学评价程序和方法》的宣贯会。共有来自全国疾病预防控制中心、大专院校等食品毒理工作相关技术人员 100 余人参加了本次宣贯会。每项标准起草人详细介绍了各项标准的修订背景、原则、方法和过程，认真讲解每一处修订的依据和可行性，并现场回答了提出的各种问题。

19. 基准剂量法 BMD 中文软件构建

基准剂量法（BMD）是食品安全风险评估中一种预测健康指导值的重要方法。由于其充分利用了剂量反应信息，与传统 NOAEL 法相比，BMD 在科学性及准确性等方面更具优势。美国环境保护总署（EPA）开发出相应的基准剂量软件即 BMDS 并已在国际范围内广泛应用。 BMDS 的推广应用对我国的食品安全风险评估工作也具有重要意义。2015 年，在获得 EPA 对 BMDS

软件汉化版本的授权下，开展了 BMDS 中文版的开发工作；2015 年 10 月完成了 BMDS 所有操作、报告界面的汉化，并完成了 BMDS 中文版软件的操作指南；2015 年 11 月应用 BMDS 中文版软件完成了多项科研项目的数据分析工作，包括对硒-甲基硒代半胱氨酸的毒理学数据评价和对两种邻苯二甲酸酯物质 DEHP 和 DBP 的抗雄激素作用的毒理学数据评价。

20. 未知风险毒理学技术、替代毒理学技术、特殊毒性评价方法和风险-受益毒理学识别技术四个方向开展一系列科研工作

毒理学技术团队在特聘负责人上海生命科学院营养所王慧教授的指导下，从未知风险毒理学技术、替代毒理学技术、特殊毒性评价方法和风险-受益毒理学识别技术等四个方向开展了一系列科研工作，申请了 3 项国家自然基金课题，发表了 13 篇科研文章，其中 SCI 论文 4 篇。

21. 核受体 PPARγ 相关分子机制的研究

2015 年获得资助的国家自然科学基金青年基金项目“γ-、δ-生育酚对食管癌干预作用及核受体 PPARγ 相关分子机制的研究”建立了亚硝胺致癌作用的毒性作用通路及体外替代模型，探索了维生素 E 对亚硝胺致癌效应的干预作用，为致癌性毒理学评价替代方法的建立提供研究基础，为潜在致癌性食品污染物的危害评估提供新的 AOP 思路和策略。

22. 塑化剂 DEHP 的胚胎发育毒性评价研究

针对食品包装材料中的塑化剂迁移与污染，课题采用胚胎干细胞评价最常见添加塑化剂 DEHP 的胚胎发育毒性评价及其可能毒性机制研究。本年度按照课题计划书开展小鼠胚胎干细胞（mESC）与人胚胎干细胞（hESC）的培养。针对前期人胚胎干细胞培养过程中存在易污染易分化的难题，建立并完善人胚胎干细胞培养体系，包括采用 mTeSRTM 培养，ReLeSRTM 传代，通过对人胚胎干细胞的多能型基因 *Nanog*、*Oct4* 等鉴定，确保细胞增殖迅速，状态良好。开展小鼠胚胎干细胞与人胚胎干细胞实验模型的建立。采用 AggrewellTM 分化培养拟胚体，保证实验体系与质量均衡稳定。应用两种胚

胎干细胞模型评价DEHP的胚胎发育毒性，应用两种模型评价DEHP的胚胎发育毒性，验证与比较不同种属细胞的EST对DEHP的评价结果，以更好的对邻苯二甲酸酯类物质进行风险评估和管理。

23. 单端孢霉烯族毒素的发育毒性评价研究

镰刀菌毒素是镰刀菌属的毒性代谢产物，其中单端孢霉烯族毒素是粮食中最常见的一类污染性镰刀菌毒素，其在粮食中污染范围广、程度重，对食品安全构成严重威胁。本课题采用对人体具有高度预测性的人胚胎干细胞（hESC）实验模型，对单端孢霉烯族毒素的发育毒性进行评价，阐明效应特征与剂量水平，研究其可能毒性作用机制。本年度主要按照申请书进行人胚胎干细胞（hESC）的培养与hESC实验模型的建立，以及应用mEST与hEST两种模型评价T2毒素为强胚胎发育毒性物质，为其在食品中的限量标准与风险管理提供依据。

24. 完成关于通过海产鱼类摄入二噁英类物质的暴露评估研究

食品风险评估中心完成了一项关于通过海产鱼类摄入二噁英类物质的暴露评估研究。该研究对我国主要海产鱼类生产基地舟山的32种经济鱼类体内的29种二噁英类物质的含量进行了测定并且分析了不同品种鱼类脂肪含量、食性和生活区域等对其体内蓄积二噁英类物质的影响。研究结果显示，同一海域的不同品种鱼类体内这类脂溶性污染物质蓄积情况存在较大差异。根据我国鱼类的平均消费量，该研究评价了通过食用这些鱼类摄入二噁英类物质的最大可能水平。该研究结果表明，舟山海域所产主要鱼类的二噁英含量尚处于较低水平，其造成健康风险的可能性较小。但是，由于某些品种的鱼类对这类污染物具有较高的蓄积能力，建议有选择性的消费海产鱼类以避免可能的健康危害。

25. 化学检测方法研制

加强了食品和生物材料中持久性有机污染物、残留和非法添加物、污染物和天然毒素及食品添加剂和包装材料等高通量、定性和非靶向筛查等精准技术研究，在 POPs、农药残留、元素、热点污染物等考核中取得优异成绩。开展了食品和人体内化学危害物的分析新方法研究，建立基于质谱的代谢组学和蛋白质组学平台，发展发现代谢组学和靶点代谢组学技术，探索性开展化学危害物暴露生物标志物和效应生物标志物研究。

（四）国内外比对考核和能力验证

1. 国际比对考核和能力验证

参加挪威国立卫生研究组织的食品中二噁英类物质国际比对考核。对牛肉、乳酪、三文鱼等样品中的 PCDD/Fs、dl-PCBs、指示性 PCBs、PBDEs 和 HBCD 等进行测定。

2. 牵头组织并参与全球食品安全合作项目实验室能力建设的兽药残留培训

食品评估中心作为全球食品安全合作项目实验室能力建设的兽药残留培训项目中国协调单位，在学术委员会主任陈君石院士领导下，参与了培训课程的制定、培训工作组织协调等，并于 2015 年 4 月 20～24 日、8 月 18～21 日和 8 月 21～24 日在全球食品安全伙伴项目(Global Food Safety Partnership，简称 GFSP)企业合作伙伴美国沃特世科技公司上海实验室进行了三期培训。来自中国国家食品药品监督管理总局、卫生计生委、农业部、质检总局系统的 34 个实验室近 40 名学员接受了师资培训，参加培训的机构涵盖了中国兽药残留评估、监测、检验、监管的主要部门。食品评估中心高度重视 GFSP 的培训，将此培训工作与中心“523”人才培养战略相结合。通过直接参与 GFSP 师资力量培训，使得青年员工的学术水平、组织策划能力与培训经验得到了磨炼和提高。在上海的 3 次培训中，食品评估中心青年骨干王丹、陈达炜等作为师资独立承担了拟定测定方法的准备，负责实验室培训的操作指导，协助完成了各项培训任务。

GFSP 项目是由联合国机构、政府监管部门、生产者、高等院校、企业界和民间团体等联合提出的一项倡议，旨在通过全球合作，推进发展中国家食品安全体系建设。GFSP 由世界银行牵头，秘书处设在世界银行，包括多个工作组。在技术工作组中，提出了实验室能力建设计划，目的是通过师资培训和示范推广，推动相关检验技术的应用，以提高发展中国家实验室管理、质量控制及数据解析能力。GFSP 实验室能力建设项目选择在中国进行试点，并根据中国的国情以及专家建议确定以兽药残留培训为培训内容。

此次 GFSP 实验室能力建设试点以兽药残留培训为切入点，探索了在我国进行实验室能力建设培训的方式和方法。通过以点带面的方式对本系统内更多的实验室进行培训，促进兽药残留检测技术达到国际水平，以提高中国实验室的整体水平。该培训计划分为三个阶段，第一阶段为在线教学，学习基本知识；第二阶段在美国由美国 FDA 与马里兰大学共建的食品安全和应用营养联合研究所(JIFSAN)对中国推荐的技术人员进行培训；第三阶段在中国复制 JIFSAN 的培训，进一步扩大培训中国的师资力量。

3. 参加全球食源性感染网络组织的“沙门氏菌和志贺菌血清分型及抗生素敏感性外部质量保证考核”

连续三年参加世界卫生组织全球食源性感染网络[WHO Global Foodborne Infections Network (WHO GFN)]组织的“沙门氏菌和志贺菌血清分型及抗生素敏感性外部质量保证考核”[WHO Global Foodborne Infections Network External Quality Assurance System (EQAS) on Serotyping and Antimicrobial Susceptibility Testing of Salmonella and Shigella Strains]。沙门氏菌等食源性致病菌血清学分型是国际通用的鉴定肠道致病菌的重要手段，在食源性疾病的病因学诊断及临床治疗中发挥重要作用。近几年，随着食品动物养殖过程中抗生素的滥用以及临床治疗过程中抗生素的过量使用，食源性致病菌的耐药情况越来越严重，因此，食源性致病菌的耐药性研究对于临床合理选用抗菌药物、及时挽救患者生命至关重要。为综合评价微生物实验室对重要肠道致病菌的血清学分型以及耐药检测能力，提高我部科研人员对未知食源性致病菌的综合鉴定能力，促进食源性致病菌研究领域与国际相关组织的技术交流，微生物实验室于 2015 年参加了世界卫生组织全球食源性感染网络(WHO Global Foodborne Infections

Network)组织的“沙门氏菌和志贺菌血清分型及抗生素敏感性外部质量保证考核”[WHO Global Foodborne Infections Network External Quality Assurance System (EQAS) on Serotyping and Antimicrobial Susceptibility Testing of Salmonella and Shigella Strains] 项目。对组织方提供的 8 株沙门氏菌、4 株志贺菌进行了血清学分型和耐药性检测，对 2 株弯曲菌进行了耐药性检测，对 1 株未知食源性致病菌进行了鉴定。在血清分型考核中，对 8 株沙门氏菌的 O 抗原血清分型全部正确，H 抗原血清分型中有 8 个正确；对 4 株志贺菌的 O 抗原与 H 抗原血清分型全部正确。在耐药性检测中，2 株质控菌株对 14 种抗生素的药敏实验结果全部正确；沙门氏菌、志贺菌、弯曲菌共计 14 株菌，对 14 种抗生素的 186 个药敏检测结果中有 183 个正确。并将组织方提供的 1 株未知食源性致病菌正确鉴定为蜂窝哈夫尼亚。

4. 实验室资质认定复评审

补充并完善了 126 项仪器操作规程、199 个检验方法 SOP、仪器期间核查等，完成 28 项现场试验考核，补充包装材料中 Pb、Cd 迁移报告。

附 表

表 1 2015 年起草制订技术性文件统计

(规划、规范、标准、指南、方案、操作手册、工作报告)

时 间	名 称
2014 年 10 月～2015 年 12 月	畜产品中磺胺类兽药残留量的测定液相色谱串联质谱法
2015 年 1 月	2014 年第三阶段特殊膳食食品食品安全抽检监测情况报告
2015 年 1 月	枸杞中检出二氧化硫和氯氰菊酯等农药的研判意见
2015 年 1 月	山参组培不定根安全性评估意见
2015 年 1 月	马铃薯提取物安全性评估意见
2015 年 1 月	《食品添加剂使用标准实施指南》（GB 2760—2014）
2015 年 1 月	《食品安全国家标准 食品接触材料及制品用添加剂使用标准》（GB 9685）
2015 年 1 月	《食品安全国家标准 食品接触材料及制品用添加剂使用标准》实施指南
2015 年 1 月	《食品安全国家标准 食品接触材料及制品通用安全要求》
2015 年 1 月	《食品安全国家标准 食品接触材料及制品用黏合剂》
2015 年 1 月	《食品安全国家标准 食品接触材料及制品生产通用卫生规范》
2015 年 1 月	食品包装用粘合剂风险管理模式研究项目总结报告
2015 年 1 月	《食品安全国家标准 畜肉组织中镇静剂的测定液相色谱-串联质谱法》
2015 年 2 月	2014 年第三阶段特殊膳食食品食品安全抽检监测总结报告
2015 年 2 月	2014 年国家食品安全风险监测报告

续表

时　　间	名　　称
2015年2月	第36届营养与特殊膳食食品法典委员会议进展报告
2015年3月	2014年特殊膳食食品抽检监测情况
2015年3月	2014年婴幼儿辅助食品专项抽检监测情况的报告
2015年3月	对《关于转请研究塑化剂风险评估结果适用性的函》的复函
2015年3月	牛乳头奶中硫氰酸盐本底含量调查研究报告
2015年3月	国家食品安全风险评估中心关于报送婴幼儿食品中壬基酚健康影响的科学意见的函
2015年3月	西兰花种子提取物安全性评估意见
2015年3月	关于报送婴幼儿配方粉国家专项监督抽检不合格样品健康影响风险研判意见的函
2015年3月	2015 年国家食品药品监督管理总局食品安全监督抽检和风险监测计划
2015年4月	《国家食品安全风险预警工作规范》
2015年4月	国家食品安全风险监测“十三五”规划
2015年4月	2014年食品安全抽检监测结果分析报告（特殊膳食食品大类分报告）
2015年4月	2014年食品安全抽检监测结果分析报告（特殊膳食食品大类分报告——婴幼儿配方食品）
2015年4月	2014年食品安全抽检监测结果分析报告（特殊膳食产品大类分报告——特殊膳食食品）
2015年4月	2015年第一季度全国食源性疾病暴发监测报告
2015年4月	忧遁草安全性评估意见
2015年4月	稀土矿区居民稀土元素双份饭专项调查工作手册
2015年4月	关于食品安全标准及食品安全风险隐患情况的调研报告

续表

时 间	名 称
2015 年 4 月	关于入市销售河豚鱼食品安全标准和食用安全性等有关情况的报告
2015 年 4 月	《1 分钟读懂营养标签》
2015 年 4 月	《特殊医学用途配方食品通则》问答
2015 年 4 月	预包装食品营养标识应用与管理研究报告
2015 年 5 月	美国“蓝铃”冰激凌检出单核增生李斯特菌事件应急监测方案
2015 年 5 月	2014 年国家食源性疾病监测结果分析报告
2015 年 5 月	2014 年沙门菌耐药监测分析报告
2015 年 5 月	2014 年食品加工从业人员带菌状况调查分析报告
2015 年 5 月	裂壶藻来源的 DHA 藻油安全性评估意见
2015 年 5 月	关于全国政协十二届三次会议第 3278 号提案答复意见的报告
2015 年 5 月	“罗昌平团队检测奶粉”新闻报道涉及国内外食品安全标准有关材料
2015 年 5 月	关于参加食药总局研究内销市场蜂蜜掺假有关问题会议的情况报告
2015 年 5 月	第 18 次中欧经贸工作组相关议题的口径
2015 年 5 月	《特殊医学用途配方食品系列标准实施指南》
2015 年 5 月	畜产品中激素多残留的测定液相色谱串联质谱法（标准送审稿）
2015 年 5 月	2015 年食物消费量调查工作方案
2015 年 5 月	塑化剂风险评估结果适应性的复函
2015 年 6 月	桑叶提取物安全性评估意见
2015 年 6 月	塑化剂风险评估结果适用性的报告
2015 年 6 月	氯酸盐对人体健康影响相关情况的报告

续表

时间	名称
2015 年 6 月	荒漠肉苁蓉安全性评估意见
2015 年 6 月	γ-氨基丁酸安全性评估意见
2015 年 6 月	我国主要植物性食品及食品原料中铝本底含量调查项目总结报告
2015 年 6 月	《国内外食品安全标准对比分析》中致病菌、污染物、食品产品、检测方法、农药残留、兽药残留部分
2015 年 6 月	《食品安全国家标准 食品添加剂 橙皮素》等 10 项标准
2015 年 6 月	《食品安全国家标准 食品添加剂 二氧化硫》等 107 项食品安全国家标准相关材料的社会风险分析报告
2015 年 6 月	第一届食品安全国家标准审评委员会食品相关产品分委员会第六次会议纪要
2015 年 6 月	第一届食品安全国家标准审评委员会营养与特殊膳食食品分委员会第九次会议纪要
2015 年 7 月	国家食品安全风险评估中心关于鱼酥(松)中汞监测结果异常的报告
2015 年 7 月	2015 年第二季度全国食源性疾病暴发监测报告
2015 年 7 月	β-羟基-β-甲基丁酸钙安全性评估意见
2015 年 7 月	全国人大《关于加快构建食品安全风险分析体系的建议》的复函
2015 年 7 月	关于“极草”产品总砷含量超标的初步意见
2015 年 7 月	海洋和水产食品安全风险评估国际研讨会总结报告
2015 年 7 月	关于报送《食品安全国家标准 果蝇伴性隐形致死试验》等 9 项食品安全国家标准相关材料的报告
2015 年 7 月	国内外食品安全标准对比分析项目报告——食品添加剂、营养特膳与食品接触材料部分

续表

时　间	名　称
2015年7月	食品中对羟基苯甲酸酯类的测定
2015年7月	《食品安全国家标准　食品接触用涂料及涂层》（GB 4806.10—2016）
2015年7月	国家食品安全风险评估中心关于报送《食品中可能违法添加的非食用物质名单》及其配套检验方法等相关材料的报告
2015年7月	食品中可能违法添加的非食用物质的检验方法　标准操作程序
2015年8月	国家食品安全风险评估中心关于上报2015年婴幼儿谷类辅助食品镉监测结果的函
2015年8月	天津滨海新区瑞海危险品仓库爆炸事件应急监测方案
2015年8月	天津滨海新区瑞海危险品仓库爆炸事件应急监测结果分析报告
2015年8月	国家食品安全风险评估中心关于2015年食品污染及有害因素监测阶段结果的报告
2015年8月	《中国食品工业标准汇编——食品添加剂卷》
2015年8月	《食品添加剂使用标准》标准实施问答（GB 2760—2014）
2015年8月	《食品添加剂标识通则》标准实施问答（GB 29924—2013）
2015年8月	《食品添加剂　乙氧基喹》等22项食品安全国家标准和《食品添加剂　氮气》第1号修改单相关材料的社会风险分析报告
2015年8月	GB 15193.13—2015　90天经口毒性试验
2015年8月	GB 15193.14—2015　致畸试验
2015年8月	GB 15193.15—2015　生殖毒性试验
2015年8月	GB 15193.17—2015　慢性毒性和致癌合并试验
2015年8月	GB 15193.18—2015　健康指导值
2015年8月	GB 15193.19—2015　致突变物、致畸物和致癌物的处理方法
2015年8月	GB 15193.26—2015 慢性毒性试验

续表

时　　间	名　　称
2015 年 8 月	GB 15193.27—2015 致癌试验
2015 年 9 月	国家食品安全风险评估中心关于特殊医学用途婴儿配方食品中检出阪崎肠杆菌情况的报告
2015 年 9 月	国家食品安全风险评估中心关于胡椒粉中检出沙门氏菌的报告
2015 年 9 月	2016 年国家食源性疾病监测计划
2015 年 9 月	食品安全应急风险评估指南
2015 年 9 月	塑化剂风险评估结果相关问题的报告
2015 年 9 月	国家食品安全风险评估中心关于乳制品硫氰酸钠监测情况的报告
2015 年 9 月	我国零售鸡肉中弯曲菌污染对人群健康影响的初步定量风险评估报告
2015 年 9 月	熟肉制品中单增李斯特菌初步定量风险评估
2015 年 9 月	食品接触用纸、纸板和纸制品等 6 项标准社会风险评估意见
2015 年 9 月	第一届食品安全国家标准审评委员会食品相关产品分委员会第七次会议纪要
2015 年 9 月	《食品安全国家标准　食品添加剂中重金属限量试验》（GB 5009.74—2014）
2015 年 9 月	《食品安全国家标准　食品添加剂中铅的测定》（GB 5009.75—2014）
2015 年 9 月	《食品安全国家标准　食品添加剂中砷的测定》（GB 5009.76—2014）
2015 年 9 月	《食品安全国家标准　食品中总砷及无机砷的测定》（GB 5009.11—2014）

续表

时　间	名　称
2015年9月	《食品安全国家标准　食品中总汞及有机汞的测定》（GB 5009.17—2014）
2015年9月	全民健康保障工程可行性研究报告
2015年10月	《2016年国家食品安全风险监测计划》
2015年10月	国家食品安全风险评估中心关于复合调味料中检出沙门氏菌情况的报告
2015年10月	2015年婴儿配方乳粉阪崎肠杆菌食品安全监督抽检情况
2015年10月	国家食品安全风险评估中心关于烤鱼片中河豚毒素监测结果分析报告
2015年10月	2016年国家食源性疾病监测工作手册
2015年10月	2015年第三季度全国食源性疾病暴发监测报告
2015年10月	化学物健康指导值制定指南
2015年10月	肉鸡屠宰加工阶段弯曲菌污染定量监测方案
2015年10月	国家食品安全风险评估中心国际顾问专家委员会2015年全体会议总结报告
2015年10月	第一届食品安全国家标准审评委员会食品添加剂分委员会第十一次会议纪要
2015年10月	第一届食品安全国家标准审评委员会营养与特殊膳食食品分委员会第十次会议纪要
2015年10月	《食品安全国家标准　食品中亚硝酸盐与硝酸盐的测定》（GB 5009.33）
2015年11月	国家食品安全风险评估中心关于烤鱼片中河豚毒素监测结果分析报告
2015年11月	国家食品安全风险评估中心关于花生及其制品中黄曲霉毒素监测结果分析报告

续表

时　间	名　称
2015年11月	国家食品安全风险评估中心关于果冻和蜜饯凉果类食品中检出沙门氏菌情况的报告
2015年11月	国家食品安全风险评估中心关于鲜活海鱼中检出异尖线虫情况的报告
2015年11月	国家食品安全风险评估中心关于巴氏杀菌乳中检出金黄色葡萄球菌情况的报告
2015年11月	国家食品安全风险评估中心关于消毒餐（饮）具中大肠菌群不合格情况的报告
2015年11月	2015年食物消费量调查工作督查方案
2015年11月	泸州古蔺赶黄草粉安全性评估意见
2015年11月	回收纸调研报告
2015年11月	第一届食品安全国家标准审评委员会食品相关产品分委员会第八次会议纪要
2015年11月	全国污染物监测网食源性致病菌抗生素药物敏感性监测结果
2015年11月	《食品安全国家标准　食品中生物胺含量的测定》（GB/T 5009.208）
2015年11月	《食品安全国家标准　食品中氯丙醇及其脂肪酸酯含量的测定》（GB/T 5009.191）
2015年12月	《2016年国家食品安全风险监测工作手册》
2015年12月	国家食品安全风险评估中心关于婴儿配方乳粉中检出沙门氏菌情况的报告
2015年12月	国家食品安全风险评估中心关于猪肉及鸡肉中五氯酚钠监测结果的报告
2015年12月	国家食品安全风险评估中心关于鸡肉及鸡蛋中抗病毒药物监测结果的报告
2015年12月	国家食品安全风险评估中心关于花生及其制品中黄曲霉毒素监测结果分析报告

续表

时　　间	名　　称
2015 年 12 月	国家食品安全风险评估中心关于水产品中禁用药物监测结果的报告
2015 年 12 月	东革阿里根提取物安全性评估意见
2015 年 12 月	《食品安全风险评估管理办法》修改意见的复函
2015 年 12 月	关于我国酒类中氨基甲酸乙酯风险评估等 4 项优先项目实施情况的报告
2015 年 12 月	中国居民膳食稀土元素暴露风险评估报告
2015 年 12 月	β-1,3 葡聚糖（索拉胶）安全性评估意见
2015 年 12 月	ZeaONE™ 玉米黄质安全性评估意见
2015 年 12 月	我国农村地区食源性疾病监控能力调查研究报告
2015 年 12 月	即食食品单增李斯特菌环境监测试点项目方案
2015 年 12 月	大豆来源的磷酯酰丝氨酸安全性评估意见
2015 年 12 月	鱼来源的磷酯酰丝氨酸安全性评估意见
2015 年 12 月	贵州天麻安全性评估意见
2015 年 12 月	蛹虫草安全性评估意见
2015 年 12 月	CondrodisTM 软骨低聚糖安全性评估意见
2015 年 12 月	国际关于矿泉水中界限指标的规定
2015 年 12 月	国内外包装饮用水的命名规定
2015 年 12 月	《食品安全国家标准　污染物限量》
2015 年 12 月	《食品安全国家标准　真菌毒素限量》
2015 年 12 月	预包装食品营养标签通则实施指南及示例解析
2015 年 12 月	523 人才培养计划——食品添加剂组 2015 年度工作报告
2015 年 12 月	第一届食品安全国家标准审评委员会食品添加剂分委员会第十二次会议纪要

续表

时　　间	名　　称
2015 年 12 月	国家食品安全风险评估中心关于上报拟征求意见的《食品营养强化剂　葡萄糖酸镁》等 9 项食品安全国家标准相关材料的报告
2015 年 12 月	2015 年度婴幼儿配方食品食品安全抽检监测总结报告
2015 年 12 月	2015 年度特殊膳食食品食品安全抽检监测总结报告
2015 年 12 月	国家食品安全风险评估中心官方网站管理规定
2015 年 12 月	食品安全风险预警系统立项可行性研究报告
2015 年 12 月	食品安全监管信息化工程项目建议书
2015 年 12 月	食品安全大数据专业人才知识体系研究
2015 年 1～12 月	《食品安全国家标准　运动营养食品通则》（GB 24154—2015）
2015 年 1～12 月	《食品安全国家标准　孕妇及乳母营养补充食品》（GB 31601—2015）
2015 年 1～12 月	2015 年国家食品药品监督管理总局食品安全监督抽检和风险监测计划

表2 2015年参与处理食品安全事件工作

时间	内容
2015年1月	金箔入酒事件
2015年1月	肯德基“6号杯垫”中苯乙烯食品安全事件
2015年3月	婴幼儿配方粉中高氯酸盐风险评估相关情况
2015年3月	北京市顺义疾病预防控制中心疑似蛋挞中毒事件
2015年3月	云南省楚雄州垂序商陆引起的5人中毒事件
2015年5月	美国“蓝铃”冰激凌检出单核增生李斯特菌事件应急监测
2015年7月	兰州理工大学西校区饮用水污染事件
2015年7月	云南省楚雄陆丰县亚稀褶红菇引起的2人中毒
2015年8月	天津滨海新区瑞海危险品仓库爆炸事件应急监测
2015年8月	食品营养强化剂低聚果糖标准相关问题
2015年8月	云南省武定县发光类脐菇引起的10人中毒事件
2015年8月	云南省楚雄南华县鹅膏引起的4人中毒事件
2015年8月	云南省楚雄双柏县致命鹅膏引起的4人事件
2015年8月	北京怀柔区未知鹅膏引起的中毒
2015年8月	天津氰化物爆炸案——蔬菜水果中氰化物含量检测
2015年9月	白酒产品中塑化剂风险评估结果相关问题
2015年9月	五毛食品事件
2015年9月	北京市疾病预防控制中心送检样本中肉毒梭菌和肉毒毒素的应急检测工作
2015年9月	婴儿配方奶粉中高氯酸盐的调查

表3 2015年举办的会议

时间	名称	地点
2015年1月	新食品原料安全性评估意见研讨会	北京
2015年1月	即食食品中单增李斯特菌定量风险评估报告研讨会	北京
2015年1月	新食品原料评估意见出具单位会议	吉林
2015年1月	鸡肉中弯曲菌定量风险评估报告研讨会	北京
2015年1月	乳品标准研讨会	北京
2015年1月	食品接触用油墨研讨会	上海
2015年1月	标准整合督导会议	上海
2015年1月	《食品营养强化剂 低聚半乳糖》质量规格标准问题研讨会	北京
2015年1月	《特殊医学用途配方食品通则》释义研讨会	北京
2015年2月	食品安全国家标准审评委员会第十一次主任会议	北京
2015年2月	国家食品安全风险监测工作培训及研讨会	厦门
2015年2月	2015年食品添加剂评审第一次会议	北京
2015年2月	编辑工作会议	北京
2015年3月	婴幼儿配方食品中高氯酸盐污染的研讨会	北京
2015年3月	乳及乳品中壬基酚相关问题专家研讨会	北京
2015年3月	国家食品安全风险评估专家委员会第九次会议	北京
2015年3月	2014年国家食品安全风险监测化学污染物及有害因素技术报告专家审订会	北京
2015年3月	中国食源性致病菌耐药性趋势分析研讨会	海口
2015年3月	豆类及其制品中蜡样芽孢杆菌相关问题专家研讨会	北京
2015年3月	第48届国际食品添加剂法典委员会	西安
2015年3月	食品安全国家标准整合中期工作会议	北京

续表

时间	名　称	地点
2015年3月	食品微生物检验采样与检验处理规程第二次工作组会议	北京
2015年3月	《预包装特殊膳食用食品标签》实施问题研讨会	北京
2015年3月	Codex Stan 156—1987《较大婴儿和幼儿配方食品》标准修订研讨会	北京
2015年4月	食品安全风险预警课题专家研讨会	北京
2015年4月	熟肉制品生产加工过程监测工作手册定稿会	扬州
2015年4月	2014年国家食品安全风险监测技术报告摘要研讨会	北京
2015年4月	中国居民膳食稀土暴露风险评估项目研讨会	北京
2015年4月	中国居民碘营养状况风险评估项目研讨会	舟山
2015年4月	2015年我国居民食物消费量调查工作方案专家研讨会	北京
2015年4月	植物油、水产品及其制品评估参数构建研讨会	常州
2015年4月	“生态环境—食品安全—保障保险”联动机制专家研讨会	北京
2015年4月	中国居民膳食脱氧雪腐镰刀菌烯醇暴露风险评估项目工作会议	云南
2015年4月	食品添加剂吗啉脂肪酸盐果蜡风险评估检测方法研讨会	北京
2015年4月	第一届食品安全国家标准审评委员会检验方法与规程分委员会（微生物工作组）第十八次会议	北京
2015年4月	第一届食品安全国家标准审评委员会检验方法与规程分委员会（理化组）第十九次会议	北京

续表

时间	名　　称	地点
2015 年 4 月	2015 年食品添加剂评审第二次会议	北京
2015 年 4 月	2015 年食品添加剂标准研讨第一次会议	北京
2015 年 4 月	食品添加剂和食品相关产品国家标准整合工作督导调研	上海
2015 年 4 月	纸和纸板制品标准研讨会	珠海
2015 年 5 月	水产品中副溶血性弧菌污染水平与风险评估数据分析研讨会	北京
2015 年 5 月	卫生应急队伍装备配置工作研讨会	北京
2015 年 5 月	2015 年我国居民食物消费状况调查工作方案研讨会	北京
2015 年 5 月	我国水产品中硼的本底调查工作组会议	浙江
2015 年 5 月	中国居民膳食铜摄入风险评估工作组第三次会议	河南
2015 年 5 月	重点国家和地区食品安全风险评估管理机制工作组第二次会议的通知	河南
2015 年 5 月	第一届食品安全国家标准审评委员会食品安全国家标准审评委员会食品产品分委会第十次会议	重庆
2015 年 5 月	食品添加剂新品种研讨会	北京
2015 年 5 月	国内外法规和香料项目启动会	北京
2015 年 5 月	2015 年食品添加剂标准研讨第二次会议	北京
2015 年 5 月	《我国贫困地区孕妇膳食、强化食品和营养素补充专项调查》项目总结会	北京
2015 年 5 月	第十二届全国营养科学大会“特殊医学食品和临床营养支持”专题论坛	北京
2015 年 5 月	《我国贫困地区孕妇膳食、强化食品和营养素补充剂专项调查》项目总结会	北京
2015 年 5 月	中国营养大会特殊医学食品和临床营养支持分会场	北京

续表

时间	名　　称	地点
2015年5月	食品安全国家标准微生物检验方法整合专家研讨会	南宁
2015年5月	稻米镉健康监护对策数据汇总会议	长沙
2015年5月	全国食品安全风险监测优秀论文评选会议	长沙
2015年6月	食品接触材料甲醛暴露风险评估启动会	北京
2015年6月	有碍食品安全疾病目录研讨会	昆明
2015年6月	我国主要植物性食品及食品原料中铝本底含量调查项目总结会	广西
2015年6月	WTO成员SPS通报措施评议研讨会	北京
2015年6月	食品中蛋白质的测定检验方法研讨会	北京
2015年6月	饮用水食品安全国家标准相关问题研讨会	北京
2015年6月	2015年食品添加剂评审第三次会议	北京
2015年6月	2015年食品添加剂标准研讨第三次会议	北京
2015年6月	2015年食品接触材料迁移试验委托工作方案研讨会	上海
2015年6月	食品相关产品分委员会第六次会议	北京
2015年6月	标准整合督导	北京
2015年6月	第一届食品安全国家标准审评委员会营养与特殊膳食食品分委员会第九次会议	南昌
2015年6月	国家食品安全风险评估中心召开赭曲霉毒素A、河豚毒素、玉米赤霉烯酮、T-2毒素及桔青霉素国家标准整合修订专家研讨会的通知	北京
2015年6月	《食品中可能违法添加的非食用物质名单》特别工作组配套检验方法专家审评会	北京

续表

时间	名　　称	地点
2015 年 6 月	《食品中可能违法添加的非食用物质名单》专家审评会	北京
2015 年 6 月	食品安全风险预警课题中期验收会	北京
2015 年 7 月	2016 年微生物监测计划与工作手册编写讨论会	青岛
2015 年 7 月	食品安全事件应急能力工作研讨会	北京
2015 年 7 月	有碍食品安全疾病目录配套文件起草研讨会	大连
2015 年 7 月	2016 年国家食源性疾病监测计划起草研讨会	银川
2015 年 7 月	饮料中糖含量普查和风险评估项目和易拉罐、聚碳酸酯成型品中游离酚迁移水平及风险评估项目启动会	衡水
2015 年 7 月	乳与乳制品中硫氰酸盐和壬基酚风险评估及溯源分析启动会	成都
2015 年 7 月	2015 年中国居民食物消费量调查质控工作方案研讨会	海拉尔
2015 年 7 月	中国居民膳食铜摄入风险评估工作组第四次会议	成都
2015 年 7 月	阪崎肠杆菌和蜡样芽孢杆菌风险评估方案研讨会	
2015 年 7 月	2015 年食品安全跟踪评价工作会议	银川
2015 年 7 月	第一届食品安全国家标准审评委员会检验方法与规程分委员会（理化组）第二十次会议	北京
2015 年 7 月	乳清蛋白检测方法标准研讨会	北京
2015 年 7 月	2015 年食品添加剂标准研讨第四次会议	北京
2015 年 7 月	《预包装食品营养标签通则实施指南》定稿会	北京
2015 年 7 月	《“双打”急需的食品中违禁成分检测及判别技术研究》课题验收预审会	北京
2015 年 7 月	稀土元素毒理学安全性评价研讨会	北京
2015 年 7 月	全国食品安全风险监测优秀论文颁奖暨技术交流会	昆明

续表

时间	名　　称	地点
2015 年 8 月	2016 年化学污染物及有害因素风险监测计划和工作手册编写讨论会	青岛
2015 年 9 月	2016 年微生物风险监测工作手册定稿会	无锡
2015 年 9 月	食源性疾病暴发调查手册审稿会	北京
2015 年 9 月	食源性疾病暴发调查手册定稿会	北京
2015 年 9 月	2016 年国家食源性疾病监测工作手册定稿会	北京
2015 年 9 月	栀子黄色素评估项目研讨会暨启动会	北京
2015 年 9 月	脱氧雪腐镰刀菌烯醇暴露水平与健康效应流行病学调查手册修订和现场工作布置会	北京
2015 年 9 月	第六次中韩食品安全标准专家会	韩国
2015 年 9 月	第一届食品安全国家标准审评委员会检验方法与规程分委员会（理化组）第二十一次会议	北京
2015 年 9 月	三新产品行政许可研讨会	北京
2015 年 9 月	食品用香料法规标准研讨会	北京
2015 年 9 月	食品接触材料标准应用指南和问答研讨会	北京
2015 年 9 月	食品相关产品分委员会第七次会议	北京
2015 年 10 月	食品安全风险预警交流工作试点启动研讨会	北京
2015 年 10 月	中美食源性疾病监测技术交流会	北京
2015 年 10 月	中药质量安全检测和风险控制技术平台课题工作会议	北京
2015 年 10 月	食品安全风险评估规划研讨会	北京
2015 年 10 月	第一届食品安全国家标准审评委员会生产经营规范分委会第九次会议	上海
2015 年 10 月	蜂蜜标准研讨会	北京

续表

时间	名　　称	地点
2015年10月	第一届食品安全国家标准审评委员会检验方法与规程分委员会（理化组）第二十二次会议	北京
2015年10月	2015年食品添加剂评审第五次会议	北京
2015年10月	第一届食品安全国家标准审评委员会食品添加剂分委员会第十一次会议	北京
2015年10月	第一届食品安全国家标准审评委员会营养与特殊膳食食品分委员会第十次会议	北京
2015年10月	第三十七届营养和特殊膳食用食品法典相关议题专家研讨会	北京
2015年10月	委托项目专家研讨会	北京
2015年10月	《“双打”急需的食品中违禁成分检测及判别技术研究》项目验收评审会	北京
2015年10月	食物链脆弱性评估技术研讨会	北京
2015年10月	食品安全风险监测论文评审会	北京
2015年10月	食品安全信息化研讨会	珠海
2015年11月	2016年食品安全风险监测工作手册定稿会	福州
2015年11月	2016年特殊膳食用食品抽检监测工作研讨会	深圳
2015年11月	食物消费量调查督导工作专家研讨会	北京
2015年11月	饮料重金属评估研讨会	北京
2015年11月	稀土元素暴露风险评估研讨会	北京
2015年11月	中国居民碘营养状况风险再评估项目研讨会	北京
2015年11月	典型地区酸菜与泡菜中亚硝酸盐对居民健康影响的风险评估研讨会	北京

续表

时间	名　称	地点
2015 年 11 月	食品安全国际合作交流研讨会	北京
2015 年 11 月	第一届食品安全国家标准审评委员会生产经营规范分委员会第十次会议	北京
2015 年 11 月	第一届食品安全国家标准审评委员会检验方法与规程分委员会（微生物工作组）第二十三次会议	北京
2015 年 11 月	第一届食品安全国家标准审评委员会食品安全国家标准审评委员会食品产品分委会第十一会议	天津
2015 年 11 月	第一届食品安全国家标准审评委员会检验方法与规程分委员会（理化组）第二十四次会议	北京
2015 年 11 月	第一届食品安全国家标准审评委员会食品添加剂分委员会第十二次会议	无锡
2015 年 11 月	食品相关产品分委员会第八次会议	无锡
2015 年 11 月	标准问答研讨会	无锡
2015 年 11 月	食品安全与健康协同创新论坛暨第一届北京市青年拔尖人才学术交流会	北京
2015 年 11 月	转基因生物致敏性评价动物模型的应用研讨会	北京
2015 年 12 月	特殊膳食食品监测报告撰写研讨会	成都
2015 年 12 月	食源性疾病监测培训教材编写研讨会	黑龙江
2015 年 12 月	壬基酚毒性参考值专家研讨会	北京
2015 年 12 月	国务院食安委专家委员会秘书处工作研讨会	北京
2015 年 12 月	餐饮环节即食食品中单增李斯特菌环境污染专项监测研讨会	北京

续表

时间	名　称	地点
2015 年 12 月	第一届食品安全国家标准审评委员会污染物分委员会第七次会议	北京
2015 年 12 月	2015 年食品添加剂评审第六次会议	北京
2015 年 12 月	食品添加剂及食品相关产品标准研讨会议	北京
2015 年 12 月	中国总膳食研究培训会	南京
2015 年 12 月	2016 年中国总膳食研究工作研讨会	南京

表4　2015年举办的技术培训活动

时间	名　　称	地点
2015年1月	2015年食品安全风险监测数据信息系统培训班	北京
2015年3月	2015年食品安全风险监测化学污染物和有害因素上报系统培训班	海口
2015年3月	2015年食品微生物检测技术第一期培训班	广州
2015年3月	2015年食品安全风险监测多元素及形态分析技术培训班	深圳
2015年3月	2015年食品微生物检测技术第二期培训班	郑州
2015年3月	食源性疾病监测和流行病学调查第一期培训	西宁
2015年4月	2015年食品安全风险监测非食用物质及过程污染物检测方法技术培训班	杭州
2015年4月	2015年食品安全风险监测 3-氯丙醇酯检测技术培训班	福州
2015年4月	2015年食品安全风险监测农药残留检测技术培训班	长春
2015年4月	食源性疾病监测和流行病学调查第二期培训	南昌
2015年4月	全国食源性疾病分子溯源及分析技术第一期培训	长沙
2015年4月	全国食源性疾病分子溯源及分析技术第二期培训	南京
2015年4月	世界银行全球食品安全合作伙伴实验室能力建设的第一轮兽药残留培训	上海
2015年4月	2015年食品安全风险监测多环芳烃检测技术培训班	南京
2015年4月	2015年食品中寄生虫检测技术培训班	杭州
2015年4月	食品生产经营过程微生物安全控制培训班	北京
2015年4月	食品中诺如病毒检测技术培训	厦门

续表

时间	名 称	地点
2015 年 5 月	2015 年食品安全风险监测生物毒素和兽药残留检测技术培训班	合肥
2015 年 5 月	阪崎肠杆菌、单核细胞增生李斯特菌感染病例专项监测培训	成都
2015 年 5 月	食品加工从业人员带菌状况调查专项监测培训	德阳
2015 年 5 月	食物消费量调查骨干人员国家级培训班	济南
2015 年 5 月	2015 年全国食品微生物风险评估技术培训班	成都
2015 年 6 月	自然灾害现场食品安全应急救援能力培训	北京
2015 年 6 月	澳门民政总署来中心交流人员进行风险评估相关技术培训	北京
2015 年 7 月	食物消费量调查数据清理培训班	海拉尔
2015 年 7 月	食品中诺如病毒检测及基因分型培训	北京
2015 年 8 月	婴儿配方食品中生孢梭菌检验技术培训	北京
2015 年 8 月	全国食品微生物实验室检测技术培训班	贵阳
2015 年 8 月	世界银行全球食品安全合作伙伴实验室能力建设的第三轮兽药残留培训	上海
2015 年 8 月	北京大学空间统计分析及应用学术研讨	北京
2015 年 9 月	食品安全性毒理学评价程序和方法标准宣贯培训班	北京
2015 年 9 月	动物源食物链中耐药性细菌污染和传递机制项目培训班	北京
2015 年 9 月	《食品安全性毒理学评价程序和方法》标准宣贯会	北京
2015 年 10 月	全国食品安全风险评估工作骨干培训会	南京

续表

时间	名　　称	地点
2015 年 10 月	食品安全标准实施效果评价工作方法培训班	北京
2015 年 10 月	环境污染、农产品安全及水产品监测大数据分析法培训会	北京
2015 年 10 月	健康医疗及舆情监测大数据培训班	北京
2015 年 11 月	食源性疾病监测网报系统二期培训班	北京
2015 年 11 月	食物消费量调查数据清理和分析培训班	沈阳
2015 年 11 月	第三期食品安全风险交流培训班	南宁
2015 年 11 月	R 软件和时空数据分析培训班	北京
2015 年 12 月	动植物源食品中内源有害物精准要测方法协同性验证培训会	北京
2015 年 12 月	2015 年全国卫生计生系统食品安全信息化培训班	海口

表 5　2015 年基层调研

时间	内　　容	地点
2015 年 3 月	熟肉制品生产企业生产过程调查	河南等
2015 年 3 月 13 日	食品安全国家标准整合工作督导调研	北京
2015 年 3 月	食品安全系统性风险问题的调研	广东等
2015 年 3 月	生产企业的生产工艺调研	郑州
2015 年 5 月	食品安全应急工作调研	新疆等
2015 年 5 月 5 日	风险监测工作现场调研	湖北
2015 年 5 月 22 日	水产科学院信息化建设、数据资源、数据共享与利用情况调研	北京
2015 年 6～10 月	13 个省消费量调查督导工作	黑龙江等
2015 年 6 月	风险监测工作现场调研	广东
2015 年 6 月	蛋类现代化生产流水线调研	北京
2015 年 6 月	罐头食品调研	厦门
2015 年 6 月	果汁生产工艺和流程、果汁生产企业质量控制和相关食品安全管理体系调研	杭州
2015 年 6 月	方便米面制品生产、加工工艺流程调研	杭州
2015 年 6 月	食品生产的基本工艺流程及关键控制环节，企业质量安全保障措施调研	马鞍山
2015 年 6 月	地理数据资料及空间估算模型和方法调研	北京
2015 年 7 月	我国 4 省稀土矿区双份饭调查督导工作	广东等
2015 年 7 月	食用植物油精炼过程调研	天津
2015 年 7 月	乳制品调研	内蒙古

续表

时间	内　　容	地点
2015年8月	婴儿配方乳粉生产加工过程风险监测调研	呼和浩特
2015年8月	我国边销茶消费量调查督导工作	西藏等
2015年8月	肉制品行业的生产工艺及加工技术情况调研	北京
2015年8月	信息系统和数据资源的情况调研	广东
2015年9月	餐饮环节即食食品中单增李斯特菌环境污染监测调研	成都等
2015年10月	云南省监测工作调研	昆明等
2015年10月	河南省监测工作调研	郑州等
2015年10月	食品安全事故应急演练指导	和田
2015年10月	食品安全应急演练及培训	和田
2015年10月	2015年国家食品安全工作督导调研	云南
2015年10月	脱氧雪腐镰刀菌烯醇双份饭调查	新乡
2015年10月	食品添加剂硫酸钙用于肉制品工艺必要性现场核查	苏州
2015年11月	毒理学试验能力调研	苏州等
2015年11月	15个省消费量调查终期督查	黑龙江等
2015年11月	回收纸安全性管理调研	东莞
2015年12月	四川省监测工作调研	成都等
2015年12月	上海市监测工作调研	上海
2015年12月	内蒙古监测工作调研	呼和浩特
2015年12月	乳粉生产加工过程调研	呼和浩特

续表

时间	内　　容	地点
2015 年 12 月	2015 年国家食品安全工作督导调研	内蒙古等
2015 年 12 月	典型地区酸菜与泡菜中亚硝酸盐对居民健康影响现场调查	牡丹江
2015 年 12 月	地方食品安全风险交流工作现状调研	甘肃等

第三部分　活动和会议

重要活动

第一届食品安全国家标准审评委员会第十一次主任会议在北京召开

2015 年 2 月 11 日，第一届食品安全国家标准审评委员会第十一次主任会议在北京召开。国家卫生计生委主任、食品安全国家标准审评委员会主任委员李斌出席会议并做了重要讲话。会议由国家卫生计生委副主任、食品安全国家标准审评委员会常务副主任委员金小桃主持，副主任委员、技术总师陈君石院士主持了食品安全国家标准的技术审查。委员会副主任委员、秘书长、副秘书长、各专业分委员会主任、副主任委员参加会议，邀请工业和信息化部、农业部、质检总局、国家食品药品监督管理总局、粮食局等部门的代表列席会议。

李斌同志充分肯定了食品安全标准工作取得的显著成效，强调要进一步增强标准工作的责任感和紧迫感，认真贯彻落实国务院食品安全重点工作要求，切切实实完成好 2015 年食品安全标准各项工作。李斌同志对第一届食品安全国家标准审评委员会成立五年来，各专业分委员会 300 多名委员的辛勤工作表示感谢。她希望各位委员继续严明审查纪律，敢于担当，发挥正确导向作用，提高标准审查的质量。金小桃同志传达了国务院食品安全委员会第二次全体会议精神。国家卫生计生委食品司向会议通报了食品安全国家标准整合工作进展情况。委员会秘书处做了 2014 年度工作报告。会议审议通过了各专业分委员会提交审议的 304 项食品安全国家标准送审稿（含修改单）。

国家卫生计生委会同相关部门建立健全食品安全标准管理制度，逐步完善食品安全国家标准体系，已发布食品安全国家标准 492 项。完成了食品污染物、致病菌、添加剂、农药残留等各类食品安全通用要求，共计食品安全指标11000余项，覆盖从农田到餐桌全过程控制。经过五年的建设，我国食品安全国家标准的风险评估方法和体系框架已与国际接轨，标准的科学基础逐步完善，标准工作的国际影响力日益增强，为保障消费者健康、促进食品行业有序发展发挥了重要作用。

国家卫生计生委副主任孙志刚赴食品评估中心调研

2015年1月30日上午，国家卫生计生委副主任、党组副书记孙志刚同志到食品评估中心调研指导工作。孙志刚同志听取了食品评估中心工作汇报，实地考察了卫生部食品安全风险评估重点实验室建设情况，了解了实验室工作人员有关总膳食研究工作及检测能力状况，仔细询问了如何开展膳食安全性评价和结果应用等问题；参观了食品评估中心陈列室和数据中心机房，了解中心信息化建设工作及基础数据库建设情况。

孙志刚同志充分肯定了食品评估中心组建以来开展的工作。他指出，食品评估中心作为食品安全技术支撑“国家队”，立足政府和百姓的需求，服务主管和监管部门、带动全国和行业工作、代表中国和业内发声，责任重大、使命光荣、任务艰巨，需要继续发挥专业优势，借鉴国际经验，开拓创新，加快推进中心建设，不断夯实基础能力，向具有科学公信力和国际影响力的食品安全科学技术资源中心的发展目标不断迈进。

国家卫生计生委副主任金小桃调研卫生计生系统食品安全工作体系建设工作

为贯彻落实新修订的《食品安全法》，2015年9月24～25日，国家卫生计生委副主任金小桃一行赴江苏省太仓市，调研卫生计生系统食品安全工作体系能力建设工作，听取江苏、山西、浙江、四川、湖北等省卫生计生委分管负责同志汇报有关工作情况，并与参加全国食品安全标准师资培训班学员座谈。调研组实地查看了太仓市疾病预防控制中心、市监督所和市人民医院。

金小桃副主任充分肯定卫生计生系统食品安全工作和体系建设取得的成

绩和积极进展，指出地方各级卫生计生行政部门在当地党委、政府的领导下，高度重视食品安全工作，不断深化改革、主动作为，工作体系不断完善，以确保“工作有机构、人员有编制、履职有保障”。金小桃副主任强调，卫生计生系统要以问题为导向，深刻认识当前食品安全工作所面临的复杂形势和挑战，在落实好“十二五”规划的基础上，统筹做好“十三五”规划的顶层设计，进一步健全食品安全工作网络。下一步工作，要坚持依法履职、改革创新，在工作机制、投入机制、能力建设、科学履职等方面不断探索，创新理念、敢于担当、努力开创卫生计生系统食品安全工作的新局面。国家卫生计生委食品司司长刘金峰、监督中心主任陈锐、食品安全风险评估中心书记兼副主任卢江以及中国疾病预防控制中心负责同志参加调研。

第 47 届国际食品添加剂法典委员会会议在西安举行

2015 年 3 月 23～27 日，第 47 届国际食品添加剂法典委员会（CCFA）会议在西安举行。来自 51 个成员国和 1 个成员组织（欧盟）及 31 个国际组织的 260 余名代表参加了本届会议。

此次会议是中国担任 CCFA 主持国以来主办的第九次会议，会议由国家食品安全风险评估中心承办。国家食品安全风险评估中心总顾问、CCFA 主席陈君石院士全程主持会议。国家卫生计生委副主任金小桃出席开幕式并致辞。

金小桃副主任介绍，中国政府历来高度重视食品安全工作，习近平总书记曾经多次在视察调研和会议上做出指示，李克强总理在不久前召开的两会上所作政府工作报告中提出明确要求，采取更坚决措施，全过程保障食品安全。国家卫生计生委成立以来认真履职尽责，加强食品安全标准工作，清理各类食品标准近 5000 项，制定公布国家标准 492 项，今年完成全部整合任务，基本覆盖了我国食品安全各环节的控制要求，初步构建起中国的食品安全国家标准体系。他指出，食品安全是当前全球共同面临的挑战之一，国际食品法典委员会致力于保护全球消费者健康、维护国际食品贸易公平，对中国以及世界各国食品安全管理都给予支持并发挥了重要影响。中国愿继续与各国一道，积极参与国际食品法典委员会各项工作，做好国际食品添加剂法典委员会主持国的工作，为维护全球消费者健康，推进国际食品安全做出应有贡献。

本次会议将重点研究食品添加剂法典通用标准（GSFA）、食品添加剂编码系统（INS）、联合国粮农组织/世界卫生组织食品添加剂联合专家委员会（JECFA）优先评估的食品添加剂名单、食品添加剂质量规格标准、次级食品添加剂等相关内容。中国作为CCFA主持国，将认真参与各项议题的讨论，并以会议为平台，积极开展与相关各方在食品添加剂管理领域的交流与合作。

中国派出来自国家卫生计生委、农业部、工信部、质检总局、食药总局、粮食局等部门及香港食物环境卫生署和澳门民政总署的21名代表组成的中国代表团参加会议，卫生计生委食品司副司长张志强任代表团团长。

中央纪委驻国家卫生计生委纪检组组长陈瑞萍到食品评估中心调研

2015年3月19日，中央纪委驻国家卫生计生委纪检组组长、党组成员陈瑞萍到食品评估中心调研行政许可技术审查工作，实地视察指导党风廉政建设和反腐败工作，驻委组局副局长、正局级监察专员李林康陪同。

陈瑞萍一行参观了食品安全重点实验室和风险交流陈列室，查看了食品安全标准部、风险评估部党支部廉政建设情况，听取了中心关于食品评估中心主要工作情况和食品添加剂新品种行政许可技术审查工作汇报，以及党风廉政建设工作汇报。陈瑞萍组长对食品评估中心继续加强党风廉政建设和反腐败工作提出要求，一是要强化党风廉政建设主体责任的担当，严格责任追究。二是要深入落实中央八项规定精神，持之以恒纠正“四风”。三是要制定权力清单和责任清单，扎紧管权限权的制度围栏。四是要关好用好制度的笼子，切实强化制度执行力。

食品评估中心领导班子全体成员和各部门负责人参加了座谈。

李林康同志带队检查食品评估中心党风廉政建设责任制暨惩治和预防腐败体系建设情况工作

2015 年 1 月 14 日，由中央纪委驻国家卫生计生委纪检组监察局正局级纪律检查员、监察专员兼监察局副局长李林康同志带队，国家卫生计生委关于对执行党风廉政建设责任制暨惩治和预防腐败体系建设情况进行检查考核第八组（以下简称第八检查组）成员一行五人对食品风险评估中心党风廉政建设责任制暨惩治和预防腐败体系建设情况进行了检查。

第八检查组金小桃组长、李林康副组长等一行在前期听取食品风险评估中心党风廉政建设及惩防体系建设工作情况汇报的基础上，与中心部分中层干部、职工进行了座谈，填写了调查问卷表，现场查阅了相关文件资料，并分别与中心领导班子成员个别谈话。重点了解了食品安全风险评估中心领导班子贯彻落实党风廉政建设责任制情况，惩治和预防反腐败体系建设情况，以及“三重一大”事项集体决策制度情况，对重点领域和重点环节加强监督管理等工作情况。

国家卫生计生委办公厅主任于学军一行到食品评估中心调研

2015 年 5 月 20 日，国家卫生计生委办公厅主任于学军、副主任杜希学一行到食品评估中心调研指导工作。于学军、杜希学一行实地考察了部级食品安全风险评估重点实验室建设情况，认真听取了工作人员有关总膳食研究工作及检测能力状况介绍，仔细询问了如何开展膳食安全性评价和结果应用等问题；参观了风险评估部和数据中心机房，了解了中心成立以来建设发展和风险评估、信息化工作及基础数据库等情况。于学军主任充分肯定了食品评估中心组建以来开展的工作，表示委办公厅要进一步加强与食品评估中心的联系，做好综合管理与协调，更好地服务于食品安全技术支撑工作。

国家食品安全风险评估专家委员会第九次全体会议在北京召开

2015年3月30～31日，国家食品安全风险评估专家委员会第九次全体会议在北京召开。国家卫生计生委食品司司长苏志、食品评估中心主任刘金峰出席了会议。专家委员会主任委员陈君石院士，副主任委员陈宗懋院士、庞国芳院士分别主持会议。国家卫生计生委食品司有关领导、专家委员会委员和秘书处工作人员共计60余人参加了会议。

苏志司长在讲话中充分肯定了专家委员会和秘书处在构建风险评估体系、完善风险评估制度、夯实风险评估基础、开展科学风险评估和食品安全事件应急处置、服务于食品安全标准制定修订和风险交流等方面取得的成效。苏志指出，2015年专家委员会和秘书处要继续加强风险评估基础性研究，进一步提高风险评估能力，充分发挥作为食品安全风险管理和风险交流的科学支撑作用，同时做好食品安全风险评估2016—2020工作规划制定和专家委员会换届工作。

本次大会总结了专家委员会2014年工作，审议通过了酒类中氨基甲酸乙酯、鸡肉中弯曲菌、即食食品中单核细胞增生李斯特菌的风险评估技术报告和牛乳头奶中硫氰酸盐本底含量调查技术报告，讨论了国家食品安全风险评估2016—2020年工作规划设想，形成了2015年优先评估项目建议。此外，为了拓宽思路、开放眼界，会议专门邀请了徐建国院士做了题为“中国食品相关传染病”的专题报告。

最后，各位委员围绕如何进一步建设专家委员会、提高秘书处能力、更好履行食品安全法规赋予的职责等方面建言献策，并对下一届专家委员会组织架构的设立提出建议。

举办世界卫生日主题开放日活动

食品安全既是全世界共同关注的话题，也是全球公共卫生面临的挑战，为此世界卫生组织将2015年世界卫生日主题定为“食品安全”。2015年4月

7 日，由国家卫生计生委、国家食品药品监督管理总局指导，食品评估中心主办的世界卫生日主题开放日活动在北京举行。世界卫生组织食品安全政策官员华梅、国家卫生计生委食品司司长苏志、国家食品药品监督管理总局食监三司副巡视员王三虎出席活动并致辞。

食品评估中心食源性疾病监测部副主任郭云昌围绕食源性疾病与食品安全主题，讲解了食源性疾病相关知识，介绍了我国食源性疾病监测体系的建设情况。他认为，目前我国对于化学性污染的重视程度远超微生物污染，对终产品的监测力度超过对人群的监测，而实际上微生物造成的食源性疾病负担被严重低估。今后我们将加强主动监测，加强公共卫生和医疗间的机构合作，提高食源性疾病暴发溯源能力。本次活动共吸引媒体和消费者代表共百余人参加，专家们与公众就相互关注的食品安全问题进行了互动交流，并回答了记者提问。

举办 2015 年全国食品安全宣传周国家卫生计生委主题日

2015 年全国食品安全宣传周国家卫生计生委主题日活动暨媒体沟通会于 2015 年 6 月 29 日在食品评估中心举办，国家卫生计生委食品司司长苏志、宣传司副司长宋树立、中国健康教育中心主任李长宁、卫生监督中心副主任高小蕾、食品评估中心主任刘金峰等领导出席，新华社、新华网、光明日报、经济日报等数十家新闻媒体参加活动。

沟通会上，苏志司长介绍了国家卫生计生委在食品安全标准、监测、评估等方面的工作进展以及将下一步重点推进的工作。食品评估中心主任助理王竹天研究员专题介绍了食品安全标准整合工作进展。现场媒体记者与到场专家围绕儿童食品、反式脂肪酸、包装饮用水新国标等话题展开了互动交流。

海洋和水产食品安全风险评估国际研讨会在青岛召开

2015 年 7 月 14 日，由食品评估中心主办、青岛市和舟山市疾病预防控制中心承办的海洋和水产食品安全风险评估国际研讨会在山东青岛召开。来自法国食品、环境和职业健康与安全署，美国俄克拉荷马大学公共卫生学院，世界银行驻中国代表处，食品评估中心、分中心、技术合作中心等相关机构负责人及业内专家、学者共100余人出席了研讨会。与会人员就海洋和水产食品安全风险管理、应急风险评估、食源性微生物污染风险分析、食品安全风险分级等内容进行了深入研讨，分享了国际先进经验。

食品安全大数据应用试点建设工作研讨会在哈尔滨召开

2015年8月27～28日，食品安全大数据应用试点建设工作研讨会在黑龙江省哈尔滨市召开。国家食品安全风险评估中心严卫星副主任出席并讲话，来自黑龙江、广东、福建、云南、陕西、湖南、四川等七省疾病预防控制中心的40多位专家参加了会议。

会议听取了各省疾病预防控制中心有关食品安全信息化建设现状，数据资源基础，工作思路及规划等方面的介绍，共同研讨了食品安全大数据试点筹备工作思路、工作方案及任务分工，并针对食品安全风险技术支撑业务与信息化融合，多系统对接，信息化标准体系等开展专题讨论。

会议肯定了各省疾病预防控制中心信息化工作近年来取得的成绩，强调了食品安全大数据应用发展的重要意义，希望以此次试点工作为契机，推动食品安全信息化工作进入新的阶段，迈上新的台阶。

食品评估中心分中心（技术合作中心）2015年第二次工作会议在海口召开

食品评估中心分中心（技术合作中心）2015年第二次工作会议于2015年12月9日在海口召开。来自食品评估中心相关业务部门以及军事医学科学院分中心、中科院上海生科院分中心、青岛海洋食品技术合作中心、清华长三角应用技术合作中心的负责人和委托项目主管等30余人参会。食品评估中心副主任严卫星、中心首席专家吴永宁出席会议。

会议对食品评估中心分中心（技术合作中心）2015 年工作及中心委托项目进行了总结。2015 年各单位在完善组织运行管理，推进食品安全相关基础研究、应用研究和技术开发等方面开展了一系列工作，按时按步骤完成了食品评估中心委托的工作任务，形成了多项成果产出。

会议还就食品评估中心与分中心（技术合作中心）的合作工作机制及下一步工作进行了讨论和完善，2016 年将以联合开展科学研究，推动科研工作，完成国家任务为重点，进一步密切合作，以促进相互间的工作协同与业务融合。

技术支撑工作

食品安全国家标准整合工作领导小组会议在北京召开

2015年1月28日，国家卫生计生委副主任金小桃受主任李斌委托，主持召开食品安全国家标准整合工作领导小组会议。领导小组成员单位国家卫生计生委人事司、财务司、法制司、食品司、宣传司、科教司，中国疾病预防控制中心，国家卫生计生委监督中心和食品评估中心，以及专家组负责同志参加会议。会议听取了食品司关于2014年食品安全国家标准整合工作组织管理情况和食品评估中心关于整合工作进展的汇报。会议充分肯定了2014年整合工作取得的阶段性成果，研究了工作中存在的困难和问题，对下一步工作做出了部署。会议就加强组织管理、经费保障，做好计划落实、督查指导，相关司局协调支持等方面议题达成共识，并研究了支持食品评估中心建设发展、加强地方标准人才队伍建设相关事宜。会议要求，参会的各有关司局要统一思想认识，增强工作责任感和紧迫感，团结一致，协同工作，加强协调配合，共同为确保完成2015年食品安全国家标准整合工作任务做出贡献。

食品相关产品标准整合调研会在上海召开

为了解2015年食品相关产品标准整合项目工作进展，推动标准整合任务按时保质完成，提前解决标准整合工作中的技术问题，2015年1月29～30日，食品安全国家标准审评委员会秘书处组织召开标准调研会对2015年食品相关产品标准整合进行调研。来自上海市疾病预防控制中心、上海市食品药品监督管理局、国家食品质量监督检验中心等单位的食品相关产品标准整合专家组成员、起草人、专家以及行业企业代表共24人参加了会议。会议由国家食品安全风险评估中心朱蕾副研究员主持。国家卫生计生委食品司标准处史根生处长、国家食品安全风险评估中心王竹天主任助理和上海市食品药品监督管理局顾振华副局长出席了会议。

会议听取了涂料和涂层、橡胶、金属和合金、纸和纸板、塑料、塑料树脂等6项标准整合工作进展的汇报，并对整合过程中遇到的技术问题展开讨论。会议主要就涂料和涂层的适用范围，弹性体材料类别的归属，金属和合金标准的框架结构和相关限量指标的设定，纸和纸板中防腐抗菌剂的限制性要求，塑料及树脂中使用的生产助剂类物质的规定及新批准的树脂中可使用的添加剂等关键技术问题进行了重点讨论。会议还针对产品标准与基础标准之间需要协调的问题进行了梳理和讨论，最终形成统一处理原则。此外，会议还对2014年预计完成的两项标准《食品接触材料及制品通用安全要求》和《食品接触材料及制品迁移试验预处理方法通则》草案进行了讨论。

回应金箔作为食品添加剂拟入酒的争议

国家卫生计生委就金箔作为食品添加剂加入白酒中征求各方意见的函件引起社会争议。为更好地解读食品添加剂相关管理政策，回应舆论关切，食品评估中心于2015年2月4日专门召开媒体沟通会。针对媒体关注的审批程序是否合规、金箔添加是否安全和必要、是否会引发白酒涨价等问题，食品评估中心技术总顾问、中国工程院院士陈君石，食品评估中心主任助理王竹天研究员，中国食品工业协会白酒专业委员会秘书长马勇与媒体进行了面对面交流。

国家卫生计生委副主任、食品安全国家标准整合工作领导小组副组长金小桃同志主持召开食品安全国家标准整合工作领导小组会议

2015年2月，国家卫生计生委副主任、食品安全国家标准整合工作领

导小组副组长金小桃同志主持召开食品安全国家标准整合工作领导小组会议，听取了食品安全国家标准整合工作进展的汇报。按照《食品安全国家标准整合工作方案》的部署，2015年前要完成415项标准整合工作，其中2014年完成50%。截至目前，已有228项整合标准面向社会公开征求意见，其中208项报食品安全国家标准审评委员会相关分委员会审查，已审查通过204项，完成了2014年整合工作既定任务。会议充分肯定了2014年整合工作取得的阶段性成果，研究了工作中存在的困难和问题，对下一步工作做出了部署。

金小桃副主任要求，食品安全国家标准整合工作已列入2015年国务院与国家卫生计生委重点工作，时间紧、任务重，要增强责任感和紧迫感，细化工作计划，倒排时间表。各部门（各单位）要同心协力、密切配合、攻坚克难，确保整合工作任务保质保量完成。会议要求，相关部门要共同努力，加强组织管理，狠抓落实，要做好整合计划落实工作，加强对承担单位的督查指导，确保完成食品安全国家标准整合工作任务。

食品安全国家标准整合工作督导调研活动在北京举行

2015年3月13日，为了切实推动2015年食品安全国家标准整合工作任务顺利完成，受国家卫生计生委食品司委托，食品评估中心组织部分整合工作专家组成员赴中国食品发酵工业研究院开展督导调研活动。本次活动由食品评估中心主任助理、食品安全国家标准整合工作专家组组长王竹天主持。

国家卫生计生委食品司苏志司长、张志强副司长参加了本次调研活动。苏志司长传达了张高丽副总理在国务院食品安全委员会第二次会议上的讲话精神，强调食品安全国家标准整合工作受到国务院食安委和国家卫生计生委领导的高度关注，各单位务必按照整合工作计划，按时保质完成2015年整合工作任务。整合工作中要严守科学底线，充分征求社会意见，并做好标准出台后的宣传沟通。

中国食品发酵工业研究院汇报了正在承担的各项标准项目工作进展，报告了在整合过程遇到的技术问题。整合工作专家组专家对技术问题提出了处理建议。目前，所有项目均有序开展并基本完成了标准起草阶段的工作，将于2015年4～5月陆续提交秘书处初审后对外征求意见。

本次督导调研工作还邀请了北京市营养源研究所、中国检验检疫科学研究院、中国农业科学院农产品加工研究所、中国食品科学技术学会、中国焙烤食品糖制品工业协会5家在北京整合项目承担单位参加。各项目承担单位表示将按照整合工作总体要求，按期完成整合任务。

召开卫生部食品安全风险评估重点实验室学术委员会第三次会议暨2014年度工作会议

2015年3月30～31日，卫生部食品安全风险评估重点实验室依据卫生部重点实验室管理办法的要求，在广西大厦召开了学术委员会第三次会议暨2014年度工作会议。参加会议的重点实验室学术委员会委员包括：陈君石院士、江桂斌院士、陈宗懋院士、徐建国院士、庞国芳院士、谢剑炜研究员、蔡宗苇教授和吴永宁研究员，实验室学科带头人和主要学术骨干参加了会议。

会议由重点实验室学术委员会主任委员陈君石院士主持。重点实验室主任吴永宁研究员报告了2014年度以及近三年重点实验室的工作；介绍了实验室建设的规划目标及完成情况，包括科研课题立项、发表论文、开放交流、人才培养及获奖情况，重点是实验室的主要研究成果及应用以及实验室未来三年的发展规划。与会专家从课题研究、实验室建设、人才培养等多个方面给予综合评价，认为实验室紧密围绕危害暴露表征、食源性疾病溯源和转化毒理学三个学术方向开展研究，已经完成计划任务书规定的建设任务和目标，一致同意该重点实验室向国家卫生计生委科技教育司提交重点实验室验收申请。同时，学术委员会对实验室设立的自主课题和开放课题进行了审议，同意立题；并希望依托单位在人才引进和研究生招生方面给予重点实验室更大的支持。

召开食品安全国家标准整合中期工作会议

2015 年 3 月 31 日，为总结 2014 年标准整合工作情况，部署落实 2015 年整合任务，食品安全国家标准整合中期工作会议在北京召开。会议由国家卫生计生委食品司主办，食品评估中心承办。

国家卫生计生委食品司副司长张志强主持会议，国家卫生计生委食品司司长苏志、食品评估中心主任刘金峰出席了会议并讲话。来自 2015 年食品安全国家标准整合项目承担单位的 140 余位代表参加了会议。食品评估中心主任助理王竹天通报了 2014 年食品安全国家标准整合工作情况，并对 2015 年整合工作提出了整体技术要求及具体的时间进度安排。中国食品发酵工业研究院、广东省疾病预防控制中心、中国饮料工业协会三家标准整合项目承担单位代表汇报了各自承担标准项目的工作进展情况。

按照生产经营规范标准、食品产品标准、检验方法和规程标准、食品添加剂标准和食品相关产品标准分组，秘书处组织整合项目承担单位对各项标准的具体技术要点、工作中遇到的问题和困难，以及下一步工作建议进行讨论，并与食品安全国家标准整合项目承担单位逐一落实了各项标准提交文本的时间，要求各承担单位按照整合项目时间进度安排，按时保质地完成标准整合任务。

食品添加剂和食品相关产品国家标准整合工作督导调研活动在上海举行

为按时保质地完成 2015 年食品添加剂和食品相关产品标准整合工作，2015 年 4 月 16 日，食品安全国家标准审评委员会秘书处组织相关专家赴上海对上海香料研究所、华东理工大学和上海市食品药品监督管理局执法总队三家起草单位承担的《食品添加剂环己基丙酸烯丙酯》、《塑料成型品》等27项标准整合工作开展了督导调研活动。本次活动由国家食品安全风险评估中心主任助理、食品安全国家标准整合工作专家组组长王竹天研究员主持。秘书处骆鹏杰和朱蕾分别介绍了食品添加剂和食品相关产品标准整合工作的技术要求、时间进度要求和注意事项。上海香料研究所、华东理工大学和上海市食品药品监督管理局执法总队分别汇报了承担的各项标准工作进展以及待解决技术问题。督导组专家对技术问题提出了处理建议。目前，所有项目均有序开展并完成了行业内征求意见阶段的工作，拟于2015年5～6月陆续提交秘书处。

国家卫生计生委食品司张志强副司长和标准处宫国强处长参加了本次活动。宫国强处长强调起草单位在标准整合过程中要严把技术质量关，同时充分征求行业内意见，希望起草组尽快将标准草案分批提交秘书处。张志强副司长从安全性、科学性、合理性和协调性四个方面对起草单位提出了标准整合工作具体要求，建议起草单位要围绕标准清理结论为主线设立工作目标，严格按照《食品标准整合方案》和《食品安全国家标准工作程序手册》要求开展工作，按时保质完成整合任务。

“生态环境—食品安全—风险防控”联动机制专家研讨会在北京举行

2015年4月17日，食品评估中心联合食品安全协同治理创新中心、中国人民大学环境学院、联保投资集团在北京召开了“生态环境—食品安全—风险防控”联动机制专家研讨会。来自4家主办单位及中国环境科学院生态环境研究所、哈尔滨医科大学、武汉大学、南开大学的领导和专家40余人参加了会议。

与会专家从技术层面就如何建立“生态环境—食品安全—风险防控”联动机制，推动我国食品安全多元主体协同治理的新模式进行了充分讨论。食品安全协同治理创新中心常务副主任、中国人民大学法学院院长韩大元提出，国家的执政理念已经发生了明显改变，我们的发展方式和目标要更加重视人本主义。只有保障生命健康和安全，经济技术发展的追求才更有意义。解决环境和食品安全问题，技术和法律都很重要，协同治理是实现路径上的必然选择之一。中国人民大学环境学院院长马中表示，环境污染是食品安全风险的首要来源。真正做到把食品安全和健康安全从源头和环境的角度控制住、治理好意义重大。做好环境安全与食品安全工作的有效衔接应从制度上做好设计，建立统一的标准体系。联保投资集团有限公司董事长陈小平认为，建立城市风险管理服务体系，推动建立城市风险管理综合评价指标体系，将是我国城市管理的一次革命。保险业作为社会风险管理的辅助手段，正在积极参与包括食品安全在内的城市风险管理与预防，推动创新城市的管理机制，降低管理成本，分担社会责任，联保投资集团作为保险产业的一员，必将在此发挥重要的作用。

食品评估中心主任刘金峰总结指出，食品安全需要协同共治，政府要做好顶层设计，食品安全专业技术机构及社会自发力量要自觉协助政府推动。他建议，从风险管理的角度全面梳理食品安全风险的来源和分类，从技术层面探索研究食品安全标准与环境标准的衔接，共享并挖掘环境污染和食品安全基础数据，借助保险机制做好风险防控。

2015年国际食品安全大会圆满闭幕　中心喜获殊荣

2015年4月22～23日，由食品评估中心、国际食品科技联盟和中国食品科学技术学会共同主办的2015年国际食品安全大会在北京召开。

本次会议以“构建安全与健康的食品产业链”为主题，汇聚了来自中国、美国、欧盟、爱尔兰、日本、澳大利亚等国家的政府、机构和企业，以及世界卫生组织、国际食品法典委员会等国际组织400余名管理人员、专家和学者，共同探讨食品产业链安全、风险预警与监控、食品安全标准等热点问题。国家食品药品监督管理总局等相关部门领导出席开幕式并致辞。开幕式上，国际食品科技联盟与中国食品科学技术协会举行颁奖仪式，联合表彰近年来为我国和全球食品安全事业做出突出贡献的团队和个人。中心风险交流部团队荣获“科学传播奖”；刘秀梅研究员荣获“科学精神奖”；李宁研究员荣获“全国优秀科技工作者”称号。

会上有50余名国际知名专家做了主题发言或专题报告。会议期间还举办了“科学家与媒体面对面”活动，邀请中外科学家与50余家媒体就消费者关注的食品安全热点问题和事件进行了交流。

召开乳粉中二噁英、多氯联苯等标准物质专家鉴定会

2015年5月15日，食品评估中心组织专家对“十二五”国家科技支撑计划项目“食品污染监测标准物质研究”的乳粉中二噁英和多氯联苯、酱油中3-氯-1,2-丙二醇、薯条中丙烯酰胺及稻米中镉等标准物质进行了鉴定。专家组认为食品评估中心依照国家标准物质技术规范的要求，对提交鉴定的基体标准物质进行了较为全面的技术评价。所研制的标准物质均匀性、稳定性良好，联合多家实验室协同定值，定值数据准确可靠，可满足我国食品中二噁英、多氯联苯、3-氯-1,2-丙二醇、丙烯酰胺及镉的检测需要，并可为相关分析方法的验证和质量控制提供测量标准，填补了国内研究领域的空白，建议申报国家级标准物质。

承办特殊医学食品和临床营养支持专题论坛

2015年5月16～18日，第十二届全国营养科学大会在北京国家会议中心召开。此次大会共召开了39个专题研讨会，食品评估中心承办了特殊医学食品和临床营养支持专题论坛。2015年4月24日最新修订颁布的《中华人民共和国食品安全法》已将特殊医学用途食品纳入“特殊食品”管理，因此其作为“食品”的法律地位终获明确。在此背景下，特殊医学食品和临床营养支持专题论坛吸引了大量与会代表的关注。根据国际食品法典委

员会和多数国家的管理现状，特殊医学用途配方食品属于特殊膳食用食品，当目标人群无法进食普通膳食或无法用日常膳食满足其营养需求时，特殊医学用途配方食品可以作为一种营养补充途径，起到营养支持作用。此类产品虽然在国内应用已有 30 多年，但之前长期作为药品管理，大大限制了这类产品的研发和临床使用，使得我国临床营养过度依靠肠外营养，肠内营养仅占临床营养的 10%～20%。与会专家希望通过相关学术交流，特殊医学用途配方食品在我国能取得良好发展，为我国患者更好地服务。

启动 2015 年中国居民食物消费量调查工作

2015 年 5 月 20～23 日，食品评估中心在山东济南召开 2015 年中国居民食物消费量调查工作启动会暨培训班。来自 15 个省（直辖市市、自治区）卫生计生委、省级疾病预防控制中心和参加调查的县（区）级疾病预防控制中心的 170 余名专家和技术人员参加了会议。会议介绍了食物消费量调查工作的整体目标、工作模式和 2015 年食物消费量调查工作整体方案。参加 2014 年调查工作的 14 个省级疾病预防控制中心的工作组介绍了本省工作情况和实施经验。通过集中授课、问卷模拟、现场实习，对调查问卷填写方法、食物重量估计方法、现场调查工作技巧进行了培训，并且安排学员赴济南市两家社区卫生服务中心对婴幼儿开展实际调查。

召开《食品中可能违法添加的非食用物质名单》配套检验方法专家评审会

受国家卫生计生委食品司委托，食品评估中心于 2015 年 6 月 3 日在北京广西大厦召开了《食品中可能违法添加的非食用物质名单》及其配套检验方法的特别工作组专家评审会。

会议重点审查了《食品中可能违法添加的非食用物质名单》中非食用物质违法添加的判定阈值，以及新提交的《生鲜乳中舒巴坦敏感的β-内酰胺酶检验方法杯碟法》、《面粉中硅酸钠（水玻璃）的测定》和《小麦粉中过氧化苯甲酰》3 项检验方法的标准操作程序及编制说明。并审查通过了《食品中可能违法添加的非食用物质名单》（修订稿）及其配套检验方法。名单审查专家组会议逐条审议了《食品中可能违法添加的非食用物质名单》（征求意见稿）意见汇总及处理情况，重点对国家卫生计生委向各部门和社会征求意见的处理结果进行深入讨论。并对国家卫生计生委食品司要求的尾矿砂纳入《食品中可能违法添加的非食用物质名单》管理的问题进行了讨论。

召开第一届食品安全国家标准审评委员会营养与特殊膳食食品分委员会第九次会议

第一届食品安全国家标准审评委员会营养与特殊膳食食品分委员会第九次会议于 2015 年 6 月 4～5 日在江西省南昌市召开。本次会议主要审查了《食品营养强化剂乳铁蛋白》等 12 项食品营养强化剂质量规格标准，讨论了《食品营养强化剂焦磷酸铁》个别指标的修改。食品安全国家标准审评委员会秘书处汇报了近期秘书处的工作情况，并就媒体和民众近期比较关注的“儿童食品”标准和管理问题进行了充分讨论。营养特膳分委员会委员、单位委员、特邀专家、标准起草人、秘书处工作人员共约 40 余人参加了会议。食品安全国家标准审评委员会秘书长严卫星出席了会议。

食品营养强化剂质量规格标准的立项和制定、审查工作均是基于《食品营养强化剂使用标准》（GB14880—2012）中允许使用的营养强化剂及化合物来源名单，根据标准需求程度、进展情况逐年分批立项和制定。虽然我国已经陆续发布了一些营养强化剂质量规格标准，但目前尚有一定的缺口，尽快完善营养强化剂质量规格标准将有助于进一步规范营养强化剂的生产、监管和使用。

召开食品安全风险预警课题中期验收会

2015 年 6 月 5 日，我中心信息技术部承担的国家食药总局委托项目——《食品安全风险预警系统立项可行性研究》的中期报告会在广西大厦举行，参会人员包括国家食药总局、国家卫生计生委、国家质检总局等部门领导以及来自人民大学、中科院、农科院等科研院所的专家学者。

会议由中心张旭东副主任主持。肖革新博士介绍了信息技术部在预警系统立项可行性研究中已经完成的工作，主要汇报内容包括食品安全预警技术国内外研究进展、预警指标体系构建、预警模型研究、系统框架设计以及实证研究等方面。

领导和专家听取了汇报，审核了相关工作文档，高度评价了信息技术部已完成的工作，一致认为，该项目创新地应用了空间思维及空间统计模型来构建国家食品安全预警系统，在方法上突破了传统经典模型的局限，具有较强的创新性和实用性；在理论上实行了食品供应链与健康的有效衔接，建立了以健康为核心的食品安全预警新理论。同时，专家们还提出了一些重要建设性意见：一是如何跳出部门利益，实现跨部门数据资源整合，构建覆盖从农田到餐桌的风险监测预警大数据平台；二是如何提高现有监测数据质量，应用模型实现精准预测预警；三是尽快推动项目成果应用，开展一些地区试点工作；四是如何应用空间统计模型与现有数据资源有机结合，设计更多预警应用场景，形成高水平预警系统项目结题报告。

《有碍食品安全的疾病目录》研讨会在昆明召开

为落实《食品安全法》关于食品生产经营从业人员健康管理制度的规定，以及有关配套规章制度的制修订，受国家卫生计生委食品司委托，食品评估中心于 2015 年 6 月 8 日在云南昆明组织召开了《有碍食品安全的疾病目录》

编制研讨会。来自国家和13省市从事行政管理、食品安全技术协调、实验室检验、疾病防控、临床医疗相关的专家40人参会。专家结合我国、欧盟及国际食品法典委员会关于食品生产经营从业人员健康管理的法规、规范，对有碍食品安全的疾病种类、管理方式等进行了讨论，初步制定了症候群结合病种的疾病目录，力求满足食品生产经营者和监管部门的日常管理及从业人员健康体检的需要。

第一届食品安全国家标准审评委员会检验方法与规程分委员会（理化工作组）在北京召开第二十次会议

2015年7月2日，第一届食品安全国家标准审评委员会检验方法与规程分委员会（理化工作组）在北京召开第二十次会议。会议共审查标准16项，其中《食品中展青霉素的测定》等13项标准通过审查；《食品中维生素B_{12}的测定》和《食品中乳铁蛋白的测定》两项标准需起草人修改后函审；《食品中亚硝酸盐与硝酸盐的测定》标准需起草人修改后会审。

召开2015年食品安全国家标准跟踪评价工作会议

为进一步做好食品安全国家标准跟踪评价工作，受国家卫生计生委委托，食品评估中心于2015年7月8日在宁夏银川召开了2015年食品安全国家标准跟踪评价工作会议。国家卫生计生委食品司副司长张志强，食品评估中心副主任严卫星，宁夏回族自治区卫生计生委副主任杨淑丽出席会议并致辞，部分省、自治区、直辖市卫生计生委及卫生监督机构食品安全标准有关负责人参加了会议。会议回顾了食品安全国家标准跟踪评价工作的开展情况，讨论了食品安全国家标准跟踪评价工作思路，就跟踪评价工作职责、工作内容与要求，以及如何开展专项跟踪评价等内容进行了充分研究和讨论，并对下一步工作思路提出了意见和建议。

《有碍食品安全的疾病目录》编制研讨会在大连召开

食品评估中心于 2015 年 7 月 10 日在大连市召开《有碍食品安全的疾病目录》编制研讨会，来自国家、省市疾病预防控制中心及中心的专家 20 余人参会。中心严卫星副主任和食品司监测处徐娇处长出席会议并参与研讨。

会议按照《食品安全法》配套规章文件制定修订工作会的部署，对《有碍食品安全的疾病目录》的法律依据、制定目的、适用范围等进行充分讨论，完成了《有碍食品安全的疾病目录》征求意见稿的编写。会议还讨论确定了《有碍食品安全的疾病目录》解读材料、编制说明的框架及内容，并进行了编写分工和时间安排。本次会议为下一步公开征求意见打下坚实基础，取得理想效果。

《食品安全国家标准食品微生物检验标准菌株图鉴》首版发行

2015 年 7 月 13 日，在国家卫生计生委食品安全风险评估重点实验室开放课题支持下，国家微生物资源平台中国工业微生物菌种保藏管理中心（CICC）主持编撰的《食品安全国家标准食品微生物检验标准菌株图鉴》近日正式出版。该书作为《食品安全国家标准　食品微生物学检验》（GB 4789）配套使用的标准菌株图谱，全部采用具有我国自主知识产权的菌种，通过大量图片、系统描述和实验数据相结合的方式，形象、准确、全面地展示了标准菌株的典型特征信息。该书的编辑出版对促进我国食品微生物检验工作的规范化发展，保障食品安全标准制修订与实施具有重要的意义。

《2016 年食源性疾病监测计划》研讨会在银川召开

食品评估中心于 2015 年 7 月 16～17 日在银川市召开《2016 年食源性疾病监测计划》研讨会，来自国家卫生计生委食品司、各省疾病预防控制中心、哨点医院及中心的专家 30 余人参会。中心严卫星副主任出席并参与研讨。

会议依照2015年7月6日多部门《2016年食品安全风险监测计划》研讨会的精神，广泛征求各地专家对2016年监测工作的意见和建议，对食源性疾病病例监测、暴发监测、人群调查、专项监测等内容进行交流，并对计划开展项目、建议调整的项目、未来的设想以及工作中的困难展开了激烈讨论。此次会议明确了2016年食源性疾病监测计划框架，并提出可供进一步讨论的方案，会议取得理想效果。

启动《2016年国家食品化学污染物及有害因素风险监测计划》制定工作

为贯彻国家卫生计生委食品司关于编制2016年国家食品安全风险监测计划的指示精神，2015年7月31日～8月1日食品评估中心在山东青岛召开2016年国家食品化学污染物及有害因素风险监测计划草案和工作手册编写研讨会。农业部农产品质量安全监管局、质检总局产品质量监督司、国家粮食局标准质量管理办公室、中国水产科学研究院南海水产研究所和部分省市疾病预防控制中心的领导和专家以及食品评估中心的相关人员共30余人参加会议。

《第四次中国总膳食研究》出版

《第四次中国总膳食研究》作为2013年科技部资助的“十二五”国家重点图书，2015年8月1日由化学工业出版社出版。该书对第四次中国总膳食研究（2007）进行了全面的总结，首次介绍了我国食物消费量数据、食物加工因子、多种污染物的含量以及摄入量数据。在有关暴露量估计方面从微量元素、重金属元素及其形态、农药残留、兽药残留、持久性有机污染物以及其他新型污染物等方面全方位阐述了我国居民重点食物的污染状况，结合食物消费量数据全面评价了我国居民的多种化学污染物的膳食暴露情况，为系统而准确地评估我国居民的膳食风险提供了科学的依据。

召开食物过敏研讨会

食品过敏越来越成为食品安全和公共卫生应急的突出问题之一，需要列入国家重大研究计划，为此重点实验室于2015年8月4日在北京组织召开了食物过敏研讨会，针对食物过敏的流行病学、食物标识与检验中致敏原的分子机制等关键基础前沿科学问题进行探讨。会议由中国工程院重大咨询项目课题《食品安全与公共卫生事件防控科技发展规划研究》资助，重点针对食品安全国内外技术竞争比较研究中的食物过敏关键问题开展研讨。来自国家食品安全风险评估中心、中国检验检疫科学研究院、北京协和医院、首都儿科研究所、南昌大学、南京大学、北京大学、中国海洋大学、天津科技大学、江南大学、浙江省疾病预防控制中心、湖南省疾病预防控制中心、广东省疾病预防控制中心的20余位领导和专家出席了本次会议。

会议由重点实验室主任吴永宁研究员主持。吴永宁研究员首先介绍了食物过敏优先设置和国际公共卫生措施。相关专家就食物变应原的致敏性，儿童食物过敏流行病学调查，食物过敏原的致敏性表位和阈值，微小RNA调控，食品中过敏原定量检测方法的研究，人体过敏血清库及过敏性评价技术研究，蛋白质潜在致敏性评价的动物模型研究，肠道菌群与食物过敏，食品过敏原检测技术研究进展，海产品中过敏原控制的理论基础等做了精彩的主题报告，与会专家就主题报告内容进行了深入讨论。重点实验室学术委员会主任、中国工程院陈君石院士做了总结发言，要求尽快组建食物过敏研究工作组，重点针对食物过敏标识开展中国食物过敏流行病学研究，确定中国食物标签中需要标示的过敏食物，并从食物过敏原的分子表征基础研究入手，研究建立我国食物过敏标示制度。

召开第四次酒中氨基甲酸乙酯限量标准研讨会

2015年8月11日，食品评估中心在北京召开第四次酒中氨基甲酸乙酯限量标准研讨会。标准起草组成员、检验方法主要起草人、食品评估中心相关部门负责人、中国酒业协会等行业专家共 14 人参加了会议。会议介绍了限量工作组的工作成果，讨论了酒中氨基甲酸乙酯限量草案，确定了从成本—效益的角度分析是否制定标准对经济的影响以及预估社会舆论风险等下一步工作内容。该限量标准有望于 2015 年年底前完成。

《2016 年食源性疾病监测计划》定稿会在洛阳召开

食品评估中心于 2015 年 8 月 25 日在洛阳市召开《2016 年食源性疾病监测计划》定稿会，来自国家卫生计生委食品司、中国疾病预防控制中心、部分省卫生计生委食品处、省疾病预防控制中心及中心的专家 30 余人参会。中心严卫星副主任出席会议。

会议在征求意见稿的基础上，结合各部门和专家的反馈意见，对哨点医院的病例信息采集和病原体检测对象和范围、暴发监测的报告标准和信息来源、分子溯源和耐药监测的菌种选择等进行了深入讨论，确定了病例监测、暴发监测、人群调查、分子溯源、耐药监测及专项监测等各部分的监测目的、内容和结果报送程序。

会议认为，2016 年应加强对基层医疗机构和疾病预防控制机构的培训，提高监测数据的报告时效性和综合分析能力，以聚集性病例识别、暴发事件的追踪溯源、疾病与食品的关联性分析等为突破口，出亮点，出成效，为食源性疾病预防控制和食品安全保障提供技术支撑。在本次会议的基础上，9 月底前将完成上报稿，修订《2016 年食源性疾病监测工作手册》。

召开食物链脆弱性评估技术研讨会

2015 年 8 月 27 日，卫生部食品安全与风险评估重点实验室（简称重点实验室）在北京广西大厦组织召开食物链脆弱性评估技术研讨会。会议由国家食品安全风险评估中心（简称食品评估中心）首席专家吴永宁研究员主持。食品评估中心总顾问、中国工程院院士陈君石研究员，美国密西根州立大学助理教授、全球食品安全倡议主管 John Spink 博士，中国肉类食品研究中心院长王守伟研究员等专家参加了会议。

吴永宁研究员介绍了全球食品欺诈现状、应对措施及食物链脆弱性评估工作；John Spink 博士介绍了全球食品安全倡议组织关于降低食品欺诈开展的脆弱性评估及控制计划以及欧美等行动；中国食品发酵工业研究院钟其顶研究员介绍了欧盟地平线 2020 计划；中国检验检疫科学研究院陈颖研究员、浙江省疾病预防控制中心任一平教授、中国肉类食品研究中心王守伟研究员、江苏出入境检验检疫局食品检测中心主任沈崇钰研究员分别介绍了食品中物种源性成分识别、乳清蛋白检测、肉类食品掺假鉴定、蜂蜜掺假鉴定等技术工作及发展要求。与会专家针对我国食品脆弱性问题及评估工作进行了研讨，提出了我国亟待开展脆弱性评估的食品类别及评估技术框架。陈君石院士认为开展我国食品链脆弱性评估极为必要，应重点围绕降低和控制我国食品的脆弱性开展工作，加强国内外合作和顶层设计，切实提高我国食品安全的保障水平。

《2016 年食源性疾病监测工作手册》定稿会在北京召开

2015 年 9 月 10～11 日，中心在北京召开《2016 年食源性疾病监测工作手册》定稿会，各省级疾病预防控制中心以及我中心共 30 人参会。

根据《2016 年食源性疾病监测计划》，会议围绕提升监测数据分析利用水平，对病例监测、暴发监测、人群调查、分子溯源、耐药监测、专项监测等各部分进行了针对性修订。修订重点为理顺监测数据的采集、审核、上报等流程及数据的分析和利用，明确暴发监测的信息来源和上报程序，确定人群调查中病例及对照的选择原则，修改专项监测中病例定义及监测对象，增加耐药相关基因的监测内容。

另外，还对微生物检测、鉴定、分子分型的标准操作程序进行了技术调整，丰富了质量控制相关内容。

会议认为工作手册是食源性疾病监测计划的重要配套技术文件，必须严格按照监测计划内容进行编写，必须具备科学性、适用性和可行性，各省应严格按照本手册开展监测工作，提升工作质量，促进数据利用。本次会议后，中心将对工作手册进行进一步完善，并于 9 月底前提交国家卫生计生委食品司。

《2016 年国家食品微生物风险监测工作手册》定稿会在无锡召开

依照 2016 年国家食品安全风险监测工作的需要，食品评估中心于 2015 年 9 月 15～16 日在江苏无锡召开了《2016 年国家食品微生物风险监测工作手册》定稿会。

本次修订工作对以往使用发现的问题进行了修改、补充和完善，重点规范监测采样，保证了具体操作的可行性和监测工作的科学性。

新版《食品安全性毒理学评价程序和方法》标准宣贯会北京召开

为了配合新版《食品安全性毒理学评价程序和方法》的颁布，促进标准在全国范围内的顺利实施，统一各级毒理学检验机构对标准的认识和理解，国家食品安全风险评估中心于 2015 年 9 月 24～25 日在北京广西大厦召开了新版《食品安全性毒理学评价程序和方法》的宣贯会。食品评估中心首席专家吴永宁研究员、食品安全国家标准审评委员会检验方法与规程分委会（毒理工作组）委员、食品安全国家标准审评委员会秘书处人员、新版各项标准起草人，以及全国 26 省（市）疾病预防控制中心食品毒理工作相关技术人员等共 100 余人参加了本次宣贯会，会议由食品评估中心毒理实验部贾旭东副主任主持。

《食品安全性毒理学评价程序和方法》（GB15193）是我国唯一一部食品

毒理学安全性评价国家标准，于 1994 年首次发布，2003 年进行第一次修订。为了适应毒理学科的发展和国际交流的需要，原卫生部于 2011 年启动了对该系列标准的第二次修订工作。在食品标准清理工作领导小组、标准清理专家技术组和食品安全国家标准审评委员会秘书处的工作努力下，全部 26 项标准均已制修订完毕并由国家卫生计生委正式发布。会议中每项标准起草人分别介绍了各项标准的修订背景、原则、方法和过程，详细讲解每一处修订的依据和可行性，并现场回答提出的各种问题，参会的培训人员从各自实际工作经验出发，提出工作中遇到的问题和困惑，并就此与现场的专家、同行进行探讨。通过交流，参会人员对如何从改进试验条件、提高试验技能入手，以保证新标准正确的执行有了更好地理解。

本次宣贯会对于促进新版食品毒理学国家标准的实施起到了良好的推动作用，将进一步为食品安全风险评估中获得高质量毒理学数据提供技术标准基础。

召开第一届食品安全国家标准审评委员会营养与特殊膳食食品分委员会第十次会议

第一届食品安全国家标准审评委员会营养与特殊膳食食品分委员会（简称营养特膳分委员会）第十次会议于 2015 年 10 月 12 日在北京召开。本次会议主要审查了《食品营养强化剂低聚半乳糖》、《食品营养强化剂骨粉（超细鲜骨粉）》2 项食品营养强化剂质量规格标准，讨论了《食品营养强化剂二十二碳六烯酸油脂（金枪鱼油）》中部分指标修改建议，并讨论了委员会其他相关工作。营养特膳分委员会委员、单位委员、标准起草人、秘书处工作人员共约 40 余人参加了会议。食品安全国家标准审评委员会秘书长严卫星出席了会议。

关于《食品营养强化剂低聚半乳糖》，委员会重点讨论了目前标准和既往公告衔接问题；关于《食品营养强化剂骨粉（超细鲜骨粉）》，则重点讨论其名称的合理性，与《食品安全国家标准　食品营养强化剂使用标准》（GB

14880—2012）中化合物名称对应等问题，并对其未来的属性（继续作为强化剂管理还是食品原料管理）进行了充分讨论；《食品营养强化剂二十二碳六烯酸油脂（金枪鱼油）》的商品化产品如何管理，委员会也充分讨论并建议与其他委员会进一步沟通。

经过与会专家的激烈讨论，会议完成了既定的标准审查任务和年度目标。

召开食物链脆弱性及欧盟地平线2020项目技术研讨会

2015年10月30日，卫生部食品安全风险评估重点实验室在北京广西大厦组织召开了食物链脆弱性评估及欧盟地平线2020项目技术研讨会。来自英国贝尔法斯特女王大学Chris Eliiot博士和宫芸芸博士、美国密西根州立大学副教授、全球食品安全倡议主管John Spink博士、美国Waters公司Paul Young博士及我国有关专家参加了会议。

会议由国家食品安全风险评估中心首席专家吴永宁研究员主持。Chris Elliot博士介绍了欧盟地平线2020项目，并欢迎中方参与，共同开展合作研究、分享反食品欺诈的技术及成果。Waters公司Paul Young博士介绍了快速蒸发离子化质谱技术在反食品欺诈中的应用。来自中国食品发酵工业研究院、中国检验检疫科学研究院、浙江省疾病预防控制中心、北京市疾病预防控制中心、中国肉类食品研究中心、江苏出入境检验检疫局食品检测中心、雀巢食品安全研究院等专家分别介绍了酒类和果汁类真实性技术标准体系、分子生物学物种鉴定技术、乳制品、香辛料、肉与肉制品、蜂蜜产品中鉴别掺假技术的研究和团队能力等。与会专家针对中国与欧盟地平线2020项目合作研究进行了研讨和展望，提出在食品掺假鉴别技术领域的重点合作与交流项目，为推动双方的合作研究奠定基础。

举办“酒类食品安全与真实性技术国际论坛”

重点实验室与中国食品发酵工业研究院联合承办了中国酒业协会主

办的“酒类食品安全与真实性技术国际论坛”于2015年11月10日在北京召开。国家食品药品监督管理总局领导、中国酒业协会理事长王延才、中国酒业协会秘书长宋书玉出席开幕式并致辞。来自国家食品安全风险评估中心首席专家吴永宁研究员，意大利Edmund Match基金会研究与创新中心Federica Camin博士，法国欧洲坊科技集团Michele Lees博士，美国密歇根州立大学John spink博士，西北农林科技大学李华教授，江南大学王栋教授等中外知名专家学者，行业龙头企业，行业媒体等共100余人应邀出席。会议分别从酒类食品安全标准、中欧葡萄酒标准对比等方面介绍了国内外酒类行业在食品安全标准方面的现状，从中国传统酿酒安全现状及对策、酒类中氨基甲酸乙酯的风险评估等食品安全风险以及当前食品欺诈预防的技术的角度进行研讨，并探讨了真实性技术在酒类食品的应用，特别是稳定同位素技术在葡萄酒、白酒及其他烈酒等酒类产品的真实性鉴别中起到关键作用，及其近红外光谱技术在酒类质量控制与真实性鉴定中的应用。

在此次论坛上，《酒类食品安全检测方法标准操作程序手册》正式发布。该手册由国家食品安全风险评估中心、中国食品发酵工业研究院和中国疾病预防控制中心等科研、检测机构凝集了食品安全风险评估、饮料酒标准化、检验检测等领域的经验智慧编著而成，为酒类行业食品安全检测技术人员提供一本操作性强的工作手册。

召开第一届食品安全国家标准审评委员会食品相关产品分委员会第八次会议

第一届食品安全国家标准审评委员会食品相关产品分委员会第八次会议于2015年11月17～18日在无锡召开，食品相关产品分委员会委员、单位委员、特邀检验方法分委会委员、标准起草人和秘书处人员共计33人参会。国家卫生计生委食品司张志强副司长、食品安全国家标准审评委员会秘书处严卫星秘书长、国家卫生计生委食品司标准处宫国强处长和史根生调研员出席会议。会议由食品相关产品分委会顾振华主任委员和陈家琪副主任委员主持。

会议审查并通过了《食品接触用塑料树脂》、《食品接触用塑料材料及制品》、《食品接触用纸和纸板材料及制品》、《食品接触用金属材料及制品》、《食品接触用涂料及涂层》、《食品接触用橡胶材料及制品》和《食品接触材料及制品迁移试验预处理方法通则》（GB 5009.156）7 项食品安全国家标准。其中 GB 5009.156 为标准修订项目，其余 6 项标准均为标准整合项目。至此，食品相关产品整合标准的分委会审查任务全部完成。

作为第一届食品安全国家标准审评委员会食品相关产品分委员会的最后一次会议，顾振华主任委员和严卫星秘书长先后对委员会的工作进行了总结。食品相关产品分委会共完成 56 项标准的审查，圆满完成了标准清理整合任务，完善了我国食品相关产品标准体系。张志强副司长代表国家卫生计生委食品司对委员、标准起草人和秘书处的工作和成果表示肯定，并指出食品相关产品标准的整合任务重、难度大，感谢委员、专家及相关部委的大力支持，同时强调食品相关产品标准的实施需要贯彻到食品产业链的各个环节，大力加强监管工作。

召开第一届食品安全国家标准审评委员会食品添加剂分委员会第十二次会议

第一届食品安全国家标准审评委员会食品添加剂分委员会第十二次会议于 2015 年 11 月 19～20 日在无锡召开，食品添加剂分委员会委员、单位委员、标准起草组、食品安全国家标准审评委员会秘书处（以下称“秘书处”）共计 51 人参加了会议。国家卫生计生委食品司张志强副司长、国家卫生计生委食品司标准处史根生调研员和施韵副主任科员出席了会议。会议由赵同刚主任委员、魏静副主任委员分别主持。

会议审查并通过了《食品安全国家标准食品添加剂苯甲酸》等 24 项标准和 1 项标准修改单，其中 17 项标准为整合项目。至此，分委员会对食品添加剂整合标准的审查任务全部完成。作为第一届食品安全国家标准审评委员会食品添加剂分委员会的最后一次会议，赵同刚主任委员对委员会的工作进行了总结。食品添加剂分委员会共完成 651 项标准及 7 项标准修改单的审查，并圆满完成了标准清理整合任务，加快了我国食品添加剂标准体系的建设。张志强副司长代表食品司对委员、标准起草人和秘书处的工作和成果表示肯定，指出食品添加剂标准的整合任务重、标准数目多，感谢委员和秘书处的辛勤工作和无私奉献。

能力建设

2015年全国食源性疾病监测网报系统培训班在北京召开

为保证食源性疾病监测报告系统及食源性疾病暴发监测系统新版本的正式上线，规范网报人员的数据操作，2015年1月14～16日食品评估中心在北京召开2015年全国食源性疾病监测网报系统培训班，全国31个省（市）及新疆生产建设兵团疾病预防控制中心、卫生计生委食品司、食品评估中心及技术支持公司共约80人参加了培训。食源性疾病监测部郭云昌主任介绍2014年食源性疾病监测情况和2015年工作重点，培训由付萍研究员和王岗共同主持。

培训对两个网报系统的主要新增功能、与旧版本的区别等相关内容进行了讲解与演示，学员进行现场操作实践；培训还对两个系统的新功能、未来功能设想以及当前系统中存在的问题展开了交流讨论，并收集和整理各学员提出的建议和想法，以便尽快将设想落实到系统的完善开发中。

此次培训既有技术指导内容，保证各省学员了解两个网报系统的新功能，规范操作，也有交流研讨内容，促进食品评估中心与各地工作共同提升，为网报系统未来的发展方向提供思路，使网报系统既成为监测数据上报的工具，也成为各级工作人员数据分析利用的手段。此次培训的顺利开展对网报系统使用及未来设计规划起到了重要推进作用。

2015年国家食品安全风险监测工作培训及研讨会在厦门召开

为进一步贯彻落实国家卫生计生委在北京召开的2015年全国卫生计生系统食品安全工作会议精神，确保2015年国家食品安全风险监测计划任务能够保质保量完成，由国家食品安全风险评估中心主办，福建省疾病预防控制中心承办的 2015 年国家食品安全风险监测工作培训及研讨会于 2015 年 2 月 11～12 日在福建厦门召开。国家卫生计生委食品安全标准与监测评估司、食品风险评估中心、31 个省（区、市）及新疆生产建设兵团卫生计生委食品相关处室和疾病预防控制中心主管领导及食品污染和有害因素、食源性疾病监测和质量控制技术骨干共 220 余人参加了会议。

会议对国家卫生计生委开展的 2014 年食品安全风险监测工作督查情况进行了通报，对 2014 年食品安全风险监测结果进行了总结，对 2015 年食品安全风险监测计划进行详细解读，并着重强调了 2015 年监测计划组织实施的技术要求和实施要点。会议还邀请了广东、浙江、黑龙江、湖北、北京、四川、上海等省份的同志就监测数据结果利用、专项监测工作开展情况、食源性疾病负担调查等内容进行了经验交流；会议还就食品污染物及有害因素监测、食源性疾病监测等内容进行了分组讨论。

会议充分肯定了 2014 年我国食品安全风险监测工作取得的成效，强调了做好食品安全风险监测的重要意义，并对 2015 年工作提出具体要求。会议强调通过各级技术机构的共同努力，食品安全风险监测体系逐步健全，监测工作和水平逐年提高，发现食品安全隐患的能力不断增强。作为食品安全的基础性工作，风险监测是评估及标准制修订的重要技术依据和基础。构建长效机制，加强监测技术体系建设，加强专业人才队伍培养，是确保监测工作健康长效发展的重要保证。与会代表一致认为，本次会议召开的及时有效，为进一步提高技术队伍对监测工作的深入理解，扎实、有效地全面落实 2015 年监测计划，保障监测任务的实施夯实了技术基础。

举办保密专题培训

为进一步增强职工保密意识，加强保密常识教育，2015 年 2 月 13 日下午，国家食品安全风险评估中心（以下简称食品评估中心）举办保密专题培训，邀请国家卫生计生委办公厅副巡视员张平做讲座。

张平副巡视员详细解读了《中华人民共和国保守国家秘密法实施条例》，采用案例方式讲解了国家秘密的范围和密级、保密制度、监督管理和法律责任等内容，让学员们受到了一次深刻的警示教育。

培训会后，食品评估中心召开了2015年第一次保密委员会全体（扩大）会议。会议通报了食品评估中心保密委员会成员调整相关事宜，讨论了食品评估中心2015年保密工作要点，布置了相关工作。

食品评估中心主任刘金峰在讲话中指出，保密工作关系国家安全，关系个人前途，关系家庭幸福，一旦发生泄密，对国家、对个人造成的损失都无法估量。要以落实责任为首要，以教育培训为先导，坚持防范为主的原则，进一步完善规章制度，加强监督管理，规范保密行为，强化保密意识和技术防范措施，有效监控违规操作，消除泄密隐患。

会议由食品评估中心卢江副书记主持，中心管理层成员、中层干部和重点部门相关人员60余人参会。

召开食品安全风险评估培训基金学员报告会

由国际生命科学学会中国办事处（ILSI China）和可口可乐饮料（中国）有限公司共同筹建的ILSI China -Coca-Cola食品安全风险评估培训基金立足于为我国食品安全风险评估领域研究的长远发展培养具有国际视野的青年骨干人才，提升我国食品安全评估领域研究能力和水平。2011年至2014年，举办了4期培训，共培训8名来自食品评估中心、东南大学及广东省疾病预防控制中心的青年骨干人才。培训活动分别安排在美国食品安全和应用营养联合研究所（JIFSAN）、澳新食品标准局（FSANZ），结合我国食品安全优先评估项目，开展系统的风险评估理论和案例学习，和国外专家研究讨论微生物危害、高暴露评估等领域的评估技术和模型，并将研究方法用于具体的评估项目中，取得了阶段性成果。2015年3月9日，ILSI China - Coca-Cola食品安全风险评估培训基金学员报告会在食品评估中心召开。8 名学员分别汇报了在国外学习期间的工作和生活，分享了学习心得及收获、回国后工作中的应用和实践，并对国内评估工作提出建议：一是风险评估工作应当更加注重和发挥团队合作的作用，努力构建分工明确、合作紧密、管理灵活的评估项目合作团队；二是建议引进国外先进的数据分析软件和模型，开发利用现有数据软件的功能，开展大数据平台建设，提高我国食品安全监测、评估数据利用率；三是提高应用先进方法和理念的能力，如概率评估、决策树、线性外推方法等，将食品安全与疾病管理相关联；四是更好地利用国外权威研究文献，增强文献引擎检索能力。

2016 年国家食品安全风险监测食源性诺如病毒实验室检测技术培训在厦门举办

为保障 2016 年国家食品安全风险监测任务的顺利实施，使检验技术人员及时掌握食源性诺如病毒实验室检测方法的新进展，国家食品安全风险监测食源性诺如病毒实验室检测技术培训于 2015 年 3 月 29～31 日在福建厦门举办。包括国家食品安全风险评估中心、参与国家食品安全风险监测的 31 个省（自治区、直辖市）及新疆生产建设兵团的 40 余名微生物技术骨干参加了培训。国家食品安全风险评估中心微生物实验部的专家就食品中诺如病毒检测技术进展和诺如病毒暴发监测国内外现状进行了理论讲解，参训学员进行了牡蛎样品的解剖和消化腺的匀浆处理操作、诺如病毒的提取与浓缩、诺如病毒 RNA 的提取与纯化等实验室现场操作。培训前后学员对食源性诺如病毒相关理论知识、实验室检测关键操作环节等方面考察结果的统计分析显示，受训者已掌握食品和粪便样品中诺如病毒污染、检测的关键环节，具备开展该项工作的能力。本次培训强化了实验室技能操作，解决实际工作中的检验技术难题，标准化了检验操作程序，为 2016 年食品中诺如病毒监测任务的实施夯实了技术基础。

参与全球食品安全合作项目实验室能力建设培训

食品评估中心参与的世界银行全球食品安全合作伙伴项目（GFSP）实验室能力建设兽药残留检测方法培训于 2015 年 4 月 20～24 日在上海举办。GFSP 实验室能力建设致力于通过政府机构、监管部门、国际组织、生产企业和民间团体的共同参与，提高中等收入和发展中国家食品安全水平。食品评估中心作为项目的中国协调单位，参与培训课程的制定、培训工作的组织协调及 GFSP 计划安排的国际培训示范和指导等活动。

GFSP 设立的兽药残留检测方法培训项目旨在帮助中国提高实验室能力。培训初期阶段为在线教学；第二阶段由美国马里兰大学与美国食品药品监管局共建的食品和应用营养联合研究所（JIFSAN）对来自食品评估中心及中国农业科学院的 4 名中国学员在美国进行实验室操作培训；第三阶段由 JIFSAN 在中国举办培训班，2015 年 4 月在上海举办的兽药残留检测方法培训是第三阶段的首次培训，来自中国卫生计生系统和农业系统的各地实验室 10 位学员参加了培训。先期在 JIFSAN 接受培训的食品评估中心王丹、陈达炜两位副研究员作为师资，协助 JIFSAN 专家完成培训。GFSP 计划在中国通过三次师资培训，为农业、卫生、质检和食药部门培训师资约 30 余人。

开展消防疏散应急演练活动

2015 年 4 月 27 日国家食品安全风险评估中心组织开展了双井工作区的消防疏散应急演练。中心 22 个部门，124 人参加演练。演练于上午 10 时开始，用时 4 分钟，参加演练人员快速、安全、有序地全部撤出办公楼。

演练结束后，刘金峰主任在对本次演练进行总结时说，演练活动使中心人员的消防安全意识得到增强，对职工在紧急情况下的应变、逃生、自救能力进行了一次检验。针对疏散逃生过程中个别逃生路线不熟悉、逃生姿势不正确的现象，刘主任要求今后要加强各层面的安全教育培训，提高全员安全防范能力，努力营造一个平安、安全的工作环境。

本次演练前，卢江副书记在中心安全工作会上亲自部署，要求各部门从思想上要引起重视，抓住这次演练机会，提高应对紧急突发事件的能力。

本次演练达到了预期目的，为今后中心高效、有序开展消防突发应急工作奠定了坚实的基础。

参加湖南省举办的空间分析在食品安全领域综合分析中的应用培训班

2015年4月27～29日，湖南省疾病预防控制中心在长沙举办空间分析在食品安全领域综合分析中的应用培训班。培训班邀请了来自北京、重庆、江苏、广东等省市及湖南各市、区级疾病预防控制中心的50余名食品安全业务骨干参加培训，食品评估中心信息技术部肖革新博士参加培训班并指导授课。

在培训班上，肖革新博士介绍了空间统计学思维、基本理论及模型，空间统计学在食品污染物地理分布、时空聚集性分析、危害因素识别、风险预警等方面的应用。同时，结合食品安全风险管控工作实际，演示了利用统计学工具开展食品安全数据的探索性研究、可视化展示和大数据分析的方法。

培训班为地方深入开展数据分析与挖掘提供了新的思路和方法，加强了食品评估中心与地方在数据综合分析方面的交流与合作，有助于更好地发挥食品评估中心在卫生计生系统食品安全领域的带头作用。

标准部荣获“全国青年文明号”称号

2015年4月27日，共青团中央联合17个部委印发了《关于命名2013～2014年度全国青年文明号的决定》（中青联发〔2015〕11号），食品评估中心标准部喜获殊荣。标准部全体青年忠诚奉献、敬业履职，热情投入食品安全标准工作，在食品安全标准国际舞台上不断增强中国的话语权和影响力，展示中国力量，为食品安全工作做出了突出贡献，得到了共青团中央的高度认可，获得“全国青年文明号”这一国家级荣誉。

国家食品安全风险监测参比实验室工作研讨会在恩施召开

为推进国家食品安全风险监测参比实验室更好地履职，受国家卫生计生委食品司委托，食品评估中心于2015年5月6～7日在湖北恩施举办了2015年国家食品安全风险监测参比实验室工作研讨会。

国家卫生计生委食品司张志强副司长和监测与预警处徐娇副处长、国家食品安全风险评估中心李宁主任助理、湖北省卫生计生委杨明亮副巡视员、恩施副州长陈晓燕出席会议并讲话。来自国家、湖北省、恩施州卫生计生委、国家食品安全风险评估中心和8个参比实验室的主管领导、参比实验室负责人和质量管理人员等40多名代表参加了会议。会议由李宁主任助理主持。

张志强副司长首先肯定了参比实验室在监测数据质量保证中发挥的重要作用。国家卫生计生委一直重视监测工作质量，根据国际惯例，建立了国家食品安全风险监测参比实验室体系，赋予北京（兽药、有害元素、非法添加物）、上海（农药残留）、广东（重金属）、江苏（有机污染物）、浙江（真菌毒素）、湖北（二噁英）等6个疾病预防控制中心在各相关领域承担质量控制、监测结果复核、技术培训和新方法研究等工作职责。此次会议是风险监测质量管理工作的里程碑，必将推进参比实验室切实发挥作用。

李宁主任助理指出：2013年底，国家卫生计生委为北京、上海、广东、江苏、浙江、湖北等6家，首批加挂了“国家食品安全风险监测参比实验室”的牌子，赋予了他们承担全国食品安全风险监测参比相关工作的责任和权力，也赋予国家食品安全风险评估中心参比实验室技术管理职责。建立参比实验室机构管理规章制度，明确参比实验室准入、管理、工作规范是首要任务。另外，除了已经挂牌的8个参比实验室，未来还要新增理化、微生物、寄生虫等多个领域的参比实验室机构。希望在国家卫生计生委的领导下，通过国家食品安全风险评估中心和参比实验室的共同努力，切实提升监测工作质量，为监测工作提供质量保障。

会上，中国疾病预防控制中心病毒病所朱贞副研究员分享了 WHO 西太区麻疹/风疹参比实验室和网络实验室管理工作经验；中国计量院标物室卢晓华副研究员介绍了质控品制备的要求和注意事项；国家食品安全风险监测（真菌毒素）参比实验室代表黄百芬科长，就 2014 年参比实验室工作做了详细的介绍。会议还就《食品安全风险监测参比实验室管理规范》、《食品安全风险监测参比实验室技术能力核定工作程序》、《省级卫生计生部门食品安全风险监测工作考核评分细则》等三份规范性文件开展了热烈的讨论，并形成修改意见。

与会代表普遍认为，此次会议针对性强，兄弟单位的工作经验也很有借鉴意义，对相关人员统一认识，全面启动参比实验室工作，提高监测质量管理水平，起到了积极的推动作用。

举办政府采购工作专题培训

为提高招标采购工作水平，防控招标采购中的法律风险，提升评标及招标工作相关人员的工作技能，保证中心招标采购工作顺利进行，2015 年 5 月 13 日下午，食品评估中心组织召开了政府采购工作专题培训。参加本次培训的有作为中心业主代表参与评标的人员、招标文件起草的人员、招标采购管理人员，毒理实验部、理化实验部、微生物实验部、信息技术部、标准一部、纪审监察室·审计处、条件保障处均派出人员参加。

培训由中技国际招标公司的任兴玮高级项目经理主讲。培训围绕政府采购工作的基本特点和相关规定、仪器设备与信息化项目采购特点、招标文件编制、业主代表在评标过程中的注意事项、招标采购中易出现的问题等内容进行讲解。参加培训人员结合采购项目工作实际，就招标采购前期市场调研、招标文件编制、打包合理性、招标过程中的问题处理等与主讲人进行了热烈的讨论与交流。

本次培训对进一步落实政府采购政策相关要求，处置招标采购操作中的具体问题起到了促进作用，为下一步招标采购工作的顺利进行奠定了良好基础。

举办“食品安全法”培训

2015 年 5 月 21 日上午，食品评估中心在北京举办了“食品安全法”培训。国务院食安委专委会委员、中国人民大学法学院院长、食品安全协同创新中心常务副主任韩大元教授受邀做了《新修订“食品安全法”的理念与制度》专题讲座，食品评估中心主任刘金峰主持培训。

2015 年 4 月 24 日十二届全国人大常委会第十四次会议表决通过了新修订的“食品安全法”。这是该法自 2009 年实施以来，我国立法机关对这一民生立法的重要修改。为了让听讲者更好地领会新法的实质，韩大元教授从“食品安全法”的修订背景和过程、新法确定的理念和原则、新法的制度亮点以及如何实施好新法等方面做了全面解读。食品评估中心主要领导、全体工作人员，国务院食安委专委会的部分委员、中心理事会的成员代表，以及分中心、技术合作中心的相关人员共计 170 人参加了培训。

2015 年食品微生物风险评估技术培训班在成都召开

为了加强我国食品安全风险评估工作体系能力建设，加快全国食品微生物风险评估人才队伍培养，2015 年 5 月 26～28 日，食品评估中心在四川成都举办 2015 年食品微生物风险评估技术培训班。培训班以《食品微生物风险评估导则》的解读为核心，强化参会者对微生物风险评估概念、要素及应用的认识，展望微生物组学和测序技术在风险评估中的应用，探讨风险评估与监测的紧密联系，了解微生物风险评估在产业界方面的应用等，通过具体的评估案例介绍，提高参会者对微生物风险评估的认识，提升分析解决问题的综合能力。食品评估中心严卫星副主任和四川省疾病预防控制中心毛素玲副主任参会并讲话，会议由风险评估一部徐海滨主任主持。

毛素玲副主任代表四川省疾病预防控制中心对培训班的召开表示祝贺。严卫星副主任在发言中肯定了食品微生物风险评估工作近年来取得的成绩，提出在微生物风险评估技术和方法、基础数据采集和分析等方面需要通过培训提升能力，加强食品微生物风险评估与食源性疾病监测之间的联系，探讨满足风险管理需求的方式，加强对培训效果的评估并对今后举办培训班提出了希望和建议。

食品评估中心顾问刘秀梅研究员、微生物实验部李凤琴主任、风险监测和预警部杨大进主任、联合利华产品研发部洪海军博士、上海理工大学董庆利教授以及风险评估一部的专家等应邀在培训班授课。全国各省级疾病预防控制中心食品微生物风险监测和评估业务骨干，食品评估中心风险评估一部以及有关部门工作人员共90人参加了培训班。

与中科院地理所就食品安全时空预警问题进行交流

食品评估中心信息技术部承担了国家食品药品管理总局委托的课题——《国家食品安全风险预警系统立项可行性研究》，于2015年6月3日与中科院地理所资源信息系统国家重点实验室首席科学家王劲峰教授及其科研团队进行了深入交流。

资源与环境信息系统国家重点实验室成立于1985年，是我国最早的国家重点实验室之一，实验室致力于地球信息科学的基础理论与方法的研究，发展地理信息系统核心技术，构建国家级行业重大应用示范系统，建立“数据—模型—软件—系统”一体化的地球信息科学研究体系，对我国地球信息科学的发展起到学科导向、应用示范及骨干人才培养的作用。

研讨会主要围绕疾病空间估算、时空可视化表达、时空分布规律探测、时空驱动力挖掘、时空趋势估计的模型和方法进行，这些模型和方法不仅在疾病领域有重要的应用，也在食品安全的时空预警方面提供了数据利用的新思路，有助于提升数据的应用价值，培养跨学科人才，发挥评估中心在数据分析领域的引领作用。

举办食品安全实验室技术和管理培训项目

为进一步提升我国食品安全风险评估能力和实验室技术分析水平，学习国际先进经验，加快高层次食品安全专业人才培养，食品评估中心和美国马里兰大学于2015年6月4～22日在美国共同举办了食品安全实验室技术和管理培训项目。本次培训共开设了3个专题班，食品评估中心12名技术骨干分别参加了培训。食品安全风险评估综合培训班围绕食品安全风险分析技术，采用理论学习与模拟练习相结合的形式，系统学习了食品安全风险管理、风险评估、风险交流技术和风险评估流行病学调查技术；化学污染物检测技术培训班和食源性致病菌全基因组测序培训班分别针对化学污染物实验室检测技术和食源性微生物检测技术，通过实验室操作与理论学习相结合，重点开展了食品样品制备、气相色谱和液相色谱法、基因组测序和故障排除、二代测序技术等培训。共有来自美国食品药品管理局、美国环保署、马里兰大学、新泽西州立大学、工业界的18位知名专家学者为本次培训授课。培训期间，学员与授课专家及来自其他国家的学员积极交流互动，认真参与小组模拟练习、踊跃发言、大胆提出自己的想法和见解，学习热情和精神风貌获得了美方高度评价。

举办公文写作与信息统计专题培训班

2015年6月23日，食品评估中心结合“三严三实”专题教育，组织开展了公文写作与信息统计专题培训。来自国家卫生计生委、北京大学、中国疾病预防控制中心等单位的4位专家分别就公文写作、食品与医疗大数据、移动医疗与食品安全、食品安全事故调查主要方法等做了专题报告。专家将理论、案例和个人经验相结合，讲解生动、深入浅出，使参加培训的职工普遍感到有收获、有启发。

举办2015年乳品检验技术培训班

为提升食品企业检验人员对风险物质的检验技术水平，加强对乳制品质量安全控制，中国乳制品工业协会和食品评估中心于2015年6月24～25日联合举办了2015年乳品检验技术培训班。本次培训以风险物质检验技术为重点，对乳品中塑化剂、二噁英、壬基酚、硫氰酸盐、铬、羟脯氨酸、阪崎肠杆菌和蜡样芽孢杆菌的检验技术进行了授课，来自全国乳品企业的近100位检测技术人员参加了培训。

全国食品安全风险监测优秀论文颁奖暨技术交流会在昆明召开

为加强食品安全风险监测技术交流，提高食品安全风险监测能力和学术水平，表彰食品安全风险监测优秀论文作者，2015年7月23～24日全国食品安全风险监测优秀论文颁奖暨技术交流会在云南昆明召开。会议由国家食品安全风险评估中心主办、《中国食品卫生杂志》编辑部承办、云南省疾病预防控制中心协办。国家卫生计生委食品司副司长张志强，国家食品安全风险评估中心书记卢江、副主任严卫星，云南省卫生计生委副巡视员念娥美、卫生监督处处长胡耀中，云南省疾病预防控制中心副主任胡培，以及来自各省、自治区、直辖市和新疆生产建设兵团从事食品安全风险监测工作的专业技术人员和优秀论文作者共120余人参加了会议。

国家卫生计生委食品司监测处副处长徐娇主持开幕式。张志强副司长讲话，充分肯定了风险监测工作所取得的成绩，并就新修订《食品安全法》有关风险监测的条款作了专题解读。国家食品安全风险评估中心书记卢江、云南省卫生计生委副巡视员念娥美分别致辞。会议举行了颁奖仪式，张志强、卢江、严卫星、念娥美、胡耀中5位领导向获得2014年度全国食品安全风险监测优秀论文的作者（一等奖 5 名、二等奖 10 名、三等奖 30 名）颁发了奖状。湖北省卫生计生委副巡视员杨明亮，国家食品安全风险评估中心专家杨大进、郭云昌、赵云峰、徐进、肖革新，云南省疾病预防控制中心食品所所长刘志涛，分别就食品安全有关技术问题进行了交流。《中国食品卫生杂志》主编何来英介绍了学术论文写作及审阅应注意的问题。

顺利通过食品检验机构资质认定复评审现场核查

2015 年 8 月 7 日，国家认证认可监督管理委员会专家组一行 6 人在李绍连组长的带领下，对食品评估中心进行了食品检验机构资质认定复评审现场核查。

中心副主任张旭东出席了首次会议，并致欢迎词。中心领导李宁、吴永宁也出席了首次会议并全程陪同参与评审。首先由李宁介绍了中心基本情况、质量管理体系运行，及对外出征检验工作的情况。

评审组通过查、看、听、问、考等方式，认真核查中心具备的各项检验能力和中心的质量管理体系运行情况，最终得出评审结果如下：

中心为事业型独立法人机构，能独立进行第三方公正性检验；中心领导重视实验室管理体系的建设、实施和维护，按《实验室资质认定评审准则》和《食品检验机构资质认定评审准则》要求修订并建立了比较完整的管理体系文件，涵盖了全部要素，明确了适用于中心实际情况的相关规定，并在下层文件（标准操作细则）中予以体现，内容基本适用；中心组织机构设置合理，组织实施比较到位，部门和岗位职责基本清晰，文件控制较规范，管理体系运行有效；中心技术力量雄厚、仪器设备的配置及准确度、所执行的技术标准和技术规范、人员素质、设施与环境条件以及样品管理等满足检测工作的要求；参加现场试验考核的检测人员态度认真，操作规范、熟练，采用检测标准依据现行有效并受控，仪器设备配备及环境设施条件满足要求，填写的试验原始记录和出具的检测报告清晰、正确，符合技术和管理要求。评审组一致同意食品评估中心通过食品检验机构资质认定现场评审。

末次会议上，评审组长李绍连宣读了评审意见，张旭东副主任代表中心领导确认了专家提出的不符合项及各项建议，并就评审组辛苦的工作精神、认真的工作态度及给中心提出的恳切的帮助意见表示了感谢，同时也表达了今后要持续不断地提升检验工作质量的决心和愿望。

赴广东省疾病预防控制中心开展食品安全健康大数据应用试点调研

为了提升食品安全健康大数据相关技术应用水平，推动开展食品健康暴露评估信息采集分析工作，国家食品安全风险评估中心于2015年8月18～20日，由中心信息技术部肖辉主任带队组织专家赴广东省疾病预防控制中心开展食品安全健康大数据应用专题调研。

在广东省疾病预防控制中心领导的大力支持和配合下，调研组与广东省疾病预防控制中心相关部门共同召开了大数据技术研讨会，来自广东省疾病预防控制中心的食品安全所、慢病所、信息所、公共卫生研究院等相关部门负责人和技术骨干共30人参加了会议。

调研组介绍了本次调研工作背景情况以及委托广东省疾病预防控制中心开展食品安全健康大数据应用试点计划的工作内容，听取了广东省疾病预防控制中心相关部门关于信息系统和数据资源的情况汇报，研讨了依托广东省疾病预防控制中心食品安全风险监测、食源性疾病、慢性病、传染病及死因等基础工作和历史数据，共同探讨了食品安全健康大数据共享交换、多源数据综合分析利用以及食品安全健康指标体系构建等系列问题展开了深入的研讨。

本次调研对于提升中心食品安全技术服务能力，推动中心与地方在大数据方面的应用合作，促进食品安全健康大数据技术发展、提高食品安全信息惠民能力具有重要的现实意义。

再次顺利获得食品检验机构资质认定证书

根据《食品安全法》和《食品检验机构资质认定管理办法》要求，中心领导精心组织，各部门精诚合作，每位员工认真参与，中心经过复评审申请、现场评审、证书审批等工作流程，于2015年8月28日再次获得国家认监委颁发的食品检验机构资质认定证书，证书有效期至2018年8月27日。

2015年8月7～8日，国家认监委现场评审组对中心进行食品检验机构资质认定现场评审，对中心的实验室管理和技术能力给予高度评价。评审组认为中心质量目标明确，质量方针和质量承诺合理，组织机构健全，部门和岗位职责明确，专业技术人员队伍能力和素质高，技术力量配备、场所和设备配置合理，管理体系文件和制度健全，质量管理体系运行有效，符合国家《实验室资质认定评审准则》和《食品检验机构资质认定评审准则》的相关要求。

获证是行政准入的要求，但获证绝不是目的，更不是终点。质量控制办公室将在中心领导的指挥下，以此为新的起点，不断加强质量管理工作，持续改进质量管理体系，不断提高质量管理水平，为中心更好地服务于政府监管，服务于行业引领，服务于社会科普持续提供质量保证。

传递先进知识理念、提高检验质量水平——食品评估中心举办全国测量不确定度评定培训班

为使食品检验和质量管理人员理解和掌握测量不确定评定方法，提高监测工作质量和水平，更好地完成国家食品安全风险监测工作，根据《2015年国家食品安全风险监测质控方案》，2015年9月21～22日，中心在宁夏回族自治区银川市宁丰宾馆举办了“2015年全国食品检验测量不确定度评定培训班”。来自全国30多个省、直辖市、自治区和中心理化部的80多名从事质量

管理和理化检验学员参加了本次培训班。

国家卫生计生委食品司监测与预警处杜忠仁全程出席培训会并讲话。杜忠仁肯定了几年来食品安全风险监测工作的成绩，强调了没有质量控制就没有食品安全风险监测，希望学员们利用好此次学习机会，为保证食品安全风险监测工作质量做出更大的贡献。

简短开幕式后，中心质控办李业鹏以“食品测量不确定度管理要求”为题开启了培训。李业鹏副主任介绍了新的《检验检测机构资质认定评审准则》和相关政策对测量不确定度的管理和使用要求，阐明了测量不确定度评定的意义和必要性；列举了一些常见的对测量不确定的误解；阐述了测量不确定度是表示被测量值分散性的参数，是测量结果的一部分；提出了测量不确定评定过程是检验过程量化质量控制的方法；明确了测量不确定度是每个检验操作人员应该掌握的结果报告和质量控制技术。

来自中国计量科学研究院化学所的修宏宇博士，围绕《测量不确定度评定与表示》（JJF 1059.1—2012）和《化学分析测量不确定度评定》（JJF1135—2005）两个技术规范，深入浅出地讲解了测量不确定度的基本术语和知识，以及化学测量不确定度评定的原则，分析并解答了学员的困惑和疑问，帮助学员更好地理解了技术规范的要求。

随后，来自疾病预防控制中心和食药机构的9位老师，结合自己的工作经验和体会，分别详细介绍了测量模型建立、因果图绘制以及A类评定方法、B类评定方法、标准溶液配置标准偏差计算方法、标准曲线拟合标准偏差计算方法、回收率标准偏差计算方法、标准偏差灵敏度（相关分量处理）计算方法、样品均匀性偏差计算方法等测量不确定的基本技术应用。并引领学员根据技术规范要求，进行了食品中污染物和有毒有害物质的原子荧光分光光度法、石墨炉原子吸收光谱法、气相色谱法、液相色谱法、离子色谱法、液质质法等测量不确定评定实例练习。这些实例基本覆盖了食品检验常用的方法和操作。渐渐深入的内容引发了学员浓厚兴趣，课堂上互动活跃，不时出现激烈的讨论及恍然大悟的表情。

针对本次培训的课程设置、培训教材及培训教师评价的学员反馈意见表明，此次培训目标明确，以学会为目标；培训安排针对性强，教师经验丰富；培训内容和方式务实新颖，跳过复杂的、难于理解的测量不确定度数理统计理论，采用不断重复评定原则和步骤，达到了让学员渐渐卸去了对测量不确定度难于掌握的意识和“盔甲”；培训效果显著，绝大部分学员非常满意。同时也有部分学员提出希望继续举办类似的培训班，并能增加讨论交流的机会。

在培训后长达两个小时的实例考核中，学员们奋笔疾书，用自己两天来勤奋刻苦换来的知识，挥洒下未来食品检验质量工作再上新台阶的蓝图。

食品安全风险评估规划（2016～2020）研讨会在北京召开

2015 年 10 月 9 日，国家食品安全风险评估中心（以下简称食品评估中心）在北京召开了食品安全风险评估规划（2016～2020）研讨会。国家卫生计生委食品司副司长张磊时，食品评估中心副主任严卫星出席会议并讲话。国家卫生计生委卫生和计划生育监督中心、中国疾病预防控制中心营养与健康所，上海、河北、山东、广西、吉林省（区、市）疾病预防控制中心的有关负责同志和专家参加了会议。会议由食品评估中心主任助理李宁主持。

张磊时副司长表达了国家卫生计生委食品司对这项工作的重视，并对工作的开展情况给予了充分肯定。会议认为，食品安全风险评估规划（2016～2020）是今后几年我国食品安全风险评估工作的大纲，是为了系统、科学、整体地推进评估工作而制定的重要文件。会议指出，制定的《工作规划》要与实际工作结合，合理设定工作目标和务实的工作内容，使规划真正能够落地，有操作性。

与会领导和专家在食品评估中心专家介绍的基础上，对规划的草案进行认真、细致的研究和讨论，并提出了具体修改意见和建议。下一步食品评估中心将认真梳理、消化与会领导和专家的意见，进一步完善食品安全风险评估规划（2016～2020）。

召开全国食品安全风险评估工作骨干培训班

为进一步推进食品安全风险评估工作体系建设，加强全国专业技术队伍培养，提升我国食品安全风险评估工作能力，2015年10月20～23日，国家卫生计生委食品司会同食品评估中心、国际生命科学学会中国办事处、江苏省疾病预防控制中心在江苏省南京市举办了食品安全风险评估工作骨干培训班。国家卫生计生委食品司评估处张凤副处长出席会议并讲话。食品评估中心总顾问陈君石院士、中心主任助理李宁、江苏省卫生计生委食品处袁家牛处长、江苏省疾病预防控制中心周永林副主任参加会议。来自食品评估中心、江苏省疾病预防控制中心、广东省疾病预防控制中心的国内专家，以及来自国际生命科学研究会健康与环境科学研究所、伦敦帝国学院、内布拉斯加州医学中心、米兰大学、贝尔法斯特女王大学的外国专家参与授课，部分省（市、区）卫生计生委食品相关处室和31省（市、区）疾病预防控制中心从事食品安全风险评估相关工作的分管领导和技术骨干，食品评估中心标准、监测、交流、评估部门和分中心技术人员共130人参加了培训。开幕式由食品评估中心李宁主任助理主持。

张凤副处长充分肯定了历次全国食品安全风险评估工作骨干培训所取得的成效，并指出要进一步发挥骨干工作人员培训在各级食品安全风险评估人才队伍培养，各级食品安全风险评估机构履职和全国食品安全风险评估工作体系建设等方面的重要促进作用。

本次培训班内容设置紧密结合风险评估工作实际需要，从法规解读、工作进展、理论知识、技术方法、数据利用、案例分析、练习实践等方面进行系统培训。同时，为了开阔学员视野、及时了解食品安全风险评估方法的最新国际进展，本次培训班还设置了“21世纪风险评估（RISK21）—理论与操作”专题讲座和培训，邀请了5位国际权威专家介绍RISK21方法原理和网络工具使用，并通过大量案例分析演练RISK21工具在解决实际食品安全问题中的应用。此外，食品评估中心523项目风险评估团队学术带头人宫芸芸博士就生物标志物用于暴露评估的可能性作了主题报告。

本次培训采用了国内外专家同时授课、理论讲解—案例分析—实际演练相结合的方式，使学员进一步明确了各级风险评估机构履职内容，更加深入地了解了风险评估的法定职责和科学原则，掌握了风险评估基础数据使用方法、学习了风险评估结果在食品安全标准制定、风险交流中的应用，取得良好培训效果。

食品安全事故应急演练观摩暨处置能力提升培训在新疆和田举办

为贯彻落实国家卫生计生委领导提出的关于加大支援新疆卫生计生事业发展的指导思想和基本要求，提高老少边穷地区食品安全风险监测水平，增强在食品安全事故发生后的应急处置能力，按照中心党委的工作部署，食品评估中心于2015年10月21～23日，在新疆和田地区举办了食品安全事故应急演练暨处置能力提升培训班。中国军事医学科学院、和田地区行政公署等相关单位共同参与了本次培训及演练。

国家卫生计生委食品司、国家食品安全风险评估中心、中国军事医学科学院科技部、新疆维吾尔自治区食品药品监督管理局、和田地区行政公署等单位领导出席了演练及培训会开幕式。国家卫生计生委食品司张志强副司长及和田地区行政公署副专员古丽尼沙汗·买提尼牙孜在开幕式上做了讲话。

张志强副司长在讲话中指出，国家卫生计生委非常重视新疆卫生计生事业的发展建设。本次应急演练培训工作不仅将极大地提高当地食品安全从业人员的应急处置能力，同时也是对新食品安全法的一次宣贯，使相关单位明确其法定职责和程序。国家食品安全风险评估中心选择和田开展这项工作具有非常重要的现实意义。开幕式后国家食品安全风险评估中心、中国军事医学科学院、中国疾病预防控制中心等单位专家为学员进行授课。本次应急演练培训，进一步增强了和田地区食品安全事件的防范意识，完善了和田地区食品安全应急预案，强化了医疗机构、疾病预防控制机构和食品药品监督管理等部门联动机制，提升了食品安全事故处置能力，同时产出一批精品影像资料，为今后长期开展相关工作奠定良好基础。学员们普遍反映本次演练培训的内容将理论与案例相结合，非常容易接受和理解，对于学习掌握食品安全的相关知识很有效。

新疆和田地区各县（市）分管领导，以及公安局、卫生局、食品药品监督管理局、工商行政管理局、质量监督管理局和医疗机构、疾病预防控制机构、急救中心等单位职工共300余人参加了本次演练和培训。

食品安全标准实施效果评价工作方法培训班在北京举办

2015年10月27～28日，国家食品安全风险评估中心（以下简称食品评估中心）在北京举办了食品安全标准实施效果评价工作方法培训班。国家卫生计生委食品安全标准与监测评估司张志强副司长、食品评估中心主任助理王竹天、WHO驻华代表处Mercedes Revy官员、欧盟专家Basil Mathioudakis出席培训班开幕式并致辞，培训由食品评估中心标准一部主任樊永祥研究员主持。国家卫生计生委食品司领导，食品评估中心有关专家，部分省（市、自治区）卫生计生行政部门、监督机构、疾病预防控制机构食品安全标准有关负责人，相关科研院校研究人员等70余人参加了培训。

张志强副司长强调，食品安全标准实施效果评估与各级卫生计生行政部门依法要开展的食品安全标准跟踪评价工作不同，跟踪评价工作要广泛收集各利益相关方有关食品安全标准的意见和建议，实施效果评估是在此基础上的探索研究，为制定更加科学、合理的食品安全标准提供技术储备。

王竹天主任助理希望通过与世界卫生组织、欧盟、美国等国际组织和发达国家相关机构建立沟通平台，积极吸取和借鉴国外有关经验，缩短我国在食品安全标准实施效果评价工作的技术差距，为标准制定、修订工作提供强有力的技术支持。

本次培训以理论讲解、案例分析、现场互动问答等灵活多样的方式，介绍了食品安全法规影响评估的概念和工作程序，食品安全法规标准对经济、健康和消费者、国际贸易等方面的影响，以及卫生经济学评价概论等内容，为我国开展食品安全标准实施效果评价提供了思路。

国家卫生计生委食品司标准处宫国强处长在培训班结束前向大家介绍了关于加强食品安全标准跟踪评价工作的主要思路。各省级卫生行政部门在其他食品安全相关部门的支持配合下，应积极组织标准的宣贯培训，发动社会各界登录食品评估中心开设的食品安全国家标准跟踪评价网络工作平台，反馈对标准的意见和建议。

本次培训是 WHO 驻华代表处与食品评估中心共同探索食品安全标准实施效果评价研究的开端。今后双方将进一步在食品安全标准领域开展深入合作。

食品安全信息化研讨会在珠海召开

为加强食品安全风险管理技术支撑能力建设，充分发挥信息技术在食品安全工作中的作用，促进不同国家、不同地区间的食品安全信息化交流与合作，国家食品安全风险评估中心（以下简称食品评估中心）于 2015 年 10 月 30～31 日在珠海召开了食品安全信息化研讨会。邀请国内、国外专家作专题报告。国家卫生计生委食品司张磊时副司长、国家食品药品监督管理总局信息中心洪晓顺书记、食品评估中心严卫星副主任出席会议。来自部分省级疾病预防控制中心、食品评估中心分中心、技术合作中心和大专院校的专家50余人参加了会议。

德国农业协会的Simone Schiller博士以食品安全质量与可追溯体系对德国农业发展的推进作用为背景，介绍了食品安全追溯体系的关键技术，并对德国农业协会测试服务流程两级认证系统作了细致阐述；德国柏林联邦风险评估研究所许文娜博士针对德国食品安全体系以及如何保障食品安全做了详细的介绍；台湾辅仁大学谢邦昌教授、熊昭教授解读了大数据挖掘的方法和应用领域，并对大数据在食品安全领域的应用价值作了预测；香港食品安全评估中心谭秀琼医生对香港食品安全风险评估整体工作以及信息系统建设、应用做了详细介绍；广东省疾病预防控制中心食品所邓小玲所长对广东省食品安全风险监测与食源性疾病监测信息化建设状况做了介绍。

参会专家就食品安全信息化相关工作进行了深入交流与探讨，互相了解工作机制及特色，互相学习先进工作经验及理念，并针对工作中遇到的问题展开讨论，如大数据挖掘方法及技术、信息化建设管理模式、电子溯源技术对食品安全工作的重要意义等。通过本次技术交流，对于充分发挥信息化对食品安全工作“如虎添翼”的作用，不断完善国家食品安全风险技术支撑体系意义重大，也为下一步食品评估中心与国内、国外相关部门的交流合作打下了良好的基础。

举办2015年参比实验室技术培训班

为充分发挥国家食品安全风险监测参比实验室所承担的全国食品安全风险监测的质量控制、监测结果复核、技术培训和新方法新技术科学研究等作用，提高监测工作质量和水平，更好地完成国家食品安全风险监测工作，2015年11月5日，中心在浙江省桐乡市东方大酒店举办了“2015年参比实验室技术培训班”。来自全国 6 个风险监测参比实验室的 20 多名学员参加了本次培训班。

中国疾病预防控制中心性病艾滋病预防控制中心蒋岩研究员和学员们分享了中国艾滋病实验室网络及质控体系建设的工作经验。首先她提出实验室检测是艾滋病防治的基石；接着从国家 HIV/HCV 参比实验室任务入手，重点讲述了如何保障实验室设施、设备、安全、管理及质量体系有效运行；并以示范区探索项目——创新检测模式为例，提出了远程检测的概念；最后，她还给大家讲述了在国家 HIV/HCV 参比实验室发展进程中存在的问题和教训，以及回顾历史得出的如何能做得更好的宝贵经验。

来自广东省疾病预防控制中心的罗建波研究员和来自江苏省疾病预防控制中心的阮丽萍博士，分别给大家介绍了今年他们各自所在的参比实验室所做的工作，并重点介绍了由这两个参比实验室牵头进行的风险监测质控考核（能力验证）项目的组织情况，为今后开展参比实验室活动提出了方向。培训班还就《参比实验室工作规范》、《质控品制备工作规范》这两份规范性文件开展了热烈的讨论，并形成修改意见。课堂上互动活跃，不时出现激烈的讨论及欣然点头的表情。

针对本次培训的课程设置、培训教材及培训教师评价的学员反馈意见表明，此次培训目标明确，培训安排针对性强，教师经验丰富；培训内容和方式务实新颖，培训效果显著，绝大部分学员非常满意。同时学员们也提出希望今后能每年都持续举办类似的技术培训班，增加讨论交流的机会，不断提高参比实验室技术水平。

食源性疾病监测数据利用与分析培训班在北京举办

为了加强食源性疾病监测人才队伍建设，提高监测数据利用分析水平，中心于 2015 年 11 月 12～13 日在北京举办食源性疾病监测数据利用与分析培训班，来自全国各省级疾病预防控制中心的食源性疾病监测数据上报分析人员共60余人参加培训。

培训内容包括食源性疾病监测报告系统的功能更新，监测数据的关联性分析和预警数据的分析利用，对监测数据上报过程中常出现的问题的答疑，并指导如何开展医院HIS系统、省监测平台与国家监测系统的对接工作。同时，对食源性疾病暴发监测数据的归因分析进行介绍，并对归因相关的食品类别和其他变量字典进行探讨。

通过本次培训，对进一步规范监测数据上报的标准化，促进监测数据的有效利用，提高早发现、早预警食品安全隐患的能力起到较大的推动作用。

举办食品安全风险交流培训班

2015年11月13日，食品评估中心举办的第三期食品安全风险交流培训班在广西壮族自治区南宁市闭幕，2015年度全国卫生计生系统食品安全风险交流系列培训顺利结束，此前食品评估中心已在黑龙江省哈尔滨市和青海省西宁市分别举办了两期培训。

本年度的食品安全风险交流培训以提高省级食品安全一线工作人员风险交流技能为目的，主要围绕新闻写作、媒体沟通和科普宣教活动策划三个方面的内容，采取了专家授课、小组讨论、模拟演练等多种形式相结合，让学员们边学边实践。来自各省卫生计生委、疾病预防控制中心、卫生计生监督机构的食品安全工作人员130多人参加了培训。

举办2015年管理能力提升全员培训

为了进一步加强中心规范化管理，国家食品安全风险评估中心于11月19日举办了2015年管理能力提升全员培训。规划财务处、科教国合处和人力资源处分别详细介绍了中心财务管理、因公出国（境）管理规定、学生宿舍管理规定和职工考勤、请假相关规定，剖析了容易出现的误区；

条件保障处以生动的方式为大家讲解了消防安全知识；毒理实验部、微生物实验部和理化实验部分别结合各自在实际工作中的经验和体会介绍了实验室安全知识。

卢江书记在培训会上强调，牢固树立守纪律、讲规矩的意识，形成尊崇制度、遵守制度、捍卫制度的良好氛围。只有凡事走程序、凡事守规矩，才能不踩雷、不越线。要把规范履职行为当作一项长期性、基础性工作，让制度杠杆撬动责任担当，为推进食品安全技术支撑工作汇聚更多力量。培训会由中心主任助理李宁主持，150余名职工参加，取得良好成效。

举办2015年全国卫生计生系统食品安全信息化培训班

为加强食品安全风险管理基础支撑能力建设，充分发挥信息技术在食品安全工作中的作用，由国家食品安全风险评估中心组织的2015年全国卫生计生系统食品安全信息化培训班于2015年12月9～11日在海南省海口市举办。各省、自治区、直辖市卫生计生委，新疆建设兵团卫生局食品安全相关处负责人、省级疾病预防控制中心食品安全分管领导、信息化工作相关负责人180余人参加培训。

国家食品安全风险评估中心严卫星副主任在开幕式讲话中介绍了国家食品安全风险评估中心信息化建设工作进展，剖析了目前信息化工作中遇到的问题和挑战，提出下一步信息化建设工作设想，并且希望通过培训，建立国家与地方沟通的“桥梁”，加强合作，共同解决食品安全信息化建设中的难题，提高信息化建设能力。

我委食品司张磊时副司长在第二天的小组讨论会中指出，要深刻认识全面加快食品安全信息化建设的重要意义，准确把握卫生计生系统食品安全工作的信息化需求，积极推进、有所作为，切实把食品安全信息化建设抓出成效。

本次培训以理论与应用案例相结合的方式，专门就卫生计生食品安全信息化整体规划与思路、云计算与大数据在食品安全领域中的应用等内容作了详细介绍；广东、浙江两个省级疾病预防控制中心代表交流了各自开展食品安全信息化的工作经验；与会代表还就“十三五”食品安全信息化规划、系统建设、标准体系、数据分析及利用进行了专题研讨，并就互联互通、业务协同和数据挖掘与利用等方面提出意见和建议。

建立食品安全国家标准跟踪评价及意见反馈平台

为贯彻落实《食品安全法》、《国家卫生计生委食品司关于进一步加强食品安全国家标准跟踪评价相关工作的通知》要求，食品风险评估中心建立了食品安全国家标准跟踪评价及意见反馈平台 http://bz.cfsa.net.cn/db/yjfk。通过广泛收集标准使用者对现行所有食品安全国家标准的意见和建议，了解标准适用性、科学性和可行性情况。

国际合作与交流

与法国食品、环境和职业健康与安全署签署合作备忘录

2015 年 1 月 30 日，法国食品、环境和职业健康与安全署（ANSES）署长马克莫图赫访问我中心。刘金峰主任、张旭东副主任会见了代表团一行。刘金峰主任感谢法方对食品评估中心的关注和支持，他表示在中法建交 50 周年之际，莫图赫署长此访对于促进中法两国食品安全技术领域的合作具有重要意义。他建议双方在食源性疾病防控、实验室技术研发、能力建设等方面开展合作。莫图赫署长介绍了 ANSES 情况，并表示 ANSES 愿意积极促进双方科学研究和人员交流等全方位的紧密合作，推动两国食品安全工作的健康发展。会后，双方签署了合作谅解备忘录。

参加国际食品法典污染物委员会第 9 届会议

国际食品法典污染物委员会第 9 届会议于 2015 年 3 月 16～20 日在印度新德里举行，会议由荷兰政府主办，印度政府承办，来自 55 个成员国、1 个成员组织和 13 个国际组织的代表参加了会议。中国代表团成员由来自食品评估中心、香港特别行政区食环署、国家粮食局科学研究院和广西壮族自治区疾病预防控制中心的代表组成。本届会议共有 22 项议题，包括修订部分食品中铅限量标准、制定巧克力及可可制品中镉限量、制定糙米中无机砷限量、制定预防和降低大米中砷污染等操作规范以及 JECFA 优先评估名单等。中心首席专家吴永宁研究员汇报了牵头主持的糙米中无机砷限量标准工作情况，向委员会提出了该项标准的制定建议。委员会对该电子工作组所做工作给予了肯定，同意将该项工作推进到第五步，提交 CAC 大会审议。随着我国标准

工作科学水平的提高，中国已逐渐参与到国际食品标准制定工作中，为中国在双边和多边谈判中维护国家利益赢得更多的话语权。

WTO/SPS 委员会第 62 次例会在瑞士日内瓦召开

世界贸易组织（WTO）卫生与植物卫生措施委员会（SPS）第 62 次例会于 2015 年 3 月 25～27 日在瑞士日内瓦召开。参加会议的中国代表团由商务部、国家卫生计生委、质检总局和中国常驻日内瓦使团等部门 7 名代表组成，我中心标准一部毛雪丹副研究员作为代表团成员之一赴日内瓦参会。

会议主要讨论了私营标准、WTO/SPS 协定第 4 次审议、技术援助等公共议题。中国作为私营标准电子工作组主席，牵头起草的 SPS 相关私营标准定义得到了大部分成员的支持。大会特别贸易关注项下我代表团对“美国变更鲶鱼进口监管机构”提出关注，并就印度对我“水牛肉市场准入审批程序”以及日本对我“因核辐射限制进口其部分产品”等关注进行了解释澄清。会议期间，我代表团分别与欧盟、韩国、日本、澳大利亚、印度尼西亚、瑞士、挪威等 7 个成员进行了双边磋商，我中心代表就韩国 488 号 SPS 通报关于非灭菌型泡菜中新设置大肠杆菌指标、坚果和花生中新制定镉限量标准、韩国新食品原料审批程序等 3 项内容与韩国进行了双边磋商，取得了积极进展。

我中心作为国家卫生计生委 WTO 项目办公室，将利用 WTO/SPS 通报评议和 WTO/SPS 例会的工作平台积极有效地与各贸易成员进行双边交流。

欧盟联合研究中心代表到食品评估中心回访

2015 年 4 月 23 日，食品评估中心主任助理王竹天会见了欧盟联合研究中心副司长 Maria Pilar Aguar Fernandez 女士一行，双方就食品接触材料暴露评估、法规制修订、迁移试验方法等领域开展的工作、面临的挑战和未来发展方向等进行了深入讨论。双方一致认为可在食品接触材料暴露评估、迁移试验方法研发等领域开展进一步深入交流与合作。此次访问是继2014年5月食品评估中心人员赴欧盟进行食品接触材料法规和风险评估项目考察后欧盟官方进行的回访，为双方下一步开展实质性合作奠定了良好基础。

参加第17届美国食品安全峰会

为促进各国对当前食品安全政策、动态、研究方向等问题的交流、学习、传播和共享，第17届美国食品安全峰会于2015年4月28～30日在美国巴尔的摩召开。来自世界各地的食品安全专业人士讨论了食品欺诈、《食品安全现代化法案》执行及一体化、美国食品安全系统的集成以及食品行业面临的紧迫问题。食品评估中心首席专家吴永宁研究员受邀在食品欺诈主题会议上介绍了我国应对食品掺假的策略及相关法律法规。吴永宁研究员的演讲引起了与会者很大的关注和反响，会后多国学者纷纷与其进行更深入的交流，增进了国际社会对我国在食品欺诈、食品掺假领域的了解，拓宽了我国与国际间相关领域共同协作研究的渠道。

参加总膳食研究国际研讨会

总膳食研究（TDS）是世界卫生组织（WHO）推荐用于人群膳食安全性评价的有效方法。为促进和帮助WHO成员国组织和开展科学可靠、统一的总膳食研究，提高各国总膳食研究结果的可比性，2015年5月13～15日，在韩国首尔召开了总膳食研究国际研讨会。本次会议由WHO和韩国国家食品药品安全评估研究所联合主办。来自WHO、德国联邦风险评估研究所（BFR）、中国、美国、加拿大、英国、日本、澳大利亚等十几个国家、地区的总膳食研究领域专家共同交流、讨论总膳食研究及食品安全风险评估工作的经验和体会。会议决定将最终产出和建议上报WHO，以推动全球范围内总膳食研究的进一步发展。食品评估中心派员参加了本次会议，并在会上交流了我国总膳食研究的进展及其结果在风险评估、食品安全标准制定中发挥的积极作用。

法国驻华农业事务副参赞访问食品评估中心

2015年5月22日，新任法国驻华农业事务副参赞夏廷（Charles MARTINS-FERREIRA）一行3人访问食品评估中心。中心副主任张旭东会见了来访代表，双方就共同关心的食品安全标准和未来合作计划等议题交换了意见。双方表示今后将加强沟通与交流，积极推动双方机构在能力建设、人员互访、标准制定、信息共享等方面的紧密合作，促进两国食品安全工作的健康发展。

香港食物及卫生局代表团访问食品评估中心

2015年6月15日，香港食物及卫生局常任秘书长谢凌洁贞女士一行四人访问食品评估中心，中心党委副书记兼副主任卢江会见了代表团。卢江副书记回顾了双方在食品安全风险管理的技术支撑方面开展的合作与交流，简要介绍了内地食品安全治理的最新进展，并就下一步陆港两地在食品安全能力建设、信息共享、科研合作及科普宣教等方面提出了合作建议。谢凌洁贞女士对食品评估中心长期以来给予香港食物及卫生局的帮助和支持表示感谢，并表示将认真研究相关合作建议，夯实双方具体合作内容。国家卫生计生委食品司、食品评估中心相关部门负责人和技术骨干参加了会见。

参加第38届国际食品法典委员会大会

第38届国际食品法典大会于2015年7月6～11日在瑞士日内瓦召开。来自140个成员国家、1个成员组织（欧盟）和33个国际政府和非政府组织的代表出席了会议。中国派出了由国家卫生计生委、农业部、国家质检总局、工信部和香港食环署的20名代表团参加会议。

在食品评估中心中国食品法典委员会秘书处的充分准备和组织下，代表团积极参加了包括食品中转基因技术研讨会、法典在线系统更新会、法典信托基金讨论会和法典委员会主持国秘书处交流会等会议相关活动，充分表达了我国立场，并在活动中与其他国家代表进行了积极沟通。本届会议取得了圆满成果，通过了 35 项国际食品法典标准，19 项标准新工作。通过的 35 项国际食品法典标准中，包括中国担任主持国的国际食品添加剂法典委员会和国际农药残留法典委员会所提交的上百项食品添加剂和农药残留限量标准，以及我国主导制定的《非发酵豆制品区域标准》。《牛生长激素最大残留限量草案》在讨论中仍然存在较大争议，大会决定将此标准停留在第 8 步，开放讨论，待取得进一步共识后再做决定。会议确定了国际食品法典委员会未来工作的 6 个关键领域，包括：战略治理、应对新出现的问题、共识、各法典委员会间的合作、执委会的有效性和代表性、执委会和法典委员会的效率。本届食品法典委员会主席和副主席经选举获得连任，马来西亚当选亚洲地区执委，印度当选亚洲地区协调员。

美国-亚洲食品法典委员会研讨会在北京召开

2015 年 8 月 17 日，美国-亚洲食品法典委员会研讨会在北京召开。会议由美国农业部法典办公室主办，食品评估中心协办。会议目的是增强美国与亚洲区域在国际食品法典领域的交流。美国大使馆农业参赞 Philip Shull 先生和时任食品评估中心主任刘金峰出席会议并致辞。来自美国和亚洲国家的 60 多位代表参加了本次会议。会议通报了第 38 届国际食品法典委员会会议有关情况，并就国际食品法典标准制定过程、美国食品消费研究、中国食品安全国家标准体系等作了专题介绍。与会代表还分组讨论了即将在 10 月和 11 月召开的国际食品卫生法典委员会（CCFH）、营养和特殊膳食法典委员会（CCNFSDU）以及新鲜水果和蔬菜法典委员会（CCFFV）的关注议题，充分分享会议信息，增进理解和交流。

海峡两岸医药卫生合作协议工作组台方代表团访问食品评估中心

2015年8月26日，食品评估中心副主任张旭东会见了来访的海峡两岸医药卫生工作组台方代表团一行。双方就食品安全领域共同关注的问题和加强技术合作交换了意见。张旭东副主任介绍了新《食品安全法》，以及食品评估中心在食品安全风险监测、风险评估、风险交流等方面开展工作的情况。台方代表表示，大陆的工作经验对台湾具有很大的借鉴意义，希望进一步加强交流。国家卫生计生委港澳台办、食品评估中心相关部门负责人参加了会议。

召开中美食源性疾病监测技术交流会

美国疾病预防控制中心在食源性疾病监测、暴发识别、溯源调查、耐药监测及负担研究方面具有丰富的经验，已成为全球学习的典范。为借鉴美国先进经验，增进相互了解，2015年9月24日食品评估中心在北京举办中美食源性疾病监测技术交流会，会议邀请美国疾病预防控制中心食源性、水源性和环境疾病部副部长 Barbara E.Mahon 博士和美国国家耐药性监测系统（NARMS）团队负责人 Cindy R.Friedman 博士作专题报告。两位专家分别介绍了美国食源性疾病监测体系和人群食源性疾病负担估计方法及数据利用，美国食源性疾病暴发的识别与调查程序以及抗生素耐药情况。双方就食源性疾病监测相关工作进行了深入交流与探讨，互相了解工作机制及特色，互相学习先进工作经验及理念，并针对工作中遇到的问题展开讨论。来自国家卫生计生委食品司、各省疾病预防控制中心以及食品评估中心的专家50余人参会。

WTO/SPS 委员会第64次例会在瑞士日内瓦召开

世界贸易组织（WTO）卫生与植物卫生措施委员会（SPS）第64次例会于2015年10月14～16日在瑞士日内瓦召开。参加会议的中国代表团由商务部、国家卫生计生委、国家 WTO/SPS 通报咨询中心和中国常驻日内瓦使团等部门 7 名代表组成。我中心标准一部毛雪丹副研究员作为代表团成员之一赴日内瓦参会。

会议主要讨论了 WTO/SPS 协定第 4 次审议、技术援助等公共议题。我代表团对美国“变更鲶鱼进口监管机构”、欧盟“内分泌干扰物新政策”提出关注，并就欧盟对我“非洲猪瘟限制波兰猪肉进口”和“因疯牛病限制牛肉及其他相关产品进口”、美国对我“农业转基因生物安全评价管理办法”等关注进行了解释澄清。

会议期间，我代表团分别与欧盟、美国、韩国、日本 4 个成员进行了双边磋商，我中心代表就韩国 488 号 SPS 通报关于非灭菌型泡菜中新设置大肠杆菌指标、坚果和花生中新制定镉限量标准 2 项内容与韩国进行了双边磋商。韩国确认已经取消对泡菜设置大肠杆菌的设置，并积极考虑我方对花生和坚果中镉限量的评议意见，这是我中心通过 SPS 通报评议及 SPS 例会平台成功取得的积极成果。

今年正值 WTO 成立 20 周年，SPS 例会特别贸易关注议题数量创历史新高，各成员积极向大会分享各自的 SPS 措施。我国也应利用 SPS 平台积极向 WTO 展示食品安全等相关法规措施。

食品安全国际合作交流研讨会在北京召开

2015 年 11 月 5 日，由国家食品安全风险评估中心主办的食品安全国际合作交流研讨会在北京召开。本次会议作为食品评估中心人才能力建设“523 计划”食品标准与风险管理技术团队建设活动之一，邀请来自加拿大卫生部，加拿大食品监督局（CFIA），美国 FDA，欧盟食品安全局（EFSA），澳大利亚农业部，法国食品、环境和职业健康与安全署（ANSES），德国联邦风险评估研究所（BfR）的政府和研究机构代表，以及来自联合国粮农组织（FAO）、联合国工业发展组织（UNIDO）、世界银行全球食品安全合作计划（GFSP）

等国际组织代表参加。

国家卫生计生委食品司齐小宁副处长、食品评估中心严卫星副主任出席会议。会议由食品评估中心标准一部樊永祥研究员与食品标准团队特聘负责人、加拿大 Laval 大学 Samuel Godefroy 教授共同主持。

参会各国食品安全机构和国际组织与食品评估中心均有着广泛的合作关系。与会专家介绍了各自在食品安全领域所开展的相关工作和发展状况，共同探讨了食品安全国际合作中面临的困难和发展方向。会议讨论认为，各国食品安全风险评估和风险管理机构应该开展充分合作，促进食品安全科学数据和相关信息共享。与会专家对食品评估中心开展的能力建设活动表示赞赏，并对食品评估中心在风险监测、风险评估、标准管理和风险交流领域开展的工作表示充分肯定。与会人员一致认为，中国作为世界上最大的发展中国家，应该在食品安全风险评估和风险管理领域发挥更积极的主导作用，并与其他国家建立密切的合作伙伴关系。

严卫星副主任希望以本次会议为契机，进一步深化食品评估中心与各国食品安全技术机构的交流合作，带动亚洲地区和全球食品安全管理水平的提升。会议商定在与会各国和国际组织之间建立非正式的信息沟通渠道，共同提高对食品安全风险的应对能力。

人事人才

2015 年度申报两项“高端外国专家项目”成功获批

食品评估中心申报的“全球食品欺诈及应对措施的高层次人才引进项目”和“国家食品安全风险评估中心化学污染物培训和咨询”于 2015 年 1 月 5 日获得了国家外国专家局“高端外国专家项目”批复同意。通过这两个项目，中心将引进美国密歇根大学的 JOHN SPINK 博士和日本农林水产省技术事务总干事 YUKIKO YAMADA 博士。这两位博士在国际食品安全领域有较高影响力，他们的到来对促进中心“523 计划”项目人才培养、科研能力提升等方面发挥重要作用。

JOHN SPINK 博士是研究全球食品欺诈及应对措施的资深专家。他发起的食品欺诈倡议将国际合作者联合起来共同研究及分享最佳的实际案例和最有效的对策。他与美国和加拿大政府的很多机构都有合作，如美国 FDA、美国海关、美国 FBI、美国农业部，以及加拿大卫生部等。YUKIKO YAMADA 博士是日本农林水产省大臣秘书部技术事务总干事、首席科学家，联合国粮农组织和世界卫生组织联合农药残留会议成员。她有长期从事食品安全风险评估的工作经验，并且具有较高的学术造诣。同时她还是联合国粮农组织和世界卫生组织联合农药残留会议成员。

高端外国专家项目是国家外专局为进一步落实中央人才战略，加快建设高层次外国专家人才队伍建设，搭建富有活力、以用为本的高层次外国专家引进平台而特别设立的引智项目。其入选条件和项目审批严格，获批项目的外国专家可获得国家外国专家局在资金上的重点支持。

召开第三次高层次人才引进专家评审会

2015 年 4 月 2 日，食品评估中心召开了第三次高层次人才引进专家评审会，对拟引进的风险评估团队高层次人才进行现场评审。评审专家委员会由江桂斌、范云六院士，叶志华、刘阳、韩北忠、罗雪云和吴永宁等专家组成，江桂斌院士担任评审专家委员会主任。评审专家听取了英国贝尔法斯特女王大学（Queen's University Belfast）副教授宫芸芸关于《食品污染物暴露和健康风险研究对全球和中国的回顾和展望》的专题报告，并针对报告相关内容进行了提问和交流。评审专家委员会专家根据现场报告和答辩情况议定了评审意见。

召开信息技术团队高层次人才引进专家评审会

2015 年 6 月 10 日，食品评估中心在北京召开了信息技术团队高层次人才专家评审会。评审专家委员会由来自北京大学、中国农科院、食品评估中心等不同单位的 7 位专家教授组成。北京大学数学科学学院统计科学中心耿直教授就生物信息技术团队建设和计划做了现场报告，评审专家针对食品安全信息网络化建设问题进行了提问和交流，并根据现场报告和答辩情况提出了评审意见。经综合评议，会议认为耿直教授符合引进要求。

食品分类培养骨干人才项目——工业发酵团队组织召开第一次专家研讨会

根据食品评估中心食品分类培养骨干人才项目实施方案及工业发酵团队建设任务要求，2015 年 6 月 18 日，食品评估中心工业发酵团队在北京组织召开了工业发酵技术第一次专家交流研讨会，本组 8 位成员参加了此次会议。

为增加本组成员对工业发酵技术的认识，增强对发酵食品风险防范措施的了解，会议邀请了中国食品发酵工业研究院的标准信息研究发展部（全国食品发酵标准化中心、全国食品与发酵工业信息中心）、发酵工程研发部（中国工业微生物菌种保藏管理中心)、酿酒工程研发部(国际酿酒联合研究中心)及中国科学院微生物研究所(微生物生理与代谢工程重点实验室)有关专家，重点围绕工业发酵及产品安全进行了交流和研讨。通过本次活动，使本组成员了解了我国食品发酵行业现状、食品发酵工艺及其潜在安全风险、工业发酵领域标准体系、传统发酵食品中的微生物种类与作用、新型酿酒酵母菌种选育与发酵生产等，提高了对发酵的关键工艺、菌种安全、相关安全标准、发酵产品中可能的危害因素等方面的认识。会后团队成员参观中国食品发酵工业院各工程研发部。

发酵工业在食品生产中涉及广泛，技术复杂，影响深远。发酵食品的安全令人关注，风险防范的能力和措施有待加强，在食品评估中心涉及多个部门的技术工作。本次活动不仅增进了食品评估中心内部工作的融合，同时为发酵工业团队下一阶段人才培养计划的实施奠定了良好基础。

召开微生物团队高层次人才引进专家评审会

2015 年 6 月 25 日，食品评估中心在北京召开了微生物团队高层次人才引进专家评审会。来自军事医学科学院、中国科学院、中国农业科学院、中国疾病预防控制中心、北京工商大学等不同单位的 9 位专家教授参加了评审。爱尔兰都柏林大学 Séamus Fanning 教授就微生物团队的建设和计划做了现场报告并回答了评审提问。经过专家综合评议和填写评审意见，会议认为 Séamus Fanning 教授符合引进要求。

“523 计划”食品化学危害高通精准检测与暴露分析表征技术团队召开学术报告会

2015 年 9 月 23 日，食品评估中心召开“523 计划”团队学术报告会。食品化学危害高通精准检测与暴露分析表征技术团队负责人、环境与生物分析国家重点实验室伙伴实验室(香港浸会大学)主任、香港浸会大学二唖英实验室主任蔡宗苇教授做了题为“基于质谱的代谢组学在持久性有机污染物的分子毒理研究中的应用”的报告。食品评估中心杨林博士作为“523计划”重点培养的青年科技人员目前正在蔡教授实验室进行博士后研究，汇报了她近半年的研究工作进展和成果。报告会后，团队成员针对团队承担的学科任务、建设方向、具体实施方案和人才培养方式等进行了交流和讨论。

召开职工大会民主投票表决通过2015年度专业技术岗位聘任实施方案

食品评估中心于2015年11月13日召开全体职工大会，会议主要听取并审议了食品评估中心《2015年度专业技术岗位聘任实施方案》（以下简称《岗位聘任方案》），并提交全体与会职工投票表决后通过。

为体现民主管理原则，职工大会按要求设主席团，大会首先通过了主席团成员名单和投票表决工作人员名单。主席团主席由中心党委书记、副主任（主持工作）、工会主席卢江担任，副主任严卫星任执行主席并主持大会。主席团成员由管理层其他成员和来自职能部门、业务部门和实验部的职工代表组成。中心主任助理王竹天代表中心管理层讲解阐释了《岗位聘任方案》主要内容，党委书记、副主任、工会主席卢江讲话，随后，由党办副主任、工会副主席马正美作为总监票人主持了投票表决过程。

党委书记、副主任、工会主席卢江在讲话中强调，实施岗位聘任是事业单位改革发展和用人制度改革的必然趋势，食品评估中心前期做了大量细致的准备工作，反复征求职工意见建议并逐条修改完善，目的是不断让方案更具科学化和可行性，要让能干事、想干事且有技术水平的人员走到适当的岗位上，体现人尽其才、才尽其用。卢江要求本次职称聘任工作一定要严格程序，确保公平公正，并设纪检监察部门全程监督，弘扬中心健康向上的正能量，营造干事创业的良好氛围。职工大会应到职工195人，实到职工143人，以无记名投票的方式对《岗位聘任方案》进行表决，其中赞成的123人，占职工总数的86%，超过半数，提交会议审议的《岗位聘任方案》获得通过。本次职工大会体现了中心对职工知情权、参与权、表达权和监督权的高度重视，对进一步规范食品评估中心民主管理活动、维护职工合法权益、构建和谐劳动关系有着重要意义。

圆满完成2015年度专业技术岗位竞聘

按照国家食品安全风险评估中心全体职工大会审议通过的《2015年度专业技术岗位聘任实施方案》要求，我中心于2015年12月4～5日召开了专业技术岗位竞聘答辩会。现场竞聘答辩采取外部专家与中心内部评委共同评审的方式，邀请了中国疾病预防控制中心、北京大学、中国农业科学院和中国人民解放军军事医学科学院等7位国内食品安全领域知名专家和中心领导班子成员、各部门负责人 28 人组成的外部和内部评审组，担任现场评委，对96位申报专业技术岗位人员进行了评审。

中心党委书记卢江同志在竞聘答辩会开始前强调指出：按照公开、公正、公平、竞争择优原则，坚持岗位控制、严把条件、按程序实施的原则，选拔德才兼备、“又红又专”、积极钻研业务的专业人员走上合适岗位。食品评估中心岗位聘任评审学术委员提前依据书面材料，完成了96名竞聘人员基础客观分的评审。申报专业技术二级至七级岗位的56名竞聘人员进行了现场报告和答辩。由中心领导班子及各部门负责人组成的内部评审组，根据申报材料结合日常工作表现，对40名申报专业技术八级至十一级岗位的竞聘人员进行书面评审打分。基础客观分评审、竞聘答辩评审、分数统计等环节由纪检人员全程监督。

本次岗位竞聘工作，综合考虑内部评审与外部评审、专业能力和日常表现、科学研究与技术支撑等多种因素，突出“又红又专”，体现了民主决策和创新精神，得到了中心广大职工的高度认可和积极拥护。

召开 2015 年中心领导班子考核暨“一报告”会议

2015 年 12 月 25 日上午，国家食品安全风险评估中心在双井工作区召开了中心领导班子考核暨“一报告”会议。国家卫生计生委人事司副司长徐缓，干部一处唐勇林、胡安易，以及中心中层以上干部参加会议。

会上中心党委书记、副主任卢江同志对中心年度工作进行了总结报告和个人述职，并对中心 2015 年度选人用人工作进行了专题报告。中心副主任严卫星和张旭东两位同志结合各自分管工作进行了个人年度总结报告。

会上，全体中层以上干部对中心委管干部进行了民主测评。

党群工作

党委召开 2014 年度民主生活会征求意见座谈会

食品风险评估中心党委按照国家卫生计生委直属机关党委《关于开好 2014 年度党员领导干部民主生活会的通知》要求，于 2015 年 1 月 16 日下午召开了征求意见座谈会，中心各党支部书记、中层干部、民主党派、退休职工、群众、青年代表等共计 42 人参加了座谈并发言。中心主任刘金峰、党委书记侯培森、党委副书记兼纪委书记高玉莲、主任助理李宁参加会议并听取意见建议。

会上，与会人员逐一发言，民主党派代表和退休职工代表也结合实际畅谈了对中心管理发展等方面的体会和建议。大部分同志对中心建设发展目标的认识比较统一，对在管理方面采取的各项措施比较认同，对管理层及其成员深化作风建设取得的效果比较肯定，但同时也在人员编制、业务联动、运转效率、工作环境、职工待遇等方面提出了希望改进的意见建议，经整理，共有 5 类 31 条，已整理汇总并反馈至领导班子及领导干部本人。与会领导在会上对大家提出的问题给予了及时回应，部分意见建议已现场布置有关部门提出解决思路并予以落实，部分尚未明确的问题将由党员领导干部民主生活会继续研究讨论，出台后续整改落实措施，切实进一步加强中心管理和班子自身建设，助推各项工作的科学发展。

党委召开食品评估中心 2014 年度党员领导干部民主生活会

食品评估中心党委 2015 年 1 月 27 日召开了主题为“严格党内生活，严守党的纪律，深化作风建设，助力食品安全”的 2014 年度党员领导干部民主生活会。食品评估中心党委向督导组汇报了班子对照检查材料，班子成员逐一围绕主题进行了自我剖析和对照检查，开展了批评与自我批评。列席会议的党委会、管理层其他成员也对班子成员提出了意见建议。第四督导组组长赵书贵，副组长、驻委组局副局级纪检监察员唐燕，机关党委副书记鹿文媛等到会督导并讲话。督导组认为本次民主生活会准备充分，班子的对照检查材料全面客观、符合实际，查找分析问题深刻准确，会议质量高，符合中央和委党组要求，达到了预期目的。

党委召开2015年党的工作会部署全年党建、纪检工作

食品评估中心党委于2015年3月10日由党委副书记、副主任卢江主持召开了2015年党的工作会，在回顾既往工作的基础上，对2015年主要工作进行部署。食品评估中心纪委委员，各党支部书记、委员，党办、纪审处干部共计30人参加会议。

会议首先传达了2015年国家卫生计生委直属机关党的工作会主要精神，学习了2015年直属机关党建、纪检工作要点。国家卫生计生委副主任、机关党委书记崔丽同志讲话，传达学习了2015年直属机关纪检工作会主要精神。食品评估中心各党支部书记逐一发言，在总结回顾2014年主要工作的同时，分别谈了工作体会、存在的问题并提出意见建议。党委副书记、副主任卢江听取支部书记发言后，充分肯定了中心以往党建、纪检工作，对所提意见建议进行了回应，并对2015年党建、纪检工作做了安排部署，明确了工作重点和责任分工。卢江副书记要求党务、纪检干部要进一步坚持思想建党，做政治上的明白人，讲政治，守规矩，保证中心政令畅通；做到能想事，能做事，能担事，能成事，鼓励党务干部履行好责任，发扬牺牲奉献精神，用心用情做好思想政治工作。

第一、第四党支部开展“下基层、进企业、到一线”主题党日活动

根据食品评估中心党委年度重点工作安排，第一党支部和第四党支部于

2015 年 4 月 21 日联合开展“下基层、进企业、到一线”主题党日活动，赴北京天安农业发展公司有机蔬菜种植基地进行食品安全风险控制规范和追溯体系调研，中心党委副书记、副主任卢江和中心副主任张旭东作为支部普通党员，与支部其他党员和积极分子近 40 人参加了活动。

活动参观了鲜切蔬菜生产线和现代化有机蔬菜连栋温室，与天安农业工作人员就蔬菜农药使用、抽查、检验、配送及蔬菜产品二维码追溯系统管理情况进行了交流讨论。卢江副书记和张旭东副主任与大家探讨了蔬菜种植病虫害防控、化学农药规范使用、食品溯源体系建设等问题。其他党员对企业在农药规范化使用和风险控制方面提出了工作建议。

活动后党员一致表示，通过此次主题党日活动，深刻认识到源头控制和精准追溯在保障食品安全中的重要作用，深入了解种植、生产前端环节是进一步做好食品安全技术支撑工作的重要组成部分，进一步明确了自身岗位职责和工作目标。本次活动还促进了不同部门党员间的交流沟通。下一步，食品评估中心各党支部还会围绕“下基层、进企业、到一线”主题，开展多层次的实地调研活动，将我中心食品分类专家团队建设计划落到实处。

团委开展“缅怀革命先烈，传承五四精神”主题团日活动

为纪念“五四”运动 96 周年，2015 年 4 月 24 日，在李大钊烈士逝世 88 周年之际，食品评估中心党委副书记、副主任卢江同志率中心团员、青年 50 余人来到北京西郊爱国主义教育基地——李大钊烈士陵园，开展“缅怀革命先烈，传承五四精神”主题团日活动。

活动首先举行了简短、肃穆的纪念仪式，中心团员、青年在卢江书记的带领下，向李大钊纪念碑敬献了花篮并三鞠躬，表达对革命烈士的无限哀思和崇高敬意。中心团委委员、第二团支部书记于航宇代表团员青年发言，表示要学习革命先烈的崇高精神，立足岗位，奉献进取，将宝贵的青春年华无悔地奉献给食品安全事业。

党委副书记、副主任卢江同志代表中心党委讲话，充分肯定了青年人在食品评估中心创建发展中起到的积极作用，勉励团员青年要更好地继承发扬五四精神，并提出了殷切希望：一是要坚定信念，牢固树立正确的人生观、世界观，培育和践行社会主义核心价值观，时刻传递正能量；二是要树立全面学习，终身学习的观念，努力在理论与实践的结合中谱写新篇章；三是要讲政治、讲奉献、敢担当，要成为中心各项决策忠实的捍卫者和执行者，积极关心中心建设发展，树立主人翁意识和责任感；四是要勇于吃苦，勤奋扎实创业，树立不怕苦不怕累的精神，扎扎实实干事，踏踏实实做人。

活动还组织参观了李大钊烈士革命事迹陈列馆，通过大量的文物图片资料学习了李大钊烈士一生战斗历程，回顾了五四精神起源发展，第三团支部的胡豫杰和耿雪还和大家一起分享了相关历史资料，诵读了李大钊撰写的《新纪元》。食品评估中心团员青年表示，通过参加主题团日活动，思想受到了洗礼，要继续传承革命精神，投身本职工作，倾注青春热忱，保障人民“舌尖上的安全”，为卫生计生事业发展做出更大的贡献，让五四精神永放时代光芒。

召开职工代表大会暨群团工作会

2015年4月29日，食品评估中心召开职工代表大会，依据《中国工会章程》和《工会法》，经无记名投票，选举中心党委副书记、副主任卢江为新一任工会主席和妇工委主任。为落实中央八项规定，将群团工作会与职工代表大会合并召开，选举结束后，会议传达学习了国家卫生计生委直属机关工会、团委2015年工作要点，通报了中心工会2014年决算和2015年预算情况，党委副书记、副主任卢江对年度群团工作进行了部署。

第二、第八党支部走进乳品公司开展主题党日活动

第二党支部和第八党支部按照国家食品安全风险评估中心党委年度重点

工作安排，于2015年5月5日联合开展“下基层、进企业、到一线”主题党日活动，赴天津伊利乳业有限公司就乳制品质量控制和食品安全管理体系等进行了调研，共有党员和积极分子等30余人参加了本次活动。

参观了相关实验室和酸奶制品生产线，随后支部成员与企业负责人及相关质量控制专家就乳制品过程管理中的主要风险控制点，如牧场规范管理、原料选用、包装材料中有害物质检测、追溯体系等情况进行了深入交流和讨论。

通过这次活动，支部成员意识到，作为食品安全技术支撑部门的工作者要对食品一线生产有更深刻的了解，与食品企业之间应该就共同解决食品安全相关问题，倡导健康生活，引领行业健康发展建立沟通渠道，支持企业坚守行业诚信，为消费者提供安全健康的食品。本次活动也促进了食品评估中心不同部门党员之间的联系和沟通，增进了工作的交流和融合。在以后的工作中，第二党支部、第八党支部将继续结合业务工作，扎扎实实开展好支部活动，增强“服务于政府风险管理，服务于公众科普宣教，服务于行业创新发展”的履职能力，为中心发展做出贡献。

工会、妇工委开展“中国梦·食安梦”迎六一亲子书画活动

“六一”国际儿童节来临之际，国家食品安全风险评估中心工会、妇工委于2015年6月1日联合开展了主题为“中国梦·食安梦”迎六一亲子书画活动，孩子们的优秀绘画作品展出后，职工深受鼓舞与感动，再次激发了爱岗敬业、提高专业水平的正能量。

此次活动，中心工会、妇工委组织职工围绕“中国梦·食安梦”主题，向14岁以下子女讲述食品安全工作的重大意义和社会责任，所从事岗位的职责使命和为食品安全事业发挥的积极作用，让孩子幼小的心灵中逐步萌发对父母从事职业的荣誉感和自豪感，明白“食品安全人人有责”，志愿做食品安全工作的小小宣传员。此次活动得到众多职工和孩子们的欢迎，孩

子们围绕主题自由创作，作品充满童趣和奇思妙想，同时也饱含了对食品安全的美好期待和真诚祝愿，活动共收到书画作品近40幅，最小参与者年仅2岁。中心工会、妇工委邀请从事多年儿童艺术教育的专业人员，从经典美术理论、风格流派和对比世界大师名作的视角对孩子们的作品逐一点评赏析，发现了一枚枚小毕加索、小莫奈、小梵高，“食品安全小小宣传员”队伍也始见雏形。

书画作品展出后，中心职工备受感染与鼓舞，特别是孩子们自己设计创作的“食品安全过程溯源放大镜”、“食品安全生产线”、“未来高科技营养集成水壶”等创意绘画和“毒蘑菇虽美不能误采误食”、“预防食物中毒”等科普宣传画，使职工们看到了孩子对父母所从事光荣职业的真诚关注和热情礼赞，这是孩子们送给家长的最美好、最有意义的礼物。职工们感动之余也深感肩上责任重大，纷纷表示，为了孩子们，为了祖国的未来，更要扎实做好食品安全技术支撑工作，保障民众“舌尖上的安全”。

国家卫生计生委直属机关党委常务副书记王雪凝赴食品评估中心调研

2015年6月5日，委直属机关党委常务副书记王雪凝到食品评估中心调研党建工作，实地视察指导“三严三实”专题教育工作。王雪凝一行走访了获“全国青年文明号”称号的食品安全标准部、重点实验室和评估部先进基层党组织，听取了中心工作、党建工作汇报，认真回应了中心参会人员对机关党委工作的意见建议，对食品评估中心党委下一步工作提出部署和要求。

团委举办“大山深处的期盼”爱心募捐活动

为促进社会主义核心价值体系建设，发扬食品评估中心“干在实处、走在前列”的工作精神，激发干部职工的爱心奉献意识，作为中心“三严三实”专题教育赴山西大宁开展“食品安全与公众健康进社区”活动的延伸和后续，食品评估中心团委于2015年6月8～19日组织开展了“大山深处的期盼”爱心募捐活动。

在中心团委的募捐倡议书发出后不久，就得到了干部职工的积极响应，大家为了边远贫困山区的孩子们，纷纷伸出温暖的双手，加入到爱心图书文具捐赠的队伍，在奉献爱心的同时，感受“赠人玫瑰，手留余香”的喜悦。活动共募集到图书128本，各类文具用品797件。目前，这批捐赠物资已寄往山西省临汾市大宁县太德乡太德小学。

妇工委与中心人才发展“523”计划食品分类项目饮料组联合开展“茶知识讲座”

2015年7月16日下午，食品评估中心妇工委与中心人才发展“523”计划食品分类项目饮料组联合开展“茶知识讲座”活动。中心副主任、党委副书记、妇工委主任卢江同志到会并讲话，中心近80名职工参加了活动。

卢江副书记在讲话中指出中心党委非常重视妇工委的工作，妇工委委员们也十分尽职尽责，为了给广大女职工提供更多更好地服务，动脑筋想办法，做了大量的工作。此次茶的知识讲座活动选题好，组织的也好，妇工委积极与中心人才发展“523”计划食品分类项目饮料组联合，与业务工作结合，邀请到国内知名的从事茶叶研究的专家讲座，大家不仅可以系统地了解饮茶与健康的关系，熟悉我国六大茶类的加工工艺，学习如何鉴茶、评茶，而且可以进一步了解茶叶功效成分及其与健康的关系、不同茶叶的加工工艺，这对于开展全过程风险评估，确定关键控制点和风险监测重点关注物质以及建立可追溯系统非常重要。希望大家认真学习和掌握相关知识，拓宽专业领域。

大家聆听了浙江大学农学院副院长，茶学博士王岳飞教授关于《我国六大茶类成分与品质》的介绍和中国疾病预防控制中心营养与健康研究所，从事茶叶与健康研究几十年的资深专家韩驰研究员关于《饮茶与健康》的讲座。

参加国家卫生计生委第一届职工运动会喜获佳绩

2015年11月8日上午，国家卫生计生委第一届职工运动会开闭幕式在国家奥体中心体育馆隆重举行，机关和各直属单位均积极参加，充分展现了卫生计生干部拼搏进取、健康向上的良好风貌。食品风险评估中心全体职工和运动员以总分第11名荣获最佳集体奖，并获广播操比赛一等奖、太极拳比赛三等奖、网球比赛第八名的好成绩。

运动会入场式上，食品评估中心方队由副主任张旭东带领方队走过主席台，接受委领导和同志们的检阅，党委书记、副主任（主持工作）卢江与看台上食品评估中心的观众代表一起为中心运动员呐喊助威。中心方队运动员手持太阳花，象征着食品安全工作对百姓负责，也象征着食品评估中心职工对事业的热情与忠诚；“食品安全，重于泰山；努力拼搏，勇挑重担！”的口号铿锵有力，振奋人心。参加广播操表演的王伟、闫韶飞等20名队员是来自3个实验部的优秀职工代表，既增强了体魄，也为中心赢得了荣誉；参加太极拳比赛的王家祺、张婧等10余位标准部同事和理化部岳兵，短时间内掌握了太极拳的精髓与要领，整个国家卫生计生委直属机关只有10个单位参加太极拳表演，其中就有食品评估中心的10位年轻同志；民族健身操表演队伍中，有贺巍巍、孙赫阳等监测预警部、评估部、人力资源处的5朵金花，充满朝气活力。

参加入场式、广播操、太极拳、民族健身操的同事还参加了6个趣味项目的比赛，另有50余名职工作为在观众席上坚守了中心的一块阵地，文明观赛、呐喊助威，展示了一道整齐团结、阳光靓丽的风景。在国家卫生计生委第一届职工运动会上，食品评估中心职工充分展示了团队协作和奋勇拼搏的集体主义精神。特此对全体运动员和参与者提出表扬，并致以衷心感谢。今后，食品评估中心全体职工将继续同心同德、团结一致，为食品安全和人民健康事业发展不断贡献力量。

专题学习党的《廉洁自律准则》和《纪律处分条例》

2015 年 12 月 7 日上午，食品评估中心召开 2015 年第四次党委中心组学习扩大会，专题学习《中国共产党廉洁自律准则》和《中国共产党纪律处分条例》（以下简称《准则》和《条例》），会议由党委书记、副主任（主持工作）卢江主持，副处级以上干部参加。

会议首先由党委委员、中心主任助理李宁传达学习了《中国共产党廉洁自律准则》和《中国共产党纪律处分条例》颁布背景和要点，副主任张旭东传达了国家卫生计生委机关党委《关于认真传达学习<中共中央关于部分省市县党委书记违纪违法案件及其教训警示的通报>精神的通知》，案例数据和原因剖析全面深入，使全体中层干部受到警示教育。交流发言阶段，中心副主任严卫星、主任助理王竹天作主题发言，4 位处级干部作专题发言，分别谈了学习体会，表示要坚决以党章为根本遵循，坚持问题导向，把纪律和规矩挺在前面，并分别结合实际工作提出贯彻落实好《准则》和《条例》的措施建议。

党委书记、副主任（主持工作）卢江在总结讲话中，强调了全面学习贯彻《准则》和《条例》的重大意义，要求全体党员干部要细学、深照、笃行，把落实好党风廉政建设主体责任和监督责任作为重点政治任务来抓，要善于发现问题，敢于直面问题，勇于解决问题，把党规党纪刻在心上，以铁的纪律和饱满的热情确保年底工作圆满收官。

三严三实

动员部署“三严三实”专题教育

2015 年 5 月 21 日，食品评估中心组织专题党课，动员部署“三严三实”专题教育。中心主任刘金峰围绕“三严三实”专题教育要求，以“干在实处，走在前列，建好食品安全技术支撑国家队”为题，讲述了他对“三严三实”内涵的理解，对照“三严三实”要求存在哪些差距和问题，提出领导班子要“严管厚爱带队伍”，通过进一步建立完善制度、加强教育、落实奖惩解决存在的不严不实问题。要求党员干部要为食品评估中心和食品安全技术支撑事业的发展，把该负的责任担起来，既要有精神，更要见行动，敢于“啃硬骨头”，敢于“涉险滩”，拿出“发展为大、舍我其谁”的使命感和责任感，在真抓实干中建功立业。中心副主任、党委副书记（主持工作）卢江同志主持专题党课，全体党员团员、处级以上干部 130 余人参加学习。

党支部走进食品安全监管一线开展“三严三实”主题党日活动

2015 年 5 月 22 日，按照食品评估中心党委工作安排和“三严三实”专题教育要求，第一党支部和第五党支部联合开展了“走进食品安全监管一线，将食品安全工作落到实处”主题党日活动。两个支部的党员、入党积极分子和群众共计 33 人参加了活动。

参加活动的同志们先后赴西城区椿树街道食品药品监管所、白纸坊街道食品药品监管所和西城区食品药品稽查大队就食品安全基层监管工作进行了调研。西城区食品药品监管局闫学会局长及椿树所、白纸坊所和稽查大队相关负责人分别介绍了机构职能、区域食品安全监管工作现况、存在问题和未来计划。双方就基层党建和廉政工作、食品安全基层监管流程、基层监管工作范围、食品安全标准与基层监管衔接等问题进行了深入交流和讨论。活动中，支部书记韩宏伟作为党员代表，向前往调研的监管机构分别赠送了食品评估中心自主编写的《1 分钟读懂营养标签》和《食品安全 100 问》，宣传食品安全科普知识，受到基层工作人员的欢迎。

通过现场实地调研学习和与一线食品监管人员面对面交流，同志们深入了解了一线情况和食品安全标准工作需求与问题，探索了与基层监管工作人员对接的有效模式。双方就食品安全知识下基层、标准跟踪评价、监管人员远程教育培训等议题达成了合作共识，搭建了食品评估中心与西城食药监管机构的“直线式”合作桥梁，初步构建了良好的“互动—反馈”模式。近期，西城区食品药品监管局同志还将到食品评估中心，在食品安全标准应用和公众科普宣教等方面进行深入交流。

通过此次活动，支部党员职工进一步认识到作为食品安全“国家队”肩头的重任，深化了对“三严三实”丰富内涵及深刻实践意义的理解，特别是对“谋事要实”的认识，大家普遍认为今后工作中要加强与基层一线人员沟通，切实以提高食品安全监管效率、提升食品安全监管可操作性为出发点，扎实做好业务工作，使食品安全技术支撑工作更好地服务于政府的风险管理。

赴新疆和田地区开展食品安全应急处置能力培训工作调研

为贯彻落实国家卫生计生委、国家食品安全风险评估中心在开展“三严三实”专题教育活动的有关要求，支持新疆、西藏等少数民族地区卫生和食品安全工作，国家食品安全风险评估中心于 2015 年 5 月 27～30 日，组织专家赴新疆和田地区开展食品安全应急处置能力工作专题调研。

在新疆和田地区行署、地区卫生局的大力支持和配合下，调研组召开了座谈会，行署应急办、地区卫生局、食药局、公安局、工商局、质监局、农业局及地区疾病预防控制中心、卫生监督所和人民医院等相关部门负责同志参加了会议。

调研组介绍了本次调研工作背景情况以及针对和田地区开展应急处置能力培训计划的内容，听取了和田地区食品安全相关部门工作情况汇报，对应急处置能力培训的内容进行了认真讨论，根据和田地区食品安全工作特点和需要，提出了有针对性的修改意见。

调研组实地考察了和田地区公安局、卫生局，地区疾病预防控制中心、卫生监督所及基层卫生服务站等单位。通过召开座谈会、参观实验室、观看纪录片等方式，了解当地食品安全方面实际情况，收集各部门在应急处置方面的具体需求，以“谋事要实、创业要实”的精神，为服务基层、服务西部，提升和田地区食品安全应急处置能力，开展食品安全从业人员应急处置能力培训做好准备。

开展“食品安全与公众健康进社区”活动

为落实中心党委组织开展的“三严三实”专题教育活动，进一步体现食品评估中心“干在实处、走在前列”的工作精神，应山西省临汾市大宁县政府邀请，食品评估中心组织有关专家于5月28～30日赴大宁县开展了“食品安全与公众健康进社区”活动。

山西省大宁县是国家级扶贫开发重点县和吕梁山片区扶贫开发县，也是国家卫生计生委对口扶贫县之一。中心副主任严卫星向大宁县政府赠送了《1分钟读懂营养标签》和《食品安全100问》科普书籍；韩宏伟研究员、韩军花研究员分别做了“食品安全的真相与误区”和“舌尖上的营养”专题讲座。来自大宁县疾病预防控制中心、卫生系统相关人员和志愿服务者以及临汾市其他各区县疾病预防控制中心代表近200人参加了启动会。

严卫星副主任等一行人员与各区县疾病预防控制中心人员就食品安全

风险监测、食源性疾病应急处置工作中遇到的问题和困难进行了座谈，听取了基层工作人员对上述工作的意见和建议。在县政府安排下，实地走访了健康示范学校、太德乡乡镇卫生院等地，了解基层卫生工作开展情况；并且在太德乡茹古村开展营养和健康知识现场宣传和交流活动，与村民进行了互动。

食品评估中心官网首页开通“三严三实”专题网页

为扎实开展“三严三实”专题教育活动，按照国家卫生计生委党组要求和李斌主任讲党课精神，食品评估中心党委高度重视“三严三实”专题教育舆论宣传和学习引导工作，于2015年6月2日率先在食品评估中心官网首页开通“三严三实”专题网页，作为专题教育信息发布和学习交流的重要平台。

专题网页设工作动态、图片新闻、学习资料、信息交流等专栏，将全面及时反映食品评估中心“三严三实”专题教育开展情况，是国家卫生计生委直属机关最早开通专题网页的单位之一。

食品评估中心与中国科学院科技促进局共商科技合作大局

为扎实开展“三严三实”专题教育活动，以从严从实作风促进干事创业、推动改革发展，2015年6月9日，中国科学院科技发展促进局局长严庆、副局长段子渊带领相关院所专家走访食品评估中心，与食品评估中心主任刘金峰、首席科学家吴永宁及相关部门负责人，就食品安全科技支撑工作合作意向进行了座谈交流。科技部社会发展科技司综合与督导处处长孙燕荣受邀参加了座谈。

座谈会上段子渊副局长代表科技发展促进局介绍了中科院改革和中国科学院科技服务网络计划项目情况，相关专家分别汇报了中国科学院食品安全科技工作、食品评估中心分中心工作和食品安全微生物大数据中心筹备工作。

吴永宁研究员介绍了食品安全控制、微生物监测溯源、化学风险评估发展趋势及食品评估中心科技支撑工作需求。

双方就食品安全工作合作方向及内容、共建食品安全大数据微生物中心、共同推进国家重点专项等展开讨论。严庆局长在讲话中指出，为落实中国科学院—国家卫生计生委全面战略合作相关工作和中国科学院科技服务网络计划项目，中国科学院科技发展促进局以科技服务为主题，以国家、行业、地方、领域发展需求为指引，非常愿意在前期合作基础上，继续与食品评估中心开展合作，力争解决我国食品安全风险评估工作面临的技术瓶颈，保障国家食品安全。

刘金峰主任作总结讲话。他指出，在开展三严三实专题教育之际，中国科学院科技发展促进局领导一行走访食品评估中心交流合作意向，力争将国家科技发展大局与食品安全技术支撑工作实际相结合，是践行三严三实的具体体现。食品评估中心经过三年多的建设发展，正处在挑战和机遇并存的特殊时期，能够强化与中国科学院的合作，恰逢其时。借助中国科学院的科研、人才及技术优势，通过实在的谋事、创新，再加上苦干、实干，一定能够大大提升我国食品安全技术支撑工作的科技水平，为保障食品安全和人民健康做出更多的贡献。

通过交流，双方确定以国家在食品安全领域的重大需求为导向，以保障国家利益和食品安全为出发点，针对食品评估中心在工作中面临的技术问题，依托各自优势，组织双方科研力量，在合作研究、人员培养、联合申报相关重大科研项目以及国家重点实验室建设等方面开展合作。会后双方将进一步凝练合作内容，落实并逐步深化双方合作。

召开“三严三实”专题教育第一次专题学习研讨会

2015 年 7 月 17 日，食品评估中心党委围绕“严以修身，加强党性修养，坚定理想信念，把牢思想和行动的总开关”，举行了“三严三实”专题教育第一次学习研讨会暨党委中心组学习扩大会。中心党委书记兼副主任卢江做主题发言。她首先分析了为什么要严以修身，结合习近平总书记的要求，以建设高素质国家食品安全专业技术队伍为目标，从加强理论学习、强化大局意识、加强制度建设、加强作风建设等方面讲述了她对严以修身的认识和思考。王永挺等6位中层干部结合本职工作做了专题发言。

会议传达了国家卫生计生委副主任金小桃近期提出的“五个坚持”工作要求，即坚持思想先导、坚持依法履职、坚持慎对媒体、坚持从严管理、坚持底线意识，分析了中心内部管理、制度建设、作风建设等方面存在的“不严不实”问题，提出了改进对策与措施。

召开“三严三实”专题教育第二次专题学习研讨会

2015年9月1日上午，食品评估中心党委围绕“三严三实”专题教育“严以律己，严守党的政治纪律和政治规矩，自觉做政治上的‘明白人’”，举行了第二次专题学习研讨会暨党委中心组学习扩大会。会议由食品评估中心党委书记、副主任卢江主持，班子成员、全体中层干部、各党支部书记委员等共60余人参加会议。

严卫星副主任在主题发言中主要谈了对“严以律己”的学习体会，从坚定理想信念；强化党性道德修养，守好思想底线；以法律己、以纪律己、以德律己、以人律己，守好法律底线；以身作则，带头发挥表率作用等方面阐释了如何做到严以律己。严卫星副主任结合中心实际工作，提出要扎实贯彻委党组工作要求，落实“五个坚持”，处理好科研与技术支持、法定职责与社会拓展、优势专业与学科建设、管理与效率等方面的关系，加强科研，夯实基础，依法履职，建设讲政治、守规矩、听指挥的食品安全技术支撑国家队。

会上，部分支部书记、中层干部和青年代表紧密围绕“严以律已”主题，结合自身工作实际谈了对严以律己的认识，认为要按照“三严三实”要求，发挥好模范带头、上传下达作用，围绕委党组工作大局，带头落实执行中心工作。

刘金峰主任作了总结讲话，他认为食品评估中心开展的“三严三实”专题教育与中心发展更加融合，针对性更强，并对严卫星副主任的主题发言和8位同志专题发言给予了充分肯定，针对“严以律己”提出了进一步要求：一是要以党员标准严格要求自己。要对照标准找差距，要有本事，要争模范，要带头干事，要有解决实际问题的能力，齐心协力打造“又红又专”的食品安全技术支撑国家队。二是要增强政治敏感性，严守党的政治规矩。要坚决执行好中央的路线方针政策，落实好委党组的决策部署要求。三是要始终心存敬畏。要敬畏法纪，要求党员干部继续认真深入学习《食品安全法》，依法履职尽责；要敬畏责任，守土有责，杜绝不干事、不担事的“老好人”；要敬畏科学，严谨务实，夯实基础，处理好群体与个体的辩证关系，关注敏感人群，提出科学有针对性的专业建议。党委书记、副主任卢江对食品评估中心“三严三实”专题教育的安排部署提出总体要求，要求党员干部继续巩固刘金峰主任讲党课和2次专题学习研讨会的学习成果，通过“三严三实”专题教育带动团队建设和能力提升。

召开“三严三实”专题教育第三次专题学习研讨会

2015年10月29日上午，食品评估中心党委以“严以用权，真抓实干，实实在在谋事创业做人，树立忠诚、干净、担当的新形象”为主题开展了第三次专题学习研讨会暨党委中心组学习扩大会。会议由食品评估中心党委书记、副主任卢江主持，副主任张旭东作主题发言，郭云昌等8名中层干部作专题发言，班子成员、全体中层干部、各党支部书记委员等共60余人参加会议。

张旭东副主任在主题发言中主要谈了对“严以用权，谋事要实、创业要实、做人要实”的认识，逐一分析了用权不严的主要表现和原因，并结合食品评估中心实际工作提出改进措施。郭云昌等 8 名中层干部在专题发言中紧密围绕主题，结合实际谈了理解认识，认为要按照“三严三实”要求，树立不履行好岗位职责就是庸政懒政的观念，时刻注意严格遵守廉洁从政准则，忠诚履职、务实奉献。

党委书记、副主任（主持工作）卢江作了总结讲话，简要总结了食品评估中心开展“三严三实”专题教育组织三次专题学习研讨的情况，并对年底各项工作进行了部署安排。卢江要求，食品评估中心党员干部要充分提高对严以用权的认识，讲政治、守规矩、严用权，要将“三严三实”贯穿工作始终，做到时时铭记、事事坚持、处处上心，在国家卫生计生委党组的坚强领导下，将“三严三实”专题教育深入推进，将 2015 年各项工作任务圆满落实。

开展“三严三实”专题教育南京培训实践活动

为进一步推进“三严三实”专题教育深入开展，食品评估中心于 2015 年 11 月 4～6 日在南京开展了第一批培训实践活动，党委书记、副主任（主持工作）卢江带队，70 余名党员职工参加。

第一批南京培训实践活动开班式由中心主任助理李宁主持，党委书记、副主任（主持工作）卢江出席并讲话，南京人口培训中心常务副主任黄惠娟出席并致辞。卢江书记讲话中强调了此行到南京开展培训实践活动的目的与意义，旨在将食品评估中心“三严三实”专题教育引向深入，并通过组织参观侵华日军南京大屠杀遇难同胞纪念馆、学习沈浩精神报告会，激发党员职工的爱国热情和创业激情，不忘国耻，振兴中华。卢江要求，一是要珍惜学习机会，认真聆听讲座，提高专业技术人员的管理能力，以实际行动落实“三严三实”的作风要求；二是要结合实际、学以致用，认真查找工作中不严不实的问题与不足，建立自我修正完善的目标；三是要严格遵守培训秩序，遵守八项规定要求，确保培训学习取得实效。

此次培训实践活动分别邀请中国人事科学研究院董志超围绕“三严三实”和“四个全面”作主题讲座，重点指导专业技术人员和中层干部从提高管理能力的角度落实严和实的要求。培训班还邀请了中共安徽省滁州市委党校副校长童子凡作《弘扬沈浩精神，做人民群众离不开的好干部》宣讲报告，童子凡副校长以详实的资料、动情的讲述，为食品评估中心党员职工深入阐释了沈浩精神的深刻内涵，报告会感人肺腑、催人奋进。在参观侵华日军南京大屠杀遇难同胞纪念馆时，食品评估中心组织了庄严肃穆的祭奠哀悼仪式，纪念死难同胞，牢记历史教训。

短短三天的培训实践活动，在70余位党员职工心中产生了强大的影响，大家一致表示，要学习沈浩的忠诚和大爱、创新和奋斗精神，不断提高管理能力和履职水平，牢记历史，不辱使命，将培训收获融入到实际岗位工作中去，以严和实的工作作风，为食品安全技术支撑工作和人民健康福祉贡献应有的力量。

第四部分　大事记

大事记

2015 年 1 月 5 日	2015 年度申报两项“高端外国专家项目”成功获批
2015 年 1 月 14 日	中央纪委驻国家卫生计生委纪检组李林康同志带队检查食品评估中心党风廉政建设责任制暨惩治和预防腐败体系建设情况工作
2015 年 1 月 14～16 日	2015 年全国食源性疾病监测网报系统培训班在北京召开
2015 年 1 月 16 日	党委召开 2014 年度民主生活会征求意见座谈会
2015 年 1 月 27 日	党委召开食品评估中心 2014 年度党员领导干部民主生活会
2015 年 1 月 28 日	召开食品安全国家标准整合工作领导小组会议
2015 年 1 月 29～30 日	食品相关产品标准整合调研会在上海召开
2015 年 1 月 30 日	国家卫生计生委副主任孙志刚赴食品评估中心调研
2015 年 1 月 30 日	与法国食品、环境和职业健康与安全署签署合作备忘录
2015 年 2 月 3 日	举办沙门氏菌相关知识开放日活动
2015 年 2 月 4 日	回应金箔作为食品添加剂拟入酒的争议

2015 年 2 月 6 日	召开 2014 年度工作总结表彰会
2015 年 2 月 11 日	国家卫生计生委副主任、食品安全国家标准整合工作领导小组副组长金小桃同志主持召开食品安全国家标准整合工作领导小组会议
2015 年 2 月 11～12 日	2015 年国家食品安全风险监测工作培训及研讨会在厦门召开
2015 年 2 月 13 日	举办保密专题培训
2015 年 3 月 9 日	召开食品安全风险评估培训基金学员报告会
2015 年 3 月 10 日	党委召开 2015 年党的工作会部署全年党建、纪检工作
2015 年 3 月 19 日	中央纪委驻国家卫生计生委纪检组组长陈瑞萍到食品评估中心调研
2015 年 3 月 13 日	食品安全国家标准整合工作督导调研活动在北京举办
2015 年 3 月 16～20 日	参加国际食品法典污染物委员会第 9 届会议
2015 年 3 月 23～27 日	第 47 届国际食品添加剂法典委员会会议在西安举行
2015 年 3 月 25～27 日	WTO/SPS 委员会第 62 次例会在瑞士日内瓦召开
2015 年 3 月 29～31 日	2016 年国家食品安全风险监测食源性诺如病毒实验室检测技术培训在厦门举办
2015 年 3 月 30～31 日	召开国家食品安全风险评估专家委员会第九次全体会议
2015 年 3 月 30～31 日	召开卫生部食品安全风险评估重点实验室学术委员会第三次会议暨 2014 年度工作会议

2015 年 3 月 31 日	召开食品安全国家标准整合中期工作会议
2015 年 4 月 2 日	召开第三次高层次人才引进专家评审会
2015 年 4 月 7 日	举办世界卫生日主题开放日活动
2015 年 4 月 16 日	食品添加剂和食品相关产品国家标准整合工作督导调研活动在上海举行
2015 年 4 月 17 日	“生态环境-食品安全-风险防控”联动机制专家研讨会在北京举行
2015 年 4 月 20～24 日	参与全球食品安全合作项目实验室能力建设培训
2015 年 4 月 21 日	第一、第四党支部开展“下基层、进企业、到一线”主题党日活动
2015 年 4 月 22～23 日	2015 年国际食品安全大会圆满闭幕中心喜获殊荣
2015 年 4 月 23 日	欧盟联合研究中心代表到食品评估中心回访
2015 年 4 月 24 日	团委开展“缅怀革命先烈，传承五四精神”主题团日活动
2015 年 4 月 27 日	开展消防疏散应急演练活动
2015 年 4 月 27 日	标准部荣获“全国青年文明号”称号
2015 年 4 月 27～29 日	参加湖南省举办的空间分析在食品安全领域综合分析中的应用培训班
2015 年 4 月 28～30 日	参加第 17 届美国食品安全峰会
2015 年 4 月 29 日	召开职工代表大会暨群团工作会
2015 年 5 月 5 日	第二、第八党支部走进乳品公司开展主题党日活动
2015 年 5 月 6～7 日	国家食品安全风险监测参比实验室工作研讨会在恩施召开

2015 年 5 月 13 日	举办政府采购工作专题培训
2015 年 5 月 13～15 日	派员参加总膳食研究国际研讨会
2015 年 5 月 15 日	召开乳粉中二噁英、多氯联苯等标准物质专家鉴定会
2015 年 5 月 16～18 日	承办特殊医学食品和临床营养支持专题论坛
2015 年 5 月 20 日	国家卫生计生委办公厅主任于学军一行到食品评估中心调研
2015 年 5 月 20 日	启动 2015 年中国居民食物消费量调查工作
2015 年 5 月 21 日	举办“食品安全法”培训
2015 年 5 月 21 日	动员部署“三严三实”专题教育
2015 年 5 月 22 日	法国驻华农业事务副参赞访问食品评估中心
2015 年 5 月 22 日	党支部走进食品安全监管一线开展“三严三实”主题党日活动
2015 年 5 月 25 日	食品评估中心获得《中国食品卫生杂志》主办单位资格，出版单位《中国食品卫生杂志》编辑部为食品评估中心内设机构
2015 年 5 月 26～28 日	2015 年食品微生物风险评估技术培训班在成都召开
2015 年 5 月 27～30 日	赴新疆和田地区开展食品安全应急处置能力培训工作调研
2015 年 5 月 28～30 日	开展“食品安全与公众健康进社区”活动
2015 年 6 月 1 日	工会、妇工委开展“中国梦食安梦”迎六一亲子书画活动
2015 年 6 月 2 日	食品评估中心官网首页开通“三严三实”专题网页

2015年6月3日	召开《食品中可能违法添加的非食用物质名单》配套检验方法专家评审会
2015年6月3日	与中科院地理所就食品安全时空预警问题进行交流
2015年6月4～5日	参加2015年国家食品安全风险监测工作广东现场调研活动
2015年6月4～5日	召开第一届食品安全国家标准审评委员会营养与特殊膳食食品分委员会第九次会议
2015年6月4～22日	举办食品安全实验室技术和管理培训项目顺利
2015年6月5日	召开食品安全风险预警课题中期验收会
2015年6月5日	国家卫生计生委直属机关党委常务副书记王雪凝赴食品评估中心调研
2015年6月8日	《有碍食品安全的疾病目录》研讨会在昆明召开
2015年6月8～19日	团委举办“大山深处的期盼”爱心募捐活动
2015年6月9日	食品评估中心与中国科学院科技促进局共商科技合作大局
2015年6月10日	召开信息技术团队高层次人才引进专家评审会
2015年6月15日	香港食物及卫生局代表团访问食品评估中心
2015年6月18日	食品分类培养骨干人才项目——工业发酵团队组织召开第一次专家研讨会
2015年6月23日	举办公文写作与信息统计专题培训班
2015年6月24～25日	举办2015年乳品检验技术培训班
2015年6月25日	召开微生物团队高层次人才引进专家评审会

2015 年 6 月 29 日	举办 2015 年全国食品安全宣传周国家卫生计生委主题日
2015 年 7 月 2 日	第一届食品安全国家标准审评委员会检验方法与规程分委员会（理化工作组）在北京召开第二十次会议
2015 年 7 月 6～11 日	参加第 38 届国际食品法典委员会大会
2015 年 7 月 8 日	召开 2015 年食品安全国家标准跟踪评价工作会议
2015 年 7 月 10 日	《有碍食品安全的疾病目录》编制研讨会在大连召开
2015 年 7 月 13 日	《食品安全国家标准食品微生物检验标准菌株图鉴》首版发行
2015 年 7 月 14 日	召开海洋和水产食品安全风险评估国际研讨会
2015 年 7 月 16 日	妇工委与中心人才发展“523”计划食品分类项目饮料组联合开展“茶知识讲座”
2015 年 7 月 16～17 日	《2016 年食源性疾病监测计划》研讨会在银川召开
2015 年 7 月 17 日	召开“三严三实”专题教育第一次专题学习研讨会
2015 年 7 月 23～24 日	全国食品安全风险监测优秀论文颁奖暨技术交流会在昆明召开
2015 年 7 月 31 日～8 月 1 日	启动《2016 年国家食品化学污染物及有害因素风险监测计划》制定工作
2015 年 8 月 1 日	《第四次中国总膳食研究》出版
2015 年 8 月 4 日	召开食物过敏研讨会

2015 年 8 月 7 日	顺利通过食品检验机构资质认定复评审现场核查
2015 年 8 月 11 日	召开第四次酒中氨基甲酸乙酯限量标准研讨会
2015 年 8 月 17 日	美国—亚洲食品法典委员会研讨会在北京召开
2015 年 8 月 18～20 日	赴广东省疾病预防控制中心开展食品安全健康大数据应用试点调研
2015 年 8 月 25 日	《2016 年食源性疾病监测计划》定稿会在洛阳召开
2015 年 8 月 26 日	海峡两岸医药卫生合作协议工作组台方代表团访问食品评估中心
2015 年 8 月 27 日	召开食物链脆弱性评估技术研讨会
2015 年 8 月 27～28 日	食品安全大数据应用试点建设工作研讨会在哈尔滨召开
2015 年 8 月 28 日	再次顺利获得食品检验机构资质认定证书
2015 年 9 月 1 日	召开“三严三实”专题教育第二次专题学习研讨会
2015 年 9 月 10～11 日	《2016 年食源性疾病监测工作手册》定稿会在北京召开
2015 年 9 月 14 日	召开食品评估中心领导班子调整大会
2015 年 9 月 15～16 日	《2016 年国家食品微生物风险监测工作手册》定稿会在无锡召开
2015 年 9 月 21～22 日	传递先进知识理念、提高检验质量水平——中心举办全国测量不确定度评定培训班
2015 年 9 月 23 日	“523 计划”食品化学危害高通精准检测与暴露分析表征技术团队召开学术报告会

2015 年 9 月 24 日	召开中美食源性疾病监测技术交流会
2015 年 9 月 24～25 日	国家卫生计生委副主任金小桃调研卫生计生系统食品安全工作体系建设工作
2015 年 9 月 24～25 日	新版《食品安全性毒理学评价程序和方法》标准宣贯会召开
2015 年 10 月 9 日	食品安全风险评估规划（2016～2020）研讨会在北京召开
2015 年 10 月 12 日	第一届食品安全国家标准审评委员会营养与特殊膳食食品分委员会第十次会议在北京召开
2015 年 10 月 14～16 日	WTO/SPS 委员会第 64 次例会在瑞士日内瓦召开
2015 年 10 月 20～23 日	召开全国食品安全风险评估工作骨干培训班
2015 年 10 月 21～23 日	食品安全事故应急演练观摩暨处置能力提升培训在新疆和田举办
2015 年 10 月 26 日	建立食品安全国家标准跟踪评价及意见反馈平台
2015 年 10 月 27～28 日	食品安全标准实施效果评价工作方法培训班在北京举办
2015 年 10 月 29 日	召开“三严三实”专题教育第三次专题学习研讨会
2015 年 10 月 30 日	重点实验室组织召开食物链脆弱性及欧盟地平线 2020 项目技术研讨会
2015 年 10 月 30～31 日	食品安全信息化研讨会在珠海召开
2015 年 11 月 4～6 日	开展“三严三实”专题教育南京培训实践活动

2015 年 11 月 5 日	食品安全国际合作交流研讨会在北京召开
2015 年 11 月 5 日	举办 2015 年参比实验室技术培训班
2015 年 11 月 8 日	参加国家卫生计生委第一届职工运动会喜获佳绩
2015 年 11 月 10 日	举办“酒类食品安全与真实性技术国际论坛”
2015 年 11 月 12～13 日	食源性疾病监测数据利用与分析培训班在北京举办
2015 年 11 月 13 日	举办食品安全风险交流培训班
2015 年 11 月 13 日	召开职工大会民主投票表决通过 2015 年度专业技术岗位聘任实施方案
2015 年 11 月 17～18 日	召开第一届食品安全国家标准审评委员会食品相关产品分委员会第八次会议
2015 年 11 月 19 日	举办 2015 年管理能力提升全员培训
2015 年 11 月 19～20 日	召开第一届食品安全国家标准审评委员会食品添加剂分委员会第十二次会议
2015 年 12 月 4～5 日	圆满完成 2015 年度专业技术岗位竞聘
2015 年 12 月 7 日	专题学习党的《廉洁自律准则》和《纪律处分条例》
2015 年 12 月 9 日	召开分中心（技术合作中心）2015 年第二次工作会议
2015 年 12 月 9～11 日	举办 2015 年全国卫生计生系统食品安全信息化培训班
2015 年 12 月 25 日	召开 2015 年中心领导班子考核暨“一报告”会议

第五部分　机构设置

国家食品安全风险评估中心机构设置

（截至 2015 年 12 月）

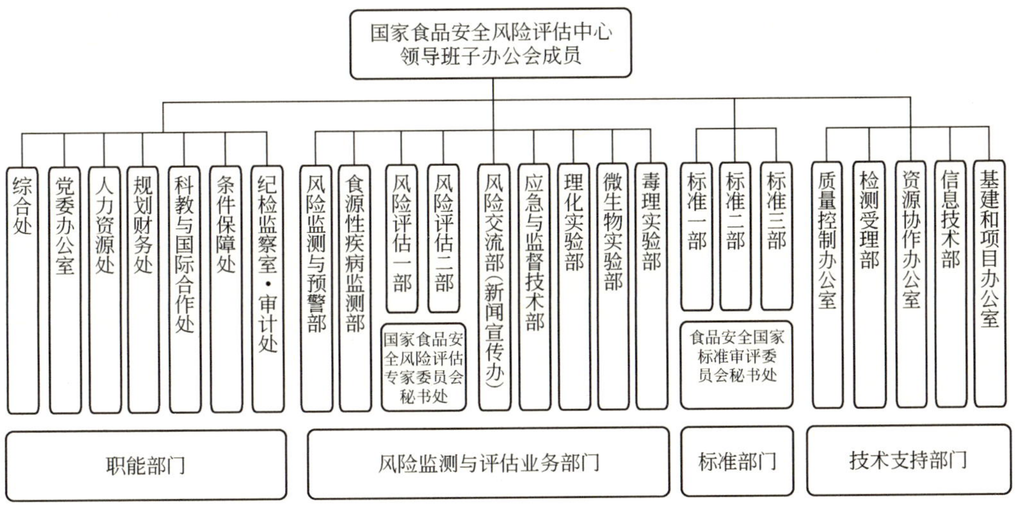

国家食品安全风险评估中心
领导班子办公会成员

（截至2015年12月）

主　　任	刘金峰（任职时间：2011年10月10日至2015年10月）
副主任、党委书记	卢　江（任职时间：2015年7月16日）
副主任	严卫星（任职时间：2012年11月23日）
副主任	张旭东（任职时间：2014年12月26日）
纪委书记	王竹天（任职时间：2015年12月28日）
主任助理	李　宁（任职时间：2012年5月16日）
首席专家	吴永宁（任职时间：2012年6月7日）

国家食品安全风险评估中心中层干部

（截至 2015 年 12 月）

综合处

韩宏伟　处　长（任职时间：2012 年 5 月 16 日）

姚　魁　副处长（任职时间：2013 年 12 月 3 日）

党委办公室

马正美　副处长（任职时间：2012 年 5 月 16 日）

刘艳君　团委书记（任职时间：2013 年 9 月 27 日）

人力资源处

王永挺　处　长（任职时间：2012 年 5 月 16 日）

于　波　副处长（任职时间：2012 年 5 月 16 日）

规划财务处

齐　军　处　长（任职时间：2014 年 9 月 1 日）

李晓燕　副处长（任职时间：2012 年 5 月 16 日）

科教与国际合作处

徐　汝　副处长（主持工作，任职时间：2012 年 5 月 16 日）

丁　杨　副处长（任职时间：2012 年 5 月 16 日）

条件保障处

孙景旺　处　长（任职时间：2014 年 9 月 1 日）

纪检监察室·审计处

朱传生　副处长（主持工作，任职时间：2012 年 5 月 16 日）

风险监测与预警部

杨大进　主　任（任职时间：2014 年 9 月 1 日）

食源性疾病监测部

郭云昌　副主任（主持工作，任职时间：2012 年 5 月 16 日）

张英男　副主任（任职时间：2013 年 9 月 27 日）

风险评估一部

徐海滨　主　任（任职时间：2012 年 5 月 16 日）

朱江辉　副主任（任职时间：2013 年 12 月 3 日）

风险评估二部（国家食品安全风险评估专家委员会秘书处）

刘兆平　主　任（任职时间：2014 年 9 月 1 日）

张　磊　副主任（任职时间：2012 年 5 月 16 日）

风险交流部（新闻宣传办）

郭丽霞　副主任（主持工作，任职时间：2012 年 5 月 16 日）

韩蕃璠　副主任（任职时间：2012 年 5 月 16 日）

钟　凯　副主任（任职时间：2013 年 12 月 3 日）

应急与监督技术部

计　融　副主任（主持工作，任职时间：2012 年 5 月 16 日）

张卫民　副主任（任职时间：2012 年 5 月 16 日）

理化实验部

赵云峰　主　任（任职时间：2014 年 9 月 1 日）

苗　虹　副主任（任职时间：2012 年 5 月 16 日）

微生物实验部

李凤琴　主　任（任职时间：2012 年 5 月 16 日）

徐　进　副主任（任职时间：2012 年 5 月 16 日）

毒理实验部

贾旭东　副主任（主持工作，任职时间：2012 年 5 月 16 日）

于　洲　副主任（任职时间：2013 年 12 月 3 日）

标准一部（食品安全国家标准审评委员会秘书处）

樊永祥　主　任（任职时间：2014 年 9 月 1 日）

标准二部

王　君　副主任（主持工作，任职时间：2012 年 5 月 16 日）

标准三部

张俭波　副主任（主持工作，任职时间：2012 年 5 月 16 日）

韩军花　副主任（任职时间：2012 年 5 月 16 日）

质量控制办公室

李业鹏　副主任（主持工作，任职时间：2012 年 5 月 16 日）

检测受理部

蒋双勤　临时负责人（任职时间：2014 年 5 月 22 日）

资源协作办公室

满冰兵　主　任（任职时间：2014 年 9 月 1 日）

信息技术部（《中国食品卫生杂志》编辑部）

肖　辉　主　任（任职时间：2012 年 5 月 16 日）

何来英　副主任（任职时间：2012 年 5 月 16 日）

基建和项目办公室

靖瑞锋　主　任（任职时间：2014 年 9 月 1 日）

第六部分　奖励和荣誉

集体奖

获奖单位	奖励名称	评奖单位	授奖时间
国家食品安全风险评估中心标准部	2013～2014 年度全国青年文明号	共青团中央	2015 年 4 月
国家食品安全风险评估中心风险交流部	科学传播奖	国际食品科技联盟	2015 年 4 月
《中国食品卫生杂志》	2013～2014 年度中华预防医学会系列杂志优秀期刊三等奖	中华预防医学会	2015 年 10 月
国家食品安全风险评估中心	突出贡献单位荣誉称号	中国现场统计研究会	2015 年 12 月

个人奖

姓名	奖励名称	评奖单位	授奖时间
王竹天	第七届国家卫生计生委突出贡献中青年专家荣誉称号	国家卫生计生委 国家中医药管理局	2015年7月
吴永宁	中国毒理学杰出贡献奖	中国毒理学会	2015年10月
王君	科技创新奖——杰出青年奖	中国食品科学技术学会	2015年10月
韩军花	全国营养科学先进工作者（“百名英才”称号）	中国营养学会	2015年 5月
肖革新	特殊贡献奖	中国现场统计研究会	2015年12月
苏亮	应用创新奖	中国现场统计研究会	2015年12月
张磊	国家卫生计生委2013～2014年度优秀工会积极分子	国家卫生计生委	2015年4月
陆晶晶	技术发明奖二等奖	教育部	2015年2月

第七部分　附录

国家食品安全评估中心分中心及技术合作中心名单

（截至 2015 年 12 月）

国家食品安全风险评估中心军事医学科学院分中心

国家食品安全风险评估中心上海生命科学研究院分中心

国家食品安全风险评估中心海洋食品技术合作中心

国家食品安全风险评估中心应用技术合作中心

国家食品安全风险监测（省级）中心名单

（截至2015年12月）

序号	挂牌机构名称	依托单位
1	国家食品安全风险监测北京中心	北京市疾病预防控制中心
2	国家食品安全风险监测天津中心	天津市疾病预防控制中心
3	国家食品安全风险监测河北中心	河北省疾病预防控制中心
4	国家食品安全风险监测山西中心	山西省疾病预防控制中心
5	国家食品安全风险监测内蒙古中心	内蒙古自治区疾病预防控制中心
6	国家食品安全风险监测辽宁中心	辽宁省疾病预防控制中心
7	国家食品安全风险监测吉林中心	吉林省疾病预防控制中心
8	国家食品安全风险监测黑龙江中心	黑龙江省疾病预防控制中心
9	国家食品安全风险监测上海中心	上海市疾病预防控制中心
10	国家食品安全风险监测江苏中心	江苏省疾病预防控制中心
11	国家食品安全风险监测浙江中心	浙江省疾病预防控制中心
12	国家食品安全风险监测安徽中心	安徽省疾病预防控制中心
13	国家食品安全风险监测福建中心	福建省疾病预防控制中心
14	国家食品安全风险监测江西中心	江西省疾病预防控制中心
15	国家食品安全风险监测山东中心	山东省疾病预防控制中心
16	国家食品安全风险监测河南中心	河南省疾病预防控制中心

续表

序号	挂牌机构名称	依托单位
17	国家食品安全风险监测湖北中心	湖北省疾病预防控制中心
18	国家食品安全风险监测湖南中心	湖南省疾病预防控制中心
19	国家食品安全风险监测广东中心	广东省疾病预防控制中心
20	国家食品安全风险监测广西中心	广西壮族自治区疾病预防控制中心
21	国家食品安全风险监测海南中心	海南省疾病预防控制中心
22	国家食品安全风险监测重庆中心	重庆市疾病预防控制中心
23	国家食品安全风险监测四川中心	四川省疾病预防控制中心
24	国家食品安全风险监测贵州中心	贵州省疾病预防控制中心
25	国家食品安全风险监测云南中心	云南省疾病预防控制中心
26	国家食品安全风险监测西藏中心	西藏自治区疾病预防控制中心
27	国家食品安全风险监测陕西中心	陕西省疾病预防控制中心
28	国家食品安全风险监测甘肃中心	甘肃省疾病预防控制中心
29	国家食品安全风险监测青海中心	青海省疾病预防控制中心
30	国家食品安全风险监测宁夏中心	宁夏回族自治区疾病预防控制中心
31	国家食品安全风险监测新疆中心	新疆维吾尔自治区疾病预防控制中心
32	国家食品安全风险监测新疆生产建设兵团中心	新疆生产建设兵团疾病预防控制中心

国家食品安全风险监测参比实验室名单

（截至2015年12月）

序号	挂牌机构名称	承担参比项目	依托单位
1	国家食品安全风险监测参比实验室	兽药	北京市疾病预防控制中心
2	国家食品安全风险监测参比实验室	有害元素	北京市疾病预防控制中心
3	国家食品安全风险监测参比实验室	非法添加物	北京市疾病预防控制中心
4	国家食品安全风险监测参比实验室	农药残留	上海市疾病预防控制中心
5	国家食品安全风险监测参比实验室	有机污染物	江苏省疾病预防控制中心
6	国家食品安全风险监测参比实验室	真菌毒素	浙江省疾病预防控制中心
7	国家食品安全风险监测参比实验室	二噁英	湖北省疾病预防控制中心
8	国家食品安全风险监测参比实验室	重金属	广东省疾病预防控制中心

出具新食品原料安全性评估意见单位名单

（截至 2015 年 12 月）

序号	单位名称
1	国家食品安全风险评估中心
2	广东省疾病预防控制中心
3	上海市疾病预防控制中心
4	江苏省疾病预防控制中心
5	北京市疾病预防控制中心
6	山东省疾病预防控制中心
7	浙江省疾病预防控制中心
8	吉林省疾病预防控制中心
9	湖北省疾病预防控制中心

食品安全国家标准整合工作领导小组名单

（截至2015年12月）

	姓名	部门及单位
组　长	李　斌	国家卫生计生委
副组长	陈啸宏	国家卫生计生委
成　员	徐　缓	国家卫生计生委人事司
	吴士勇	国家卫生计生委财务司
	梁金霞	国家卫生计生委法制司
	苏　志	国家卫生计生委食品司
	张志强	国家卫生计生委食品司
	宋树立	国家卫生计生委宣传司
	张黎明	国家卫生计生委科教司
	王　宇	中国疾病预防控制中心
	王苏阳	卫生监督中心
	刘金峰	国家食品安全风险评估中心
	严卫星	国家食品安全风险评估中心

食品安全国家标准整合工作专家组名单

（截至 2015 年 12 月）

序号	姓名	专业领域	单位
1	王竹天	食品安全标准管理	国家食品安全风险评估中心
2	陈君石（院士）	食品安全	国家食品安全风险评估中心
3	陈宗懋（院士）	农业标准	中国农业科学院茶叶研究所
4	庞国芳（院士）	检验方法	中国检验检疫科学研究院
5	江桂斌（院士）	检验方法	中国科学院生态环境研究中心
6	陈　锐	食品安全管理	卫生监督中心
7	谷京宇	卫生标准管理	卫生监督中心
8	张永慧	食品产品	广东省疾病预防控制中心
9	张　正	食品产品	北京市疾病预防控制中心
10	刘　弘	食品产品	上海市疾病预防控制中心
11	袁宝君	食品产品	江苏省疾病预防控制中心
12	赵同刚	食品添加剂	中国卫生监督协会
13	魏　静	食品添加剂	中国石油和化学联合会
14	薛　毅	食品添加剂	中国食品添加剂和配料协会
15	邓　峰	食品添加剂	广东省疾病预防控制中心
16	顾振华	食品相关产品	上海市食品药品监督管理局
17	陈家琪	食品相关产品	轻工业塑料加工应用研究所

续表

序号	姓名	专业领域	单位
18	王朝晖	食品相关产品	国家食品质量安全监督检验中心
19	陈蓉芳	食品相关产品	上海市食品药品监督管理局执法总队
20	陈少鸿	食品相关产品	宁波检验检疫科学技术研究院
21	张艺兵	生产经营规范	山东潍坊出入境检验检疫局
22	陈卫东	生产经营规范	广东省食品药品监督管理局
23	涂顺明	生产经营规范	中国食品发酵工业研究院
24	郭子侠	生产经营规范	北京市卫生和计划生育委员会
25	储小刚	理化检验方法	中国检验检疫科学研究院
26	赵云峰	理化检验方法	国家食品安全风险评估中心
27	吴国华	理化检验方法	北京市疾病预防控制中心
28	曹　红	理化检验方法	国家食品质量安全监督检验中心
29	张庆生	理化检验方法	中国食品药品检定研究院
30	孙全富	理化检验方法	中国疾病预防控制中心辐射安全所
31	阚　飚	微生物检验方法	中国疾病预防控制中心传染病所
32	许文波	微生物检验方法	中国疾病预防控制中心病毒所
33	陈家旭	微生物检验方法	中国疾病预防控制中心寄生虫病所
34	崔生辉	微生物检验方法	中国药品生物制品检定所
35	刘秀梅	微生物检验方法	国家食品安全风险评估中心
36	张惠媛	微生物检验方法	北京出入境检验检疫局
37	杨晓光	营养与食品卫生	中国疾病预防控制中心营养与健康所

食品标准整合情况一览表

（截至 2015 年 12 月）

序号	标准名称
1	花粉
2	食用酒精
3	食品加工用酵母
4	食品加工用粕类
5	冲调谷物制品
6	食品加工用植物蛋白
7	饮用天然矿泉水
8	食品添加剂　红曲红
9	食品添加剂　d-α-醋酸生育酚
10	食品添加剂　乳酸链球菌素
11	食品添加剂　抗坏血酸棕榈酸酯
12	食品添加剂　羧甲基纤维素钠
13	食品添加剂　改性大豆磷脂
14	食品添加剂　植酸（肌醇六磷酸）
15	食品添加剂　木糖醇
16	食品添加剂　柠檬酸
17	食品添加剂　丙二醇脂肪酸酯
18	食品添加剂　丙酸
19	食品添加剂　茶多酚（又名维多酚）

续表

序号	标准名称
20	食品添加剂　环己基丙酸烯丙酯
21	食品添加剂　乙酸乙酯
22	食品添加剂　97%柠檬醛
23	食品添加剂　苯乙醇
24	食品添加剂　丙酸乙酯
25	食品添加剂　丁酸乙酯
26	食品添加剂　丁酸异戊酯
27	食品添加剂　己酸乙酯
28	食品添加剂　乳酸乙酯
29	食品添加剂　松油醇
30	食品添加剂　天然薄荷脑
31	食品添加剂　香叶（精）油
32	食品添加剂　乙酸苄酯
33	食品添加剂　乙酸异戊酯
34	食品添加剂　异戊酸异戊酯
35	食品添加剂　亚洲薄荷素油
36	食品添加剂　d-香芹酮
37	食品添加剂　l-香芹酮
38	食品添加剂　肉桂油
39	食品添加剂　乙基麦芽酚
40	食品添加剂　正丁醇
41	食品添加剂　亮蓝
42	食品添加剂　亮蓝铝色淀
43	食品添加剂　日落黄铝色淀

续表

序号	标准名称
44	食品添加剂　苋菜红铝色淀
45	食品添加剂　胭脂红
46	食品添加剂　胭脂红铝色淀
47	食品添加剂　诱惑红
48	食品添加剂　诱惑红铝色淀
49	食品添加剂　酪蛋白酸钠
50	食品添加剂　异麦芽酮糖
51	食品添加剂　吗啉脂肪酸盐果蜡
52	食品添加剂　琥珀酸单甘油酯
53	食品添加剂　苯甲酸
54	食品添加剂　苯甲酸钠
55	食品添加剂　山梨酸
56	食品添加剂　田箐胶
57	食品添加剂　海藻酸丙二醇酯
58	食品添加剂　山梨糖醇和山梨糖醇液
59	食品添加剂　乙氧基喹
60	食品添加剂　卡拉胶
61	食品添加剂　乳酸
62	食品添加剂　异构化乳糖液
63	食品工业用酶制剂
64	食品添加剂　迷迭香提取物
65	食品添加剂　5'-鸟苷酸二钠
66	食品添加剂　5'-呈味核苷酸二钠（呈味核苷酸二钠）
67	食品添加剂　左旋肉碱

续表

序号	标准名称
68	食品添加剂　亚麻籽胶
69	食品添加剂　D-甘露糖醇
70	食品添加剂　β-环状糊精
71	食品添加剂　硬脂酰乳酸钙
72	食品添加剂　聚甘油脂肪酸酯
73	食品添加剂　柠檬酸钙
74	食品添加剂　单、双硬脂酸甘油酯
75	食品添加剂　琼脂（琼胶）
76	食品添加剂　食品级白油
77	食品添加剂　二氧化硫
78	食品添加剂　硫酸铝钾
79	食品添加剂　液体二氧化碳
80	食品添加剂　氧化镁（包括重质和轻质）
81	食品添加剂　醋酸钙（乙酸钙）
82	食品添加剂　碳酸钙
83	食品添加剂　番茄红素（合成）
84	食品添加剂　硫代二丙酸二月桂酯
85	食品添加剂　乙酰化单、双甘油脂肪酸酯
86	食品添加剂　月桂酸
87	食品添加剂　5'-尿苷酸二钠
88	食品添加剂　5'-腺苷酸
89	食品添加剂　氧化锌
90	食品添加剂　铵磷脂
91	食品添加剂　糖精钠

续表

序号	标准名称
92	食品添加剂　葡萄糖酸-δ-内酯
93	食品添加剂　抗坏血酸钙
94	食品添加剂　硝酸钠
95	食品添加剂　没食子酸丙酯
96	食品添加剂　冰乙酸（冰醋酸）
97	食品添加剂　盐酸
98	食品添加剂　环己基氨基磺酸钠（甜蜜素）
99	食品添加剂　D-异抗坏血酸钠
100	食品添加剂　天门冬酰苯丙氨酸甲酯（阿斯巴甜）
101	食品添加剂　天然β-胡萝卜素
102	食品添加剂　巴西棕榈蜡
103	食品添加剂　冰乙酸（低压羰基化法）
104	食品添加剂　刺云实胶
105	食品添加剂　蜂蜡
106	食品添加剂　富马酸一钠
107	食品添加剂　甘草抗氧化物
108	食品添加剂　硅酸钙
109	食品添加剂　黄原胶
110	食品添加剂　可可壳色
111	食品添加剂　高粱红
112	食品添加剂　氢氧化钠
113	食品添加剂　山梨酸钾
114	食品添加剂　氯化钙
115	食品添加剂　碳酸钠

续表

序号	标准名称
116	食品添加剂　碳酸氢钠
117	食品添加剂　柠檬酸钠
118	食品添加剂　食品级石蜡
119	食品添加剂　焦亚硫酸钠
120	食品添加剂　连二亚硫酸钠（保险粉）
121	食品添加剂　硬脂酸镁
122	食品添加剂　硬脂酰乳酸钠
123	食品添加剂　L-盐酸赖氨酸盐
124	食品添加剂　亚硝酸钠
125	食品添加剂　磷酸氢钙
126	食品添加剂　硫酸钙
127	食品添加剂　抗坏血酸钠
128	食品添加剂　乳酸钙
129	食品添加剂　蔗糖脂肪酸酯
130	食品添加剂　dl-酒石酸
131	食品添加剂　叔丁基-4-羟基茴香醚
132	食品添加剂　L-苹果酸
133	食品添加剂　5'-胞苷酸二钠
134	食品添加剂　微晶纤维素
135	食品添加剂　喹啉黄
136	食品添加剂　辣椒橙
137	食品添加剂　罗望子多糖胶
138	食品添加剂　柠檬酸一钠
139	食品添加剂　偶氮甲酰胺

续表

序号	标准名称
140	食品添加剂　羟丙基甲基纤维素（HPMC）
141	食品添加剂　茉莉浸膏
142	食品添加剂　羟基香茅醛
143	食品添加剂　杭白菊浸膏
144	食品添加剂　1,8-桉叶素（单离）
145	食品添加剂　留兰香油
146	食品添加剂　桉叶素含量 80%的桉叶油
147	食品添加剂　桂花浸膏
148	食品添加剂　2-甲基-3-呋喃硫醇
149	食品添加剂　己酸
150	食品添加剂　丁酸
151	食品添加剂　γ-十一内酯（桃醛）
152	食品添加剂　甲位己基肉桂醛
153	食品添加剂　广藿香（精）油
154	食品添加剂　肉桂醇
155	食品添加剂　乙酸芳樟酯
156	食品添加剂　生姜（精）油　（蒸馏）
157	食品添加剂　山楂核烟熏香味料 I 号、II 号
158	食品添加剂　山苍子（精）油
159	食品添加剂　甲基环戊烯醇酮
160	食品添加剂　中国薰衣草（精）油
161	食品添加剂　丁香酚
162	食品添加剂　庚酸乙酯
163	食品添加剂　α-戊基肉桂醛

续表

序号	标准名称
164	食品添加剂　己酸烯丙酯
165	食品添加剂　枣子酊
166	食品添加剂　γ-壬内酯
167	食品添加剂　苯甲醇
168	食品添加剂　丁酸苄酯
169	食品添加剂　草莓醛（杨梅醛）
170	食品添加剂　2-乙酰基吡嗪
171	食品添加剂　2,3-丁二酮
172	食品添加剂　麝香草酚
173	食品添加剂　八角茴香（精）油
174	食品添加剂　中国苦水玫瑰（精）油
175	食品添加剂　冷磨柠檬油
176	食品添加剂　香兰素
177	食品添加剂　d-核糖
178	食品添加剂　α-紫罗兰酮
179	食品添加剂　γ-癸内酯
180	食品添加剂　γ-己内酯
181	食品添加剂　δ-癸内酯
182	食品添加剂　δ-十二内酯
183	食品添加剂　二氢香芹醇
184	食品添加剂　芳樟醇
185	食品添加剂　己醛
186	食品添加剂　甲酸香茅酯
187	食品添加剂　甲酸香叶酯

续表

序号	标准名称
188	食品添加剂 辛酸乙酯
189	食品添加剂 乙酸 2-甲基丁酯
190	食品添加剂 乙酸丙酯
191	食品添加剂 乙酸橙花酯
192	食品添加剂 乙酸松油酯
193	食品添加剂 乙酸香叶酯
194	食品添加剂 异丁酸乙酯
195	食品添加剂 异戊酸 3-己烯酯
196	食品添加剂 正癸醛（癸醛）
197	食品添加剂 棕榈酸乙酯
198	食品添加剂 2,6-二甲基-5-庚烯醛
199	食品添加剂 2-甲基-4-戊烯酸
200	食品添加剂 2-甲基丁酸 2-甲基丁酯
201	食品添加剂 2-甲基丁酸 3-己烯酯
202	食品添加剂 γ-庚内酯
203	食品添加剂 大茴香脑（天然）
204	食品添加剂 γ-十二内酯
205	食品添加剂 乳酸脂肪酸甘油酯
206	食品添加剂 亚硝酸钾
207	食品添加剂 聚甘油蓖麻醇酯
208	食品添加剂 松香季戊四醇酯
209	食品添加剂 5'-肌苷酸二钠
210	食品添加剂 对羟基苯甲酸乙酯
211	食品添加剂 高锰酸钾

续表

序号	标准名称
212	食品添加剂　磷酸
213	食品添加剂　乳糖醇
214	食品添加剂　L-α-天冬氨酰-*N*-(2,2,4,4-四甲基-3-硫化三亚甲基)-D-丙氨酰胺（阿力甜）
215	食品添加剂　乙二胺四乙酸二钠
216	食品添加剂　硬脂酸（十八烷酸）
217	食品营养强化剂　乳酸亚铁
218	食品添加剂　硬脂酸钙
219	食品添加剂　无水亚硫酸钠
220	食品添加剂　天然苋菜红
221	食品添加剂　甜菜红
222	食品添加剂　紫胶红色素
223	食品添加剂　红曲米（粉）
224	食品添加剂　六偏磷酸钠
225	食品添加剂　聚氧乙烯木糖醇酐单硬脂酸酯
226	食品添加剂　辣椒红
227	食品添加剂　甘草酸一钾盐（甘草甜素单钾盐）
228	食品添加剂　菊花黄
229	食品添加剂　D-异抗坏血酸
230	食品添加剂　紫胶（虫胶）
231	食品添加剂　黑豆红
232	食品添加剂　木糖醇酐单硬脂酸酯
233	罐头食品生产卫生规范
234	原粮储运卫生规范
235	粮食（谷物）生产卫生规范

续表

序号	标准名称
236	食醋生产卫生规范
237	食用植物油生产卫生规范
238	糕点面包生产卫生规范
239	膨化食品生产卫生规范
240	蜜饯生产卫生规范
241	蛋与蛋制品生产卫生规范
242	水产制品生产卫生规范
243	蒸馏酒及其配制酒生产卫生规范
244	啤酒生产卫生规范
245	糖果巧克力生产卫生规范
246	饮料生产卫生规范
247	肉和肉制品经营卫生规范
248	畜禽屠宰加工卫生规范
249	发酵酒及其配制酒生产卫生规范
250	玻璃制品
251	橡胶奶嘴（合并）
252	食品接触用橡胶材料及制品
253	食品接触用涂料及涂层
254	食品接触用金属材料及制品
255	食品接触用纸和纸板材料及制品
256	食品接触用塑料材料及制品
257	食品接触用塑料树脂
258	陶瓷制品
259	食品用洗涤剂

续表

序号	标准名称
260	食品中铵盐的测定
261	食醋中游离矿酸的测定
262	食品中乙酰丙酸的测定
263	大豆制品中胰蛋白酶抑制剂活性的测定
264	食品中氨基酸的测定
265	食品接触材料及制品　木质材料中二氧化硫的测定
266	食品接触材料及制品　顺丁烯二酸迁移量的测定
267	食品接触材料及制品　甲基丙烯酸甲酯迁移量的测定
268	食品接触材料及制品　1-辛烯和四氢呋喃迁移量的测定
269	食品接触材料及制品　三乙胺和三正丁胺的测定
270	食品中双乙酸钠的测定
271	食品中叶绿素铜钠盐的测定
272	食品中肌醇的测定
273	食品接触材料及制品　纸、纸板及纸制品中荧光增白剂的测定
274	食品中乙基麦芽酚的测定
275	食品中邻苯二甲酸酯的测定
276	食盐指标的测定
277	食品中米酵菌酸的测定
278	水产品中挥发酚残留量的测定
279	食品中二氧化氯的测定
280	食品中滑石粉的测定
281	食品接触材料及制品　醋酸乙烯酯迁移量的测定
282	食品中二氧化钛的测定
283	食品中植酸的测定

续表

序号	标准名称
284	食品中乙二胺四乙酸盐的测定
285	贝类中神经性贝类毒素的测定
286	食品接触材料及制品　环氧氯丙烷的测定和迁移量的测定
287	食品接触材料及制品　乙二胺和己二胺迁移量的测定
288	食品接触材料及制品　乙二醇和二甘醇迁移量的测定
289	辐照含脂食品中2-十二烷基环丁酮的测定
290	生乳冰点的测定
291	食品容器、包装材料模拟物中2,4,6-三氨基-1,3,5-三嗪（三聚氰胺）的测定
292	水产品中西加毒素的测定
293	食品接触材料及制品　丙烯酰胺迁移量的测定
294	饮用天然矿泉水检验方法
295	食品接触材料及制品　发泡聚苯乙烯成型品中二氟二氯甲烷的测定
296	食品接触材料及制品　塑料中环氧乙烷和环氧丙烷的测定
297	食品接触材料及制品　树脂中挥发物的测定
298	食品中过氧化氢残留量的测定
299	食品中纽甜的测定
300	食品中硼酸的测定
301	食品接触材料及制品　食品接触用纸中多氯联苯的测定
302	食品中葡萄糖酸-δ-内酯的测定
303	食品中乙酸苄酯的测定
304	食品接触材料及制品　全氟辛烷磺酸（PFOS）和全氟辛酸（PFOA）的测定
305	食品中木糖醇、山梨醇、麦芽糖醇、赤藓糖醇的测定
306	食品接触材料及制品软木中杂酚油的测定
307	食品中红曲色素的测定

续表

序号	标准名称
308	食品中栀子黄的测定
309	水产品中微囊藻毒素的测定
310	食品中放射性物质钚-239、钚-240 的测定
311	食品中放射性物质碘-131 的测定
312	食品中放射性物质检验 总则
313	食品中放射性物质镭-226 和镭-228 的测定
314	食品中放射性物质钋-210 的测定
315	食品中放射性物质钷-147 的测定
316	食品中放射性物质氢-3 的测定
317	食品中放射性物质锶-89 和锶-90 的测定
318	食品中放射性物质天然钍和铀的测定
319	食品接触材料及制品 11-氨基十一酸迁移量的测定
320	食品接触材料及制品 1,3-丁二烯的测定和迁移量的测定
321	食品接触材料及制品 丙烯腈的测定和迁移量的测定
322	食品中 9 种抗氧化剂的测定
323	酒中乙醇浓度的测定
324	食品中脂肪的测定
325	食品中脂肪酸的测定
326	食品接触材料及制品食品模拟物中重金属的测定
327	食品接触材料及制品 对苯二甲酸迁移量的测定
328	食品接触材料及制品 镉迁移量的测定
329	食品接触材料及制品 铬迁移量的测定
330	食品接触材料及制品 镍迁移量的测定
331	食品接触材料及制品 铅的测定和迁移量的测定

续表

序号	标准名称
332	食品接触材料及制品　砷的测定和迁移量的测定
333	食品接触材料及制品　锑迁移量的测定
334	食品接触材料及制品　锌迁移量的测定
335	食品中钙的测定
336	食品中磷的测定
337	食品中铝的测定
338	食品中氯化物的测定
339	食品中镁的测定
340	食品中铁的测定
341	食品中铜的测定
342	食品中硒的测定
343	食品中锌的测定
344	食品中铅的测定
345	食品中磷脂酰胆碱、磷脂酰乙醇胺、磷脂酰肌醇的测定
346	食品中牛磺酸的测定
347	食品中烟酸和烟酰胺的测定
348	食品中阿斯巴甜和阿力甜的测定
349	食品中桔青霉素的测定
350	食品中亚硝酸盐与硝酸盐的测定
351	食品中玉米赤霉烯酮测定
352	食品中赭曲霉毒素 A 的测定
353	水产品中河豚毒素的测定
354	食品中 T-2 毒素的测定
355	食品中 1,2-丙二醇的测定

续表

序号	标准名称
356	食品接触材料及制品复合食品接触材料中二氨基甲苯的测定
357	食品中灰分的测定
358	食品中水分的测定
359	食品中氨基酸态氮的测定
360	食品中胆固醇的测定
361	食品中相对密度的测定
362	食品 pH 值的测定
363	食品中酸度的测定
364	动植物油脂水分及挥发物的测定
365	食品水分活度的测定
366	食品中苯并（a）芘的测定
367	贝类中麻痹性贝类毒素的测定
368	贝类中失忆性贝类毒素的测定
369	贝类中腹泻性贝类毒素的测定
370	辐照食品的鉴定　电子自旋共振波谱法
371	辐照食品筛选方法
372	含硅酸盐辐照食品的鉴定　热释光法
373	食品接触材料及制品　邻苯二甲酸酯的测定和迁移量的测定
374	食品中蛋白质的测定
375	食品接触材料及制品　己二酸二（2－乙基）己酯的测定和迁移量的测定
376	食品接触材料及制品　己内酰胺的测定和迁移量的测定
377	食品接触材料及制品　1,3-苯二甲胺迁移量的测定
378	食品接触材料及制品　苯乙烯和乙苯的测定
379	食品接触材料及制品　脱色试验

续表

序号	标准名称
380	食品接触材料及制品　高锰酸钾消耗量的测定
381	食品接触材料及制品　树脂中干燥失重的测定
382	食品接触材料及制品　树脂中灼烧残渣的测定
383	食品接触材料及制品　总迁移量的测定
384	食品接触材料及制品　树脂中提取物的测定
385	食品中钾、钠的测定
386	食品中锰的测定
387	食品中多元素的测定
388	食品中苯甲酸、山梨酸和糖精钠的测定
389	食品中维生素 A、D、E 的测定
390	食品中维生素 B_2 的测定
391	食品中维生素 B_6 的测定
392	食品中维生素 K_1 的测定
393	食品中展青霉素的测定
394	食品中脱氧雪腐镰刀菌烯醇及其乙酰化衍生物的测定
395	食品中杂色曲霉素的测定
396	食品中胡萝卜素的测定
397	食品接触材料及制品　氯乙烯的测定和迁移量的测定
398	食品接触材料及制品　异氰酸酯的测定
399	味精中麸氨酸钠（谷氨酸钠）的测定
400	食品接触材料及制品　游离酚的测定和迁移量的测定
401	食品中碘的测定
402	食品中放射性物质铯-137 的测定
403	水果、蔬菜及其制品中甲酸的测定

续表

序号	标准名称
404	霉菌和酵母菌检验
405	乳酸菌检验
406	沙门氏菌检验
407	阪崎肠杆菌检验
408	双歧杆菌的鉴定
409	大肠菌群计数
410	金黄色葡萄球菌检验
411	菌落总数测定
412	诺沃克病毒检测

2015 年发布的食品安全国家标准

（截至 2015 年 12 月）

序号	标准名称	标准号
1	食品安全国家标准　淀粉制品	GB 2713—2015
2	食品安全国家标准　酱腌菜	GB 2714—2015
3	食品安全国家标准　味精	GB 2720—2015
4	食品安全国家标准　食用盐	GB 2721—2015
5	食品安全国家标准　腌腊肉制品	GB 2730—2015
6	食品安全国家标准　糕点、面包	GB 7099—2015
7	食品安全国家标准　饼干	GB 7100—2015
8	食品安全国家标准　胶原蛋白肠衣	GB 14967—2015
9	食品安全国家标准 方便面	GB 17400—2015
10	食品安全国家标准　鲜、冻动物性水产品	GB 2733—2015
11	食品安全国家标准　蛋与蛋制品	GB 2749—2015
12	食品安全国家标准　冷冻饮品和制作料	GB 2759—2015
13	食品安全国家标准　罐头食品	GB 7098—2015
14	食品安全国家标准　饮料	GB 7101—2015
15	食品安全国家标准　动物性水产制品	GB 10136—2015
16	食品安全国家标准　食用动物油脂	GB 10146—2015

续表

序号	标准名称	标准号
17	食品安全国家标准　食用油脂制品	GB 15196—2015
18	食品安全国家标准　食品工业用浓缩液（汁、浆）	GB 17325—2015
19	食品安全国家标准　果冻	GB 19299—2015
20	食品安全国家标准　食用植物油料	GB 19641—2015
21	食品安全国家标准　干海参	GB 31602—2015
22	食品安全国家标准　运动营养食品通则	GB 24154—2015
23	食品安全国家标准　孕妇及乳母营养补充食品	GB 31601—2015
24	食品安全国家标准　食品营养强化剂　1,3-二油酸-2-棕榈酸甘油三酯	GB 30604—2015
25	食品安全国家标准　食品营养强化剂　L-盐酸赖氨酸	GB 1903.1—2015
26	食品安全国家标准　食品营养强化剂　甘氨酸锌	GB 1903.2—2015
27	食品安全国家标准　食品营养强化剂　5′-单磷酸腺苷	GB 1903.3—2015
28	食品安全国家标准　食品营养强化剂　氧化锌	GB 1903.4—2015
29	食品安全国家标准　食品营养强化剂　维生素 E 琥珀酸钙	GB 1903.6—2015
30	食品安全国家标准　食品营养强化剂　葡萄糖酸锰	GB 1903.7—2015
31	食品安全国家标准　食品营养强化剂　葡萄糖酸铜	GB 1903.8—2015
32	食品安全国家标准　食品营养强化剂　亚硒酸钠	GB 1903.9—2015
33	食品安全国家标准　食品营养强化剂　葡萄糖酸亚铁	GB 1903.10—2015
34	食品安全国家标准　食品营养强化剂　乳酸锌	GB 1903.11—2015
35	食品安全国家标准　食品营养强化剂　L-硒—甲基硒代半胱氨酸	GB 1903.12—2015

续表

序号	标准名称	标准号
36	食品安全国家标准 食品接触材料及制品生产通用卫生规范	GB 31603—2015
37	食品安全国家标准 洗涤剂	GB 14930.1—2015
38	食品安全国家标准 食品接触材料及制品迁移试验通则	GB 31604.1—2015
39	食品安全国家标准 奶嘴	GB 4806.2—2015
40	食品安全国家标准 果蝇伴性隐性致死试验	GB 15193.11—2015
41	食品安全国家标准 90 天经口毒性试验	GB 15193.13—2015
42	食品安全国家标准 致畸试验	GB 15193.14—2015
43	食品安全国家标准 生殖毒性试验	GB 15193.15—2015
44	食品安全国家标准 慢性毒性和致癌合并试验	GB 15193.17—2015
45	食品安全国家标准 健康指导值	GB 15193.18—2015
46	食品安全国家标准 致突变物、致畸物和致癌物的处理方法	GB 15193.19—2015
47	食品安全国家标准 慢性毒性试验	GB 15193.26—2015
48	食品安全国家标准 致癌试验	GB 15193.27—2015
49	食品安全国家标准 食品添加剂 碳酸钠	GB 1886.1—2015
50	食品安全国家标准 食品添加剂 碳酸氢钠	GB 1886.2—2015
51	食品安全国家标准 食品添加剂 硝酸钠	GB 1886.5—2015
52	食品安全国家标准 食品添加剂 焦亚硫酸钠	GB 1886.7—2015
53	食品安全国家标准 食品添加剂 冰乙酸（又名冰醋酸）	GB 1886.10—2015
54	食品安全国家标准 食品添加剂 丁基羟基茴香醚（BHA）	GB 1886.12—2015

续表

序号	标准名称	标准号
55	食品安全国家标准　食品添加剂　高锰酸钾	GB 1886.13—2015
56	食品安全国家标准　食品添加剂　没食子酸丙酯	GB 1886.14—2015
57	食品安全国家标准　食品添加剂　磷酸	GB 1886.15—2015
58	食品安全国家标准　食品添加剂　香兰素	GB 1886.16—2015
59	食品安全国家标准　食品添加剂　紫胶红（又名虫胶红）	GB 1886.17—2015
60	食品安全国家标准　食品添加剂　小花茉莉浸膏	GB 1886.23—2015
61	食品安全国家标准　食品添加剂　桂花浸膏	GB 1886.24—2015
62	食品安全国家标准　食品添加剂　蔗糖脂肪酸酯	GB 1886.27—2015
63	食品安全国家标准　食品添加剂　生姜油	GB 1886.29—2015
64	食品安全国家标准　食品添加剂　对羟基苯甲酸乙酯	GB 1886.31—2015
65	食品安全国家标准　食品添加剂　桉叶油（蓝桉油）	GB 1886.33—2015
66	食品安全国家标准　食品添加剂　山苍子油	GB 1886.35—2015
67	食品安全国家标准　食品添加剂　留兰香油	GB 1886.36—2015
68	食品安全国家标准　食品添加剂　环己基氨基磺酸钠（又名甜蜜素）	GB 1886.37—2015
69	食品安全国家标准　食品添加剂　薰衣草油	GB 1886.38—2015
70	食品安全国家标准　食品添加剂　山梨酸钾	GB 1886.39—2015
71	食品安全国家标准　食品添加剂　黄原胶	GB 1886.41—2015
72	食品安全国家标准　食品添加剂　*dl*-酒石酸	GB 1886.42—2015
73	食品安全国家标准　食品添加剂　抗坏血酸钙	GB 1886.43—2015
74	食品安全国家标准　食品添加剂　低亚硫酸钠	GB 1886.46—2015

续表

序号	标准名称	标准号
75	食品安全国家标准　食品添加剂　玫瑰油	GB 1886.48—2015
76	食品安全国家标准　食品添加剂　2-甲基-3-巯基呋喃	GB 1886.50—2015
77	食品安全国家标准　食品添加剂　2,3-丁二酮	GB 1886.51—2015
78	食品安全国家标准　食品添加剂　植物油抽提溶剂（又名己烷类溶剂）	GB 1886.52—2015
79	食品安全国家标准　食品添加剂　己二酸	GB 1886.53—2015
80	食品安全国家标准　食品添加剂　丙烷	GB 1886.54—2015
81	食品安全国家标准　食品添加剂　丁烷	GB 1886.55—2015
82	食品安全国家标准　食品添加剂　1-丁醇（正丁醇）	GB 1886.56—2015
83	食品安全国家标准　食品添加剂　乙醚	GB 1886.58—2015
84	食品安全国家标准　食品添加剂　石油醚	GB 1886.59—2015
85	食品安全国家标准　食品添加剂　硅酸镁	GB 1886.62—2015
86	食品安全国家标准　食品添加剂　单，双甘油脂肪酸酯	GB 1886.65—2015
87	食品安全国家标准　食品添加剂　皂荚糖胶	GB 1886.67—2015
88	食品安全国家标准　食品添加剂　二甲基二碳酸盐（又名维果灵）	GB 1886.68—2015
89	食品安全国家标准　食品添加剂　沙蒿胶	GB 1886.70—2015
90	食品安全国家标准　食品添加剂　1,2-二氯乙烷	GB 1886.71—2015
91	食品安全国家标准　食品添加剂　不溶性聚乙烯聚吡咯烷酮	GB 1886.73—2015
92	食品安全国家标准　食品添加剂　硫代二丙酸二月桂酯	GB 1886.79—2015
93	食品安全国家标准　食品添加剂　乙酰化单、双甘油脂肪酸酯	GB 1886.80—2015

续表

序号	标准名称	标准号
94	食品安全国家标准　食品添加剂　月桂酸	GB 1886.81—2015
95	食品安全国家标准　食品添加剂　巴西棕榈蜡	GB 1886.84—2015
96	食品安全国家标准　食品添加剂　蜂蜡	GB 1886.87—2015
97	食品安全国家标准　食品添加剂　富马酸一钠	GB 1886.88—2015
98	食品安全国家标准　食品添加剂　甘草抗氧化物	GB 1886.89—2015
99	食品安全国家标准　食品添加剂　硅酸钙	GB 1886.90—2015
100	食品安全国家标准　食品添加剂　乳酸脂肪酸甘油酯	GB 1886.93—2015
101	食品安全国家标准　食品添加剂　聚甘油蓖麻醇酸酯（PGPR）	GB 1886.95—2015
102	食品安全国家标准　食品添加剂　5’-肌苷酸二钠	GB 1886.97—2015
103	食品安全国家标准　食品添加剂　L-α-天冬氨酰-*N*-（2,2,4,4-四甲基-3-硫化三亚甲基）-D-丙氨酰胺（又名阿力甜）	GB 1886.99—2015
104	食品安全国家标准　食品添加剂　乙二胺四乙酸二钠	GB 1886.100—2015
105	食品安全国家标准　食品添加剂　微晶纤维素	GB 1886.103—2015
106	食品安全国家标准　食品添加剂　柠檬酸一钠	GB 1886.107—2015
107	食品安全国家标准　食品添加剂　甜菜红	GB 1886.111—2015
108	食品安全国家标准　食品添加剂　聚氧乙烯木糖醇酐单硬脂酸酯	GB 1886.112—2015
109	食品安全国家标准　食品添加剂　菊花黄浸膏	GB 1886.113—2015
110	食品安全国家标准　食品添加剂　紫胶（又名虫胶）	GB 1886.114—2015
111	食品安全国家标准　食品添加剂　黑豆红	GB 1886.115—2015

续表

序号	标准名称	标准号
112	食品安全国家标准　食品添加剂　木糖醇酐单硬脂酸酯	GB 1886.116—2015
113	食品安全国家标准　食品添加剂　羟基香茅醛	GB 1886.117—2015
114	食品安全国家标准　食品添加剂　杭白菊花浸膏	GB 1886.118—2015
115	食品安全国家标准　食品添加剂　1,8-桉叶素	GB 1886.119—2015
116	食品安全国家标准　食品添加剂　己酸	GB 1886.120—2015
117	食品安全国家标准　食品添加剂　丁酸	GB 1886.121—2015
118	食品安全国家标准　食品添加剂　桃醛(又名γ-十一烷内酯)	GB 1886.122—2015
119	食品安全国家标准　食品添加剂　α-己基肉桂醛	GB 1886.123—2015
120	食品安全国家标准　食品添加剂　广藿香油	GB 1886.124—2015
121	食品安全国家标准　食品添加剂　肉桂醇	GB 1886.125—2015
122	食品安全国家标准　食品添加剂　乙酸芳樟酯	GB 1886.126—2015
123	食品安全国家标准　食品添加剂　甲基环戊烯醇酮（又名3-甲基-2-羟基-2-环戊烯-1-酮）	GB 1886.128—2015
124	食品安全国家标准　食品添加剂　丁香酚	GB 1886.129—2015
125	食品安全国家标准　食品添加剂　庚酸乙酯	GB 1886.130—2015
126	食品安全国家标准　食品添加剂　α-戊基肉桂醛	GB 1886.131—2015
127	食品安全国家标准　食品添加剂　己酸烯丙酯	GB 1886.132—2015
128	食品安全国家标准　食品添加剂　枣子酊	GB 1886.133—2015
129	食品安全国家标准　食品添加剂　γ-壬内酯	GB 1886.134—2015
130	食品安全国家标准　食品添加剂　苯甲醇	GB 1886.135—2015
131	食品安全国家标准　食品添加剂　丁酸苄酯	GB 1886.136—2015

续表

序号	标准名称	标准号
132	食品安全国家标准　食品添加剂　十六醛（又名杨梅醛）	GB 1886.137—2015
133	食品安全国家标准　食品添加剂　2-乙酰基吡嗪	GB 1886.138—2015
134	食品安全国家标准　食品添加剂　百里香酚	GB 1886.139—2015
135	食品安全国家标准　食品添加剂　八角茴香油	GB 1886.140—2015
136	食品安全国家标准　食品添加剂　α-紫罗兰酮	GB 1886.142—2015
137	食品安全国家标准　食品添加剂　γ-癸内酯	GB 1886.143—2015
138	食品安全国家标准　食品添加剂　γ-己内酯	GB 1886.144—2015
139	食品安全国家标准　食品添加剂　δ-癸内酯	GB 1886.145—2015
140	食品安全国家标准　食品添加剂　δ-十二内酯	GB 1886.146—2015
141	食品安全国家标准　食品添加剂　二氢香芹醇	GB 1886.147—2015
142	食品安全国家标准　食品添加剂　芳樟醇	GB 1886.148—2015
143	食品安全国家标准　食品添加剂　己醛	GB 1886.149—2015
144	食品安全国家标准　食品添加剂　甲酸香茅酯	GB 1886.150—2015
145	食品安全国家标准　食品添加剂　甲酸香叶酯	GB 1886.151—2015
146	食品安全国家标准　食品添加剂　辛酸乙酯	GB 1886.152—2015
147	食品安全国家标准　食品添加剂　乙酸2-甲基丁酯	GB 1886.153—2015
148	食品安全国家标准　食品添加剂　乙酸丙酯	GB 1886.154—2015
149	食品安全国家标准　食品添加剂　乙酸橙花酯	GB 1886.155—2015
150	食品安全国家标准　食品添加剂　乙酸松油酯	GB 1886.156—2015
151	食品安全国家标准　食品添加剂　乙酸香叶酯	GB 1886.157—2015
152	食品安全国家标准　食品添加剂　异丁酸乙酯	GB 1886.158—2015

续表

序号	标准名称	标准号
153	食品安全国家标准　食品添加剂　异戊酸　3-己烯酯	GB 1886.159—2015
154	食品安全国家标准　食品添加剂　正癸醛（又名癸醛）	GB 1886.160—2015
155	食品安全国家标准　食品添加剂　棕榈酸乙酯	GB 1886.161—2015
156	食品安全国家标准　食品添加剂　2,6-二甲基-5-庚烯醛	GB 1886.162—2015
157	食品安全国家标准　食品添加剂　2-甲基-4-戊烯酸	GB 1886.163—2015
158	食品安全国家标准　食品添加剂　2-甲基丁酸　2-甲基丁酯	GB 1886.164—2015
159	食品安全国家标准　食品添加剂　2-甲基丁酸　3-己烯酯	GB 1886.165—2015
160	食品安全国家标准　食品添加剂　γ-庚内酯	GB 1886.166—2015
161	食品安全国家标准　食品添加剂　大茴香脑	GB 1886.167—2015
162	食品安全国家标准　食品添加剂　γ-十二内酯	GB 1886.168—2015
163	食品安全国家标准　食品添加剂　六偏磷酸钠	GB 1886.4—2015
164	食品安全国家标准　食品添加剂　亚硫酸钠	GB 1886.8—2015
165	食品安全国家标准　食品添加剂　糖精钠	GB 1886.18—2015
166	食品安全国家标准　食品添加剂　红曲米	GB 1886.19—2015
167	食品安全国家标准　食品添加剂　可可壳色	GB 1886.30—2015
168	食品安全国家标准　食品添加剂　高粱红	GB 1886.32—2015
169	食品安全国家标准　食品添加剂　辣椒红	GB 1886.34—2015
170	食品安全国家标准　食品添加剂　L-苹果酸	GB 1886.40—2015
171	食品安全国家标准　食品添加剂　姜黄	GB 1886.60—2015
172	食品安全国家标准　食品添加剂　红花黄	GB 1886.61—2015

续表

序号	标准名称	标准号
173	食品安全国家标准　食品添加剂　膨润土	GB 1886.63—2015
174	食品安全国家标准　食品添加剂　焦糖色	GB 1886.64—2015
175	食品安全国家标准　食品添加剂　红曲黄色素	GB 1886.66—2015
176	食品安全国家标准　食品添加剂　柠檬酸钾	GB 1886.74—2015
177	食品安全国家标准　食品添加剂　姜黄素	GB 1886.76—2015
178	食品安全国家标准　食品添加剂　5′-尿苷酸二钠	GB 1886.82—2015
179	食品安全国家标准　食品添加剂　刺云实胶	GB 1886.86—2015
180	食品安全国家标准　食品添加剂　喹啉黄	GB 1886.104—2015
181	食品安全国家标准　食品添加剂　罗望子多糖胶	GB 1886.106—2015
182	食品安全国家标准　食品添加剂　偶氮甲酰胺	GB 1886.108—2015
183	食品安全国家标准　食品添加剂　羟丙基甲基纤维素（HPMC）	GB 1886.109—2015
184	食品安全国家标准　食品添加剂　天然苋菜红	GB 1886.110—2015

2015年科研课题目录

（截至2015年12月）

序号	课题名称	课题来源
1	食品加工过程安全性评价及危害物风险评估	科技部
2	动植物源食品中内源有害物精准检测技术	科技部
3	食品中化学危害健康风险表征与膳食暴露评估技术研究	科技部
4	科技支撑——基于电子溯源的食品安全风险评估关键技术研究与应用（国家重点课题及科学基金）	科技部
5	我国典型地区鱼类消费对健康影响的风险与获益平衡研究	国家自然科学基金
6	微波容器中受阻酚类抗氧化剂迁移模拟加速体系的研究	国家自然科学基金
7	食品塑料包材中邻苯二甲酸酯类迁移规律及表征技术研究	国家自然科学基金
8	新型PPCPs 环境污染物质粒介导喹诺酮耐药基因的环境传播生态风险研究	国家自然科学基金
9	主要食品中二噁英类 POPs 生物利用率研究及其在食品安全风险评估中的应用	国家自然科学基金
10	二噁英类物质暴露与妊娠期糖尿病关系及相关 microRNA 差异表达研究	国家自然科学基金

续表

序号	课题名称	课题来源
11	基于钠离子通道受体的海洋神经毒素协同分析方法及膳食暴露探索研究	国家自然科学基金
12	吡咯里西啶类生物碱广谱特异性抗体制备与其在食品中检测技术研究	国家自然科学基金
13	全氟化合物前体物质胎儿、婴儿暴露途径与体内代谢转化研究	国家自然科学基金
14	全球POPs监测与成效评估关键技术与方法	国家自然科学基金
15	食品中不同类型内分泌干扰物联合作用模式与累计风险评估方法学研究	国家自然科学基金
16	γ-、δ-生育酚对食管癌预防作用及核受体PPARγ相关分子机制的研究	国家自然科学基金
17	基于人胚胎干细胞模型评价DEHP的胚胎发育毒性及PPARs/TGF-β信号通路扰动在其毒性发生中的作用	国家自然科学基金
18	黑曲霉伏马菌素产毒株的分子鉴定及其产毒调控机制研究	国家自然科学基金
19	北京市售食品中诺如病毒污染、流行变异及风险评估研究	国家自然科学基金
20	种植蔬菜中非O157产志贺毒素大肠埃希菌污染传递特征研究	国家自然科学基金
21	重要梭状芽孢杆菌及其代谢物谱的集成鉴定技术及风险评估	国家自然科学基金

续表

序号	课题名称	课题来源
22	邻苯二甲酸二（2-乙基）己酯对大鼠中枢神经系统发育的影响及其内分泌机制学研究	国家自然科学基金
23	食品污染监测与风险评估技术合作研究	科技部
24	“双打”急需的食品中违禁成分检测及判别技术研究—食品中违禁成分精准判别及快速检测技术验证	国家质检总局
25	稻米镉健康监护对策与食源性疾病溯源技术研究	国家卫生计生委
26	国家级星火计划项目“芦荟凝胶食用扩量实验及技术集成”	科技部
27	饲料原料真菌毒素及其产毒菌污染调查	科技部
28	中国食源性致病菌耐药状况调查和趋势分析	世界卫生组织
29	双酚 A 对大鼠胃肠结构及粘膜免疫的影响及其机制研究	北京市自然科学基金
30	hESC 模型评价单端孢霉烯族毒素的发育毒性及 SOX-Wnt 在毒性发生中的作用	北京市自然科学基金
31	辅助降血糖保健功能评价检验方法修订	国家食品药品监督管理总局
32	增强免疫力保健功能评价检验方法修订	国家食品药品监督管理总局
33	规模化养殖畜禽粪污及其循环利用过程中耐药菌/耐药基因的迁移行为和风险评估	北京市科学技术委员会

续表

序号	课题名称	课题来源
34	中药中有害残留物风险评估体系的建立	农业部
35	Bt 水稻对啮齿类动物免疫毒性和生殖发育毒性评价的影响研究	农业部
36	转植酸酶基因玉米的食用安全性研究	农业部
37	转基因生物的食用和饲用安全评价技术	农业部
38	《高品质转基因奶牛新品种培育》	农业部
39	人体生物样品中典型 POPs 高灵敏度检测技术开发	国家食品安全风险评估中心青年科研基金
40	持久性有机污染物从渔饲料到养殖鱼体内转移、蓄积和代谢规律的研究	国家食品安全风险评估中心青年科研基金
41	鱼体中汞污染水平与汞结合生物分子位点研究	国家食品安全风险评估中心青年科研基金
42	鹅膏毒肽在我国鹅膏菌属中的时空分布研究	国家食品安全风险评估中心青年科研基金
43	食物及食物化学物长期暴露量模型软件开发	国家食品安全风险评估中心青年科研基金
44	基准剂量法（BMD）在食品中有毒有害物质风险评估中的应用及标准化	国家食品安全风险评估中心青年科研基金
45	基于基因水平沙门菌血清分型替代技术研究	国家食品安全风险评估中心青年科研基金
46	食品中诺如病毒 GII3 基因型免疫学检测方法的建立	国家食品安全风险评估中心青年科研基金

续表

序号	课题名称	课题来源
47	构建乳与乳制品相关重要待测指标国际标准信息库	国家食品安全风险评估中心青年科研基金
48	基于风险监测的我国食品微生物危害风险分级精准模型研究	国家食品安全风险评估中心青年科研基金
49	甘草抗氧化物、甘草酸盐产品组分鉴定及风险评估	国家食品安全风险评估中心青年科研基金
50	食品用香料再评估研究及风险评估方法的构建	国家食品安全风险评估中心青年科研基金
51	孕妇乳母补充品标准宣贯与推广	联合国儿童基金会

2015 年学术论文及专著发表情况

（截至 2015 年 12 月）

学术论文

序号	作者	论文名称	期刊名称
1	Li Heli，Chen Dawei（陈达炜），Zhao Yunfeng（赵云峰），Shen Jianzhong	Direct determination of fatty acid esters of 3-chloro-1,2-propanediolin edible vegetable oils by isotope dilution-ultra high performance liquid chromatography-triple quadrupole mass spectrometry	Journal of Chromatography A
2	Chen Dawei（陈达炜），Zhao Yunfeng（赵云峰），Wu Yongning（吴永宁）	A novel dispersive micro solid phase extraction using PCX as the sorbent for the determination of melamine and cyromazine in milk and milk powder by UHPLC-HRMS/MS	Talanta
3	Wang Xiangyong，Zhang Hongxia，Zhang Lei（张磊），Shang Xiaohong（尚晓虹），Zhao Yunfeng（赵云峰），Tong Zhendong，Yu Xinwei，Wu Yongning（吴永宁）	Assessment on dioxin-like compounds intake from various marine fish from Zhoushan Fishery, China	Chemosphere

续表

序号	作者	论文名称	期刊名称
4	Zhang Lei（张磊），Yin Shuaixing，Wang Xiang yong，Zhao Yunfeng（赵云峰），Li Xiaowei（李筱薇），Shen Haitao	Assessment of dietary intake of polychlorinated dibenzo-*p*-dioxins and dibenzofurans and dioxin-like polychlorinated biphenyls from the Chinese Total Diet Study in 2011	Chemosphere
5	Chen Dawei（陈达炜），Miao Hong（苗虹），Zou Jianhong，Cao Pei（曹佩），Ma Ning（马宁），Wu Yongning（吴永宁）	Novel dispersive micro-solid-phase extraction combined with ultrahigh performance liquid chromatography-high resolution mass spectrometry to determine morpholine residue in citrus and apples	Journal of Agricultural and Food Chemistry
6	Chen Dawei（陈达炜），Zhang Yiping，Zhao Yunfeng（赵云峰），Wu Yongning（吴永宁）	Determination of triazine herbicides in drinking water by dispersive micro solid phase extraction with ultrahigh-performance liquid chromatography-high resolution mass spectrometric detection	Journal of Agricultural and Food Chemistry
7	Zhou Shuang（周爽），Wang Dan（王丹）	A rapid HPLC method for indirect quantification of β-lactamase activity in milk	Journal of Dairy Science
8	Chen Dawei（陈达炜），Zhang Shuo（张烁），Miao Hong（苗虹）	Simple and rapid analysis of muscarine in human urine using dispersive micro solid phase extraction and ultra high performance liquid chromatography-high resolution mass spectrometry	Analytical Methods

续表

序号	作者	论文名称	期刊名称
9	Gao Yixiong，Zhang hongxia，Li Jingguang（李敬光），Zhang Lei（张磊），Yu Xinwei，He Jialu，Zhao Yunfeng（赵云峰），Wu Yongning（吴永宁）	The benefit risk assessment of consumption of marine species based on benefit-risk analysis for Foods（BRAFO）-tiered approach	Biomedical and Environmental Sciences
10	Chen Dawei（陈达炜），Miao Hongjian（苗宏健），Zou Jianhong，Miao Hong（苗虹），Lu Ling，Wu Yongning（吴永宁）	Determination of phthalate esters in liquor by high resolution mass spectrometry	Analytical Letters
11	Zhou Shuang（周爽），Wang Dan（王丹），Zhang Chen，Wu Yongning（吴永宁）	A novel interaction mode between acrylamide and its specific antibody	Journal of Immunoassay and Immunochemistry
12	LIU Ai Dong（刘爱东），LI Jian Wen（李建文），LIU Zhao Ping（刘兆平），ZHOU Ping Ping（周萍萍），MAO Wei Feng（毛伟峰），LI Ning（李宁），ZHANG Lei（张磊）	Trans fatty acid levels and intakes among population aged 3 years and above in Beijing and Guangzhou cities,China	Biomedical and Environmental Sciences
13	Chen H（陈浩），Zhang X（张馨），Jia X（贾旭东），Li Q，Su Q，Wang W（王伟），Liu Z（刘兆平）	Thyroid disrupting effects of polychlorinated biphenyls in ovariectomized rats: a benchmark dose analysis	Environmental Toxicology and Pharmacology

续表

序号	作者	论文名称	期刊名称
14	Dingguo Jiang，Lisong Chen，Wusheng Fu	Simultaneous determination of 11 fluorescent whitening agents in food-contact paper and board by ion-pairing high-performance liquid chromatography with fluorescence detection	Journal of Separation Science
15	Pei X，Li N，Guo Y，Liu X，Yan L，Li Y，Yang S，Hu J，Zhu J，Yang D	Microbiological Food Safety Surveillance in China	Int J Environ Res Public Health
16	Li Chenxi（李晨汐），Ma Chuan（马川），Fang Haiqing（方海琴），Zhi Yuan（支媛），Yu Zhou（于洲），Xu Haibin（徐海滨），Jia Xudong（贾旭东）	Neurobehavioral assessment of rats exposed to yttrium nitrate during development	Biomedical and Environmental Sciences
17	Zhou Y（于洲），Yang H（杨辉），Li Y，Lynch B，Jia X（贾旭东）	Broccoli seed extract: Genotoxicity and subchronic toxicity studies	Regulatory Toxicology Pharmacology
18	Chunlai Liang（梁春来），Xin Zhang（张馨），WeiWang（王伟），Yan Song（宋雁），Xudong Jia（贾旭东）	A subchronic oral toxicity study on pyrroloquinoline quinone （PQQ） disodium salt in rats	Food and Chemical Toxicology

续表

序号	作者	论文名称	期刊名称
19	Ba Q，Huang C，Fu Y，Li J，Li J，Chu R，Jia X（贾旭东），Wang H	Cumulative metabolic effects of low-dose benzo（a）pyrene exposure on human cells	Toxicol Res
20	Kai Zhao，Bing Shao，Dajin Yang，Fengqin Li，Jiang-hui Zhu	Natural Occurrence of Alternaria Toxins in Wheat-Based Products and Their Dietary Exposure in China	PLOS ONE
21	Kai Zhao，Bing Shao，Dajin Yang, and Fengqin Li	Natural Occurrence of Four Alternaria Mycotoxins in Tomato-and Citrus-Based Foods in China	J. Agric. Food Chem
22	Li Bai（白莉），Yunchang Guo（郭云昌），Ruiting Lan，Yinping Dong（董银苹），Wei Wang（王伟），Yujie Hu（胡豫杰），Xin Gan（甘辛），Shaofei Yan（闫少飞），Ping Fu（付萍），Xiaoyan Pe（裴晓燕），Jin Xu（徐进），Xiumei Liu（刘秀梅），Fengqin Li（李凤琴）	Genotypic characterization of Shiga toxin-producing Escherichia coli O157:H7 isolates in food products from china between 2005 and 2010	Food Control
23	Li Bai（白莉），Ruiting Lan，Xiuli Zhang，Shenghui Cui，Jin Xu（徐进），Yunchang Guo（郭云昌），Fengqin Li（李凤琴），Ding Zhang	Prevalence of Salmonella Isolates from Chicken and Pig Slaughterhouses and Emergence of Ciprofloxacin and Cefotaxime Co-Resistant S. enterica Serovar Indiana in Henan, China	PLOS ONE

续表

序号	作者	论文名称	期刊名称
24	Han H（韩海红），Li F（李凤琴），Yan W（严卫星），Guo Y（郭云昌），Li N（李宁），Liu X（刘秀梅），Zhu J（朱江辉），Xu J（徐进），Chen Y（陈艳），Li X，Lv H，Zhang Y，Cai T，Chen Y	Temporal and Spatial Variation in the Abundance of Total and Pathogenic Vibrio parahaemolyticus in Shellfish in China	PLOS ONE
25	Nan Li（李楠），Qing Shen，Jiahui Wang（王佳慧），Chunhui Han（韩春卉），Rong Ji（计融），Fengqin Li（李凤琴），Tao Jiang（江涛）	Tetrodotoxin detection and species identification of pufferfish in retail roasted fish fillet by DNA barcoding in China	Food Additives & Contaminants: Part A
26	Cao Pei（曹佩），Ma Ning（马宁），Gao Peng（高芃），Feng Yong-quan（冯永全），Wang Xiao dan（王小丹），Xu Hai-bin（徐海滨）	Effects of sub-chronic exposure to deltamethrin on shuttle-box avoidance and contents of amino acid neurotrans-mitters in hippocampus of mice	Fundamental Toxicological Sciences
27	Huang Qiong，Xu Hai Bin，Yu Zhou，Liu Shan，Gao Peng	In vivo Digestive Stability of Soybean β-conglycinin β-subunit in WZS Minipigs	Biomed Environ Sci

续表

序号	作者	论文名称	期刊名称
28	陈达炜、苗虹	分散微固相萃取-超高效液相色谱-高分辨质谱法测定果汁饮料中的吗啉残留	分析化学
29	吕冰、陈达炜	胶渗透色谱-固相萃取净化/气相色谱-串联质谱法测定动物性食品中167 种农药残留	分析测试学报
30	李敬光	全氟有机化合物：具有潜在健康风险的新型环境污染物	中华预防医学杂志
31	杨琳、王雨昕、赵云峰、吴永宁	18 份市售牛奶中全氟化合物及其前体物质含量分析	中华预防医学杂志
32	杨琳、王雨昕、赵云峰、吴永宁	中国 12 个省份母乳中全氟化合物前体物质含量分析	中华预防医学杂志
33	苗虹、崔霞、赵云峰	乳粉中氯丙醇脂肪酸酯的气相色谱-质谱检测方法的建立及其污染水平分析	中华预防医学杂志
34	赵云峰、吴永宁	洞庭湖水域淡水鱼类脂肪酸含量研究	中国食品卫生杂志
35	陈达炜、苗虹	固相萃取-同位素稀释高分辨质谱法测定苹果及橙柑类水果中吗啉残留	中国食品卫生杂志
36	马兰、赵馨、赵云峰	我国部分地区市售液体乳中铅含量调查	中国食品卫生杂志
37	杨琳	全氟化合物前体物质生物转化与毒性研究进展	环境化学

续表

序号	作者	论文名称	期刊名称
38	杨琳、王雨昕、赵云峰、吴永宁	北京母亲静脉血与脐带血中全氟化合物前体物质含量分析	环境化学
39	张烁、李燕俊、周爽、王丹、赵云峰	2014 年我国食品安全风险监测技术机构小麦粉中脱氧血腐镰刀菌烯醇质量控制考核结果与分析	中国卫生工程学
40	杨琳、王雨昕、赵云峰	牛奶中全氟烷酸与全氟磺酸前体物质超高效液相色谱-串联质谱法研究	中国卫生工程学
41	张烁、宋书锋、苗虹、赵云峰	阴离子交换离子色谱法间接测定食品馅料中的二氧化硫脲	中国卫生工程学
42	杨杰、方从容、赵云峰	同位素稀释的气相色谱-质谱法测定食品模拟物中邻苯二甲酸酯类增塑剂	卫生研究
43	杨杰、苗虹、赵云峰	分散固相萃取-液相色谱法测定焙烤食品中富马酸二甲酯的含量	卫生研究
44	张烁、苗虹、赵云峰	分散固相萃取-离子排斥色谱法测定食品馅料中的二氧化硫脲	中国食品添加剂
45	王雨昕、李筱薇	镉暴露对人体骨骼影响的研究进展	食品安全质量检测学报
46	赵馨、马兰	绿茶中违法添加铅铬绿染色的判定依据研究	中国卫生检验杂志

续表

序号	作者	论文名称	期刊名称
47	苗宏健、李敬光	食品接触材料PVC中塑化剂迁移规律研究及迁移模型建立	食品安全质量检测学报
48	马兰、岳兵、赵馨、周爽	液态乳中铅测定的ICP-MS和AAS方法比较	中国乳品工业
49	刘飒娜、陶婉亭、毛伟峰	我国9省（市）3～18岁儿童青少年碳酸饮料消费现状分析	中国健康教育
50	张磊、刘兆平	食品化学物风险评估中一些重要参数的选择和使用	中国食品卫生杂志
51	周萍萍、刘兆平、张磊	化学物健康风险分级模型研究及其初步应用	中国食品卫生杂志
52	周萍萍、刘飒娜、刘兆平	龙舌兰酒中甲醇的初步风险评估	中国食品卫生杂志
53	隋海霞、蒋定国、张磊	中国居民邻苯二甲酸二（2-乙基己基）酯膳食摄入水平及其风险评估	中华预防医学杂志
54	隋海霞、王珊、杨大进	我国成人饮白酒者抗雄激素作用样邻苯二甲酸酯类物质的累积风险评估	中国食品卫生杂志
55	毛伟峰、赵天琪、隋海霞	我国8省份市售海产品及其制品中甲醛含量的调查分析	中国食品卫生杂志
56	毛伟峰、刘飒娜、刘兆平	中国居民邻苯二甲酸二异壬酯膳食摄入水平及其风险评估	卫生研究

续表

序号	作者	论文名称	期刊名称
57	刘爱东、蒋定国、周萍萍	中国5省市居民黄酒中氨基甲酸乙酯的风险评估	中国食品卫生杂志
58	周妍、闻胜、毛燕妮、刘潇、罗苹、蒋定国	顶空气相色谱-质谱法测定动物源性食品中三甲胺	中国卫生检验杂志
59	陆晶晶、杨大进	2013年小麦粉中脱氧雪腐镰刀菌烯醇污染调查	卫生研究
60	荫硕焱、贺巍巍、蒋定国、杨大进	干辣椒及辣椒粉中罗丹明B含量的调查与分析	中国食品卫生杂志
61	裴晓燕、郭云昌、李宁、闫琳、李莹、王岗、王伟、董银苹、刘秀梅、杨大进	2012年中国食品微生物风险监测概况	中国公共卫生管理
62	张卫民、裴晓燕、蒋定国、杨大进	国家食品安全风险监测管理体系现状与发展对策探讨	中国食品卫生杂志
63	许磊、耿雪、胡静	体外谱系选择法诱导胚胎干细胞神经分化特性的研究	中国食品卫生杂志
64	冯永全、耿雪、胡静	28d灌胃给予氯化甲基汞对Wistar雌性大鼠免疫系统影响的研究	毒理学杂志
65	李晨汐、耿雪、马川	钇对子代大鼠神经行为和认知能力的影响	中国食品卫生杂志

续表

序号	作者	论文名称	期刊名称
66	张倩男、孙静、贾旭东	营养包对我国婴幼儿营养干预效果的 Meta 分析	卫生研究
67	杨辉、孙拿拿、李永宁	α-生育酚对亚硝胺诱导人食管上皮细胞癌变早期 NFκB 和 Nrf2 信号通路的调节作用	中华预防医学杂志
68	方瑾、梁春来、李永宁	苦瓜提取物 30 天喂养对 BALB /c 小鼠的毒性研究	实用预防医学杂志
69	王永俊、李永宁、马宁	DEHP 暴露对子代大鼠空间学习记忆能力和海马突触可塑性相关蛋白基因表达的影响	中国食品卫生杂志
70	杨辉、贾旭东	毒理学关注阈值进展	中华预防医学杂志
71	贾旭东	食物过敏：定义，流行性，诊断和治疗	中华预防医学杂志
72	张婧、张晓鹏、贾旭东	我国食品毒理学评价程序和方法标准现况和管理对策	毒理学杂志
73	陈思、吴昊、钟凯	我国公众食品添加剂风险认知现状及影响因素	中国食品学报
74	陈思、钟凯、郭丽霞	美国哈密瓜遭李斯特菌污染事件风险交流案例分析	中国健康教育
75	赫英英、于红霞、李凤琴	基于基因水平的沙门菌检测、鉴定及分型研究	卫生研究

续表

序号	作者	论文名称	期刊名称
76	赵凯、韩春卉、林肖惠	交链孢毒素在Caco-2细胞中的转运与吸收	山东大学学报（医学版）
77	白莉、胡豫杰、王伟、董银苹、王佳慧、李凤琴	第四次欧盟产志贺毒素大肠埃希菌外部质量控制考核结果评价	中国卫生检验杂志
78	白莉、张秀丽、甘辛、王伟、胡豫杰、李凤琴、徐进	肉鸡养殖场中环丙沙星和头孢噻肟双重耐药沙门菌耐药机制的研究	中国食品卫生杂志
79	董银苹、徐进、王伟、白莉、胡骁、甘辛、闫韶飞、李志刚、余东敏、李凤琴	浓缩乳清蛋白粉及其制品中梭状芽孢杆菌的分离及鉴定	中国食品卫生杂志
80	韩海红、李宁、郭云昌	副溶血性弧菌分子标志基因研究概况	微生物学报
81	韩海红、李宁、李业鹏、付萍、余东敏、李志刚、杜春明、郭云昌	2011年全国监测网微生物实验室菌落总数质控考核结果分析	卫生研究
82	韩海红、郭云昌、李宁、刘秀梅、陈艳、李业鹏、余东敏、姚景会	2010年全国监测网食源性致病菌实验室检验质控考核的结果分析	中国食品卫生杂志
83	韩海红、李凤琴、徐进、陈艳、余东敏、闫韶飞、吴青、李薇薇、郭云昌、李宁	2013年中国三省贝类及环境中副溶血性弧菌分离株耐药特征分析	卫生研究

续表

序号	作者	论文名称	期刊名称
84	吴青、韩海红、佘东敏、胡豫杰、王伟、李志刚、杜春明、徐进	北京市水产品污染与感染病例中副溶血性弧菌血清型和毒力基因型的比较研究	中国食品卫生杂志
85	李楠、王佳慧、李凤琴，等	检测鲜草莓中 GⅡ型诺如病毒的两种富集方法比较	中国食品卫生杂志
86	王伟、闫韶飞、白莉、李志刚、杜春明、李凤琴	北京市售即食熟肉制品中单核细胞增生李斯特菌定量污染水平研究	卫生研究
87	王伟、朱江辉、邵兵、李凤琴	中国居民小麦粉和玉米制品中脱氧雪腐镰刀菌烯醇和玉米赤霉烯酮暴露水平评估	中华预防医学杂志
88	闫韶飞、王伟、胡豫杰、徐进、赫英英、李凤琴	RapidChek SELECT 检测食品中沙门菌方法的评价	中国食品卫生杂志
89	闫韶飞、闫旭、甘辛、李志刚、佘东敏、赵熙、李凤琴	我国市售婴儿配方乳粉中蜡样芽胞杆菌污染及其毒力基因调查	中国食品卫生杂志
90	闫韶飞、王伟、徐进、白莉、甘辛、李凤琴	全自动测序仪 PCR 产物测序影响因素研究	卫生研究
91	韩春卉、韩小敏、王伟	山东临沂部分地区 2014 年产花生真菌及黄曲霉毒素污染状况调查	食品安全质量检测学报

续表

序号	作者	论文名称	期刊名称
92	甘辛、白莉、闫韶飞	2012～2014 年我国婴幼儿食品中克罗诺氏菌耐药特征分析	食品安全质量检测学报
93	刘奂辰、燕燕、樊永祥	我国食品生产经营规范类标准现况分析	中国食品卫生杂志
94	王紫菲、赵天琪、肖晶、陈潇、王君	我国食品理化检验方法标准现况与清理研究	中国食品卫生杂志
95	王家祺、陶婉亭、王君	食品安全国家标准审评程序的法律保障初析	中国食品药品监管
96	曹孟思、王君、严卫星	食品中多环芳烃的研究现状	卫生研究
97	曹梦思、王君、严卫星	两种方法检测食用油脂中的多环芳烃	食品工业科技
98	曹佩、李晨汐、冯永全，等	溴氰菊酯对小鼠学习记忆及 γ-氨基丁酸 A 受体 α1 和 γ2 亚单位表达的影响	中华行为医学与脑科学杂志
99	曹佩、马宁、刘兆平、徐海滨	风险–受益评估技术在食物及其成分方面的应用和研究进展	中国食品卫生杂志
100	宋筱瑜、裴晓燕、徐海滨、杨大进、朱江辉	我国零售食品中单增李斯特菌污染的健康风险分级研究	中国食品卫生杂志
101	朱江辉、宋筱瑜、王晔茹、徐海滨、宫丹阳、贺复生、梁亮、王金龙、闫连富	食品微生物风险分级研究进展	中国食品卫生杂志
102	朱蕾、张俭波、张泓	食品接触用粘合剂法规管理模式分析	包装工程

续表

序号	作者	论文名称	期刊名称
103	朱蕾、张泓、王竹天	婴幼儿食品接触材料及制品的法规管理模式分析	中国食品卫生杂志
104	王华丽	迷迭香提取物对高脂高胆固醇膳食仓鼠小肠中胆固醇代谢调控机制的研究	营养学报
105	王华丽	迷迭香提取物对高脂高胆固醇膳食仓鼠的保护作用研究	中国食品添加剂
106	王华丽	国内外用于界定食品添加剂使用范围的食品用油脂分类体系现状及我国面临的挑战	中国食品添加剂
107	贾海先、李湖中、梁栋	强化食品对我国三城市孕妇微量营养素摄入量贡献率的调查研	中国食品添加剂
108	韩军花，等	《婴儿配方食品》国家标准营养素限量与新版 DRIs 的比对研究	营养学报
109	张泓、朱蕾、王竹天	食品接触用涂料相关标准清理研究	中国食品卫生杂志
110	张霁月	第四十七届国际食品添加剂法典委员会（CCFA）会议进展	中国食品添加剂
111	张俭波	《食品添加剂使用标准》（GB 2760）修订情况说明	食品安全导刊
112	贾海先	国内外强化食品对人群重点微量营养素的贡献率	卫生研究
113	杨杰、高洁	论食品欺诈与食品掺假	食品与发酵工业

续表

序号	作者	论文名称	期刊名称
114	何来英	2004～2013 年中国大陆食物中毒情况分析	中国食品卫生杂志
115	燕燕、韩宏伟	浅析大数据思维在食品安全标准制定中的应用	中国卫生标准管理

专著

序号	书名	作者	出版社
1	第四次中国总膳食研究	吴永宁、李筱薇	化学工业出版社
2	中国芦荟产业发展报告（2014）	周宇红	中国科学技术出版社
3	食品安全标准实施与应用	王竹天、王君	中国标准出版社 中国质检出版社
4	GB 2760—2014 实施指南	张俭波、王华丽、朱蕾、张泓、张霁月、骆鹏杰、韩军花	中国标准出版社
5	中国食品工业标准汇编——食品添加剂卷	张俭波、王华丽、骆鹏杰、张继月、朱蕾、张泓、韩军花、梁栋、邓陶陶、李湖中	中国标准出版社
6	特殊医学用途配方食品系列标准实施指南	韩军花、张俭波、王华丽、邓陶陶、李湖中、梁栋	中国质检出版社 中国标准出版社
7	1 分钟读懂营养标签	韩军花、张俭波、邓陶陶、王华丽、李湖中、梁栋	中国人口出版社
8	预包装食品营养标签通则实施指南及示例解析	韩军花、邓陶陶	中国质检出版社

续表

序号	书名	作者	出版社
9	食品安全风险监测与信息化体系建设	肖辉、肖革新	中国人口出版社
10	特殊医学用途配方食品临床应用指导	韩军花、梁栋	中华医学电子音像出版社
11	预包装食品营养标识应用与管理	韩军花、邓陶陶	人民卫生出版社
12	Nutrition Medicine	韩军花	高等教育出版社
13	食品安全风险交流理论探索	滕佳材、陈君石、严卫星、郭丽霞、钟凯、陈思、白瑶、罗晓静，等	中国质检出版社 中国标准出版社